N 529

Prophetia Anglicana,

MERLINI AMBROSII BRITANNI, EX INCVBO OLIM (VT HOMINVM FAMA EST) ANTE ANNOS MILLE
ducentos circiter in Anglia nati, Vaticinia &
prædictiones; à Galfredo Monume-
tensi Latinè conversæ:
unà cum

*SEPTEM LIBRIS EXPLANATIO-
NVM IN EANDEM PROPHETIAM, EX-
cellentissimi sui temporis Oratoris, Polyhistoris & Theologi,*
ALANI DE INSVLIS, *Germani, Doctoris (ob admirabi-
lem & omnigenam eruditionem, cognomento) Vni-
versalis, & Parisiensis Academiæ, ante
annos 300. Rectoris Am-
plissimi.*

OPVS NVNC PRIMVM PVBLICI
juris factum, & lectoribus ad historiarum,
præcipuè vero Britannicæ, cognitio-
nem, non parùm lucis
allaturum.

FRANCOFVRTI,
Typis Ioachimi Bratherim

MDCIII.

PROPHETIA MERLINI AMBROSII BRITANNI: EX TRANSLATIONE GALFREDI Monumetensis.

Edente Vortegirno Rege Britonum, super ripam exhausti stagni, egressi sunt duo dracones, quorum ynus erat albus, alter verò rubeus. Cùmq; alter alteri appropinquasset, commiserunt diram pugnam, & ignem anhelitu procreabant. Præualebat autem albus draco, rubeumq; usque ad extremitatem lacus fugabat. At ille, cùm se expulsum doluisset, impetum fecit in album, ipsumq; retroire coëgit. Ipsis ergò in hunc modum pugnantibus, præcepit Rex Ambrosio Merlino dicere, quid prælium draconum portendebat. Mox ille in fletum erumpens, spiritum hausit prophetiæ, & ait: *Væ rubeo draconi: Nam exterminatio eius festinat. Cavernas eius occupabit albus draco, qui Saxones, quos invitasti, significat. Rubeus verò, gentem designat Britannia, quæ ab albo opprimetur, Montes itaque eius, vt* valles æquabuntur, & flumina vallium sanguine manabunt. Cultus religionis delebitur, & ruina Ecclesiarum patebit. Præualebit tandem oppressa, & sæuitia exterorum resistet. Aper etenim Cornubiæ succursum præstabit, & colla eorum sub pedibus suis conculcabit. Insulæ Oceani potestati ipsius subdentur, & Gallicanos saltus possidebit. Tremebit Romulea domus sæuitiam ipsius, & exitus eius dubius erit. In ore populorum celebrabitur, & actus eius cibus erit narrantibus. Sex posteri eius sequentur sceptrum, sed post ipsos surget Germanicus vermis. Sublimabit illū æquoreus lupus, quem Africana nemora comitabuntur. Delebitur iterum religio, & transmutatio primarum sedium erit. Dignitas Londoniæ adornabit Doroberniam, & pastor Eboracensis septimus in Armorico regno frequentabitur. Menevia pallio urbis Legionum induetur, & prædicator Hiberniæ, propter infantem in vtero crescentem, obmutescet. Pluet sanguineū imber, & dira fames mortales afficiet. His superuenientibus, dolebit rubeus, sed emenso labore vigebit. Tunc infortunium albi festinabit, & ædificia hortulorum eius diruentur. Septem sceptrigeri perimentur, & vnus sanctificabitur. Ventres matrum truncabūtur, & infantes abortiui erunt. Erit ingens supplicium hominum, vt indigenæ restituantur. Qui faciet hæc, æneum virū induet, & per multa tempora super æneum equum portas Londoniæ seruabit. Exinde in proprios mores revertetur rubeus draco, & in seipsum sæuire laborabit. Superueniet itaq, vltio tonantis,

nantis, quia omnis ager colonos decipiet. Arripiet mortalitas populum, cunctasq́; nationes evacuabit. Residui natale solum deserent, & exteras culturas seminabunt. Rex benedictus parabit navigium, & in aula inter beatos duodecim annumerabitur. Erit miseranda regni desolatio, & area messium in fructuosos saltus redibunt. Exurget iterum albus draco, & filiam Germaniæ invitabit. Replebuntur iterum hortuli nostri alieno semine, & in extremitate stagni languebit rubeus. Exinde coronabitur Germanicus vermis, & æneus princeps humabitur. Terminus illi positus est, quem transvolare nequibit. Centum namque quinquaginta annis in inquietudine & subiectione manebit, trecentis verò insidebit. Tunc exurget in illum aquilo, & flores, quos Zephyrus procreavit, eripiet. Erit deauratio in templis, nec acumen gladiorum cessabit. Vix obtinebit cavernas suas Germanicus vermis, quia ultio proditionis eius superveniet. Vigebit tandem paulisper, sed decimatio Neustriæ nocebit. Populus namque in ligneis equis, ferreis tunicis superveniet, qui de nequitia eius vindictam sumet. Restaurabit pristinis incolis mansiones, & ruina alienigenarū patebit. Germen albi draconis ex hortulis nostris abradetur, & reliquiæ generationis eius decimabuntur. Iugum perpetuæ servitutis ferent, matrēq́; suam ligonibus & aratris vulnerabūt. Succedent duo dracones, quorum alter invidiæ spiculo suffocabitur, alter verò sub umbra nominis redibit. Succedet leo iustitiæ, ad cuius rugitum Gallicanæ tur-

)(5   res,

ret, & insulani dracones tremebunt. In diebus eius aurum ex lilio & urtica extorquebitur, & argentum ex ungulis mugientium manabit. Calamistrati varia vellera vestibunt, & exterior habitus interiora signabit. Pedes latrantium truncabuntur, pacem habebunt feræ, humanitas supplicium delebit. Findetur forma commercij, dimidium rotundum erit. Peribit miluiorum rapacitas, & dentes luporum hebetabuntur. Catuli leones in æquoreos pisces transformabuntur, & aquilæ eius super montem Aranium nidificabit. Venedotia rubebit materno sanguine, & domus Corinei sex fratres interficiet. Nocturnis lacrymis madebit insula, vnde omnes ad omnia prouocabuntur. Væ tibi Neustria, nam in te cerebrum leonis effundetur, dilaceratisq́; membris à natiuo solo eliminabitur. Nitentur posteri transuolare superna, sed fauor nouorum sublimabitur. Nocebit possidenti ex impiis pietas, donec sese genitore induerit. Apri igitur dentibus accinctus, cacumina montium & vmbrā galeati transcendet. Indignabitur Albania, & conuocatis collateralibus, sanguinem effundere vacabit. Dabitur maxillis eius frænum, quod in Armorico sinu fabricabitur. Deaurabit illud aquila rupti fœderis, & tertia nidificatione gaudebit. Evigilabunt rugientes catuli, & postpositis nemoribus infra mœnia ciuitatum venabuntur. Stragem non minimam de obstantibus facient, & linguas taurorum abscindent. Colla rugiētium onerabunt catenis, & auita tempora renouabūt. Exinde de

primo

primo in quartū, de quarto in tertium, de tertio in secundum rotabitur pollex in oleo. Sextus Hyberniæ mœnia subvertet, & nemora in planiciem mutabit. Diversas portiones in unum reducet, & capite leonis coronabitur. Principium eius vago affectu succumbet, sed finis eius ad superos convolabit. Renovabit namq́; beatorum sedes per patrias, & pastores in congruis locis locabit. Duas urbes duobus pallijs induet, & virginea munera virginibus donabit. Promerebitur inde favorem Tonantis, & inter beatos collocabitur. Egredietur ex eo lynx penetrans omnia, quæ ruinæ propriæ gentis imminebit. Per illam enim amittet utramque insulam Neustria, & pristina dignitate spoliabitur. Deinde revertentur cives in insulam. Nam dissidium alienigenarum orietur. Niveus quoq́; senex in niveo equo fluuium Perironis divertet, & cum candida virga molendinum super ipsum metabitur. Cadvvaladrus Conanum vocabit, & Albaniam in societatem accipiet. Tunc erit strages alienigenarum, tunc flumina sanguine manabunt, tunc erumpent Armorici montes, & diademate Bruti coronabuntur. Replebitur Cambria lætitia, & robora Cornubiæ virescent, nomine Bruti vocabitur insula, & nuncupatio extraneorum peribit. Ex Conano procedet aper bellicosus, qui infra Gallicana nemora acumen dentium suorum exercebit. Truncabit namq́; quæque maiora robora, minoribus tutelam præstabit. Tremebunt illum Arabes, & Africani. Nam impetum cursus sui in ulteriorem Hispaniam protendet. Succedet

)(4   hircus

hircus Veneriȷ castri, aurea habens cornua & argenteam barbam, qui ex naribus suis tantam efflabit nebulam, quòd tota superficies insulæ obumbrabitur. Pax erit in tempore suo, & vbertate glebæ multiplicabuntur segetes. Mulieres incessu serpentes fient, & omnis gressus earum superbia replebitur. Renovabuntur castra Veneris, nec cessabunt sagittæ Cupidinis vulnerare. Fons vertetur in sanguinem, & duo reges duellum propter leænam de vado baculi committent. Omnis humus luxuriabit, & humanitas fornicari non desinet. Omnia hæc tria sæcula videbunt, donec sepulti reges in vrbe Londoniensi propalabuntur. Redibit iterum fames, redibit mortalitas, & desolationem urbium dolebunt cives. Superveniet aper commertij, qui dispersos greges ad amissa pascua revocabit. Pectus ejus cibus erit egentibus, & lingua eius sedabit sitientes. Ex ore eius procedent flumina, quæ arentes hominum fauces rigabunt. Exinde super turrim Londinensem procreabitur arbor, quæ tribus solummodo ramis cōtenta, superficiem totius insulæ latitudine foliorum obtenebrabit. Hinc adversarius Boreas superveniet, atq́, iniquo flatu suo tertium illius ramum eripiet. Duo verò residui locum exstirpati occupabunt, donec alter alterum foliorum multitudine annihilabit. Deinde verò locum duorum obtinebit ipse, & volucres exterarum regionum sustentabit. Patriis volatibus nocivus habebitur, nam timore umbræ ejus liberos volatus amittent. Succedet asinus nequitiæ, in fabricatores

auri

auri velox, sed in luporum rapacitatem piger. In diebus illis, ardebunt quercus per nemora, & in ramis ilicum nascentur glandes. Sabrinum mare per septem ostia discurret, & fluuius Osca per septem Menses feruebit. Pisces eius calore morientur, & ex eis procreabuntur serpentes. Frigebunt Badoniæ balnea, & salubres aquæ eorum mortem generabunt. Londonia necem viginti millium virorum lugebit, & Thamesis in sanguinem mutabitur. Cucullati ad nuptias prouocabuntur, & clamor eorum in montibus Alpium audietur. Tres fontes in vrbe VVintonia erumpent, quorum riuuli insulam in tres portiones secabunt, qui bibet ex uno, diuturniori vita fruetur, nec superueniente languore grauabitur. Qui bibet de altero, indeficiente peribit fame, & in facie ipsius pallor & horror sedebit. Qui bibet de tertio, subita morte morietur, nec corpus illius poterit subire sepulchrum, sed tantum ingluuiem cineres, cinis in aquam, si superiecta fuerit, vertentur. Ad hæc ex vrbe Canuti nemoris eliminabitur puella, vt medelæ curam adhibeat. Quæ, vt omnes artes inierit, solo anhelitu suo fontes nociuos siccabit. Exinde, vt sese salubri liquore refecerit, gestabit in manu sua dextra nemus, Calidonis, in sinistra vero murorum Londoniensium propugnacula. Quocunq; incedet, passus sulphureos faciet, qui duplici flamina fumabunt. Fumus exortus excitabit Ruthenos, & cibum sub marinis conficiet, lachrymis miserandis manabit ipsa, & clamore horrido replebit insulam. Interficiet eam cer-

PROPHETIAE MERLINI.

vus decem ramorum, quorum quatuor aurea diademata congestabunt, sex verò residui in cornua bubalorum vertentur, quæ nefando sonitu tres insulas Britanniæ commovebunt. Excitabitur Daneum nemus, & in humanam vocem erumpens, clamabit: Accede Cambria, & junge lateri tuo Cornubiam, & dic Vintoniæ, absorbebit te tellus. Transfer sedem pastorū, ubi naves applicant, & cætera membra caput sequantur. Festinat nanq; dies, qua cives ob scelera perjurij peribunt. Candor lanarum nocuit, atq; tinctura ipsarum diversitas. Væ perjuræ genti, qua urbs inclyta propter eam ruet. Gaudebunt naves augmentatione tanta, & vnum ex duobus fiet. Reædificabit eam ericius operatus pomis, ad quorum odorem diversorum nemorum convolabunt aves. Adijciet palatium ingens, & sexcentis turribus illud vallabit. In vnaquaq; statuetur decurio, qui leges subditis dabit. Invidebit ergò Londonia, & muros suos tripliciter augebit. Circuibit eam undiq; Thamesis fluvius, & rumor operis transcendet alpes. Occultabit infra illam ericius poma sua, & subterraneas vias machinabitur. In tempore illo loquentur lapides & mare, quo ad Galliam navigatur, infra breve spacium contrahetur. In vtraq; ripa audietur homo ab homine, & solidum insulæ dilatabitur. Revelabuntur secreta submarinorum, & Gallia præ timore tremiscet. Posthac, ex Calaterio nemore procedet ardea, quæ insulam per biennium circumvolabit. Nocturno clamore convocabit volatilia, & omne genus volucrum associabit sibi; in

culturas

tulturas mortalium irruent, & omnia grana messium devorabūt. Sequetur fames populum, atq́; dira mortalibus famem. At cùm calamitas tanta cessaverit, adibit detestabilis ales vallem Galabes, atq́; eam in excelsum montem levabit. In cacumine quoq́; ipsius plantabit quercū, atq́; intra ramos nidificabit, tria ova procreabuntur in nido, ex quib. vulpes, lupus & vrsus egredientur. Devorabit vulpes matrem, & asininum caput gestabit. Monstro igitur assumpto, terrebit fratres suos, ipsosq́; in Neustriam fugabit. At ipsi excitabunt aprum detonsum in illa, & navigio revecti cum vulpe congredientur. Quæ, cùm certamen inierit, finget se defunctam, & aprum in pietatem movebit. Mox adibit ipse cadaver, & dum superstabit, anhelabit in oculos ejus & faciem. At ipsa non oblita præteriti doli, mordebit sinistrum pedem ejus, totumq́; à corpore avellet. Saltu quoq́; facto eripiet ei dexteram aurem & caudam, & infra cavernas montium delitebit. Aper ergò illusus requiret lupum & ursum, vt ei amissa membra restituant. Qui vt causam inierint, promittent ei duos pedes & aures & caudam, & ex eis porcina membra component. At quiescet ipse, promissamq́; restaurationem spectabit. Interim descendet vulpes de montibus, & se in lupum mutabit, & quasi colloquium habitura cum apro, adibit illum callidè, ipsumq́; totum devorabit. Exinde transvertet se in aprum, & quasi sine membris expectabit germanos, sed & ipsos postquam advenerint, subito dente interficiet, atq́; capite leonis coronabitur.

nabitur. In diebus eius nascetur serpens, qui neci mortalium imminebit, longitudine sua circuibit Londoniam, & quosq; praetereuntes devorabit. Bos montanus caput lupi assumet, dentesq; suos in fabrica Sabrinae dealbabit. Associabit sibi greges Albaniae & Cambriae, qui Thamesim potando siccabunt. Vocabit asinus hircum prolixa barba, & formam ipsius mutabit. Indignabitur ergò montanus, vocatoq; lupo cornutus taurus in ipsos fiet. Vt autem saevitiae indulserit, devorabit carnes eorum & ossa. Sed in cacumine Vriani cremabitur. Favilla rogi mutabuntur in cygnos, qui in sicco sicut in flumine natabunt. Devorabunt pisces in piscibus, & homines in hominibus deglutient. Superveniente verò senectute efficientur submarini luces, atq; submarinas insidias machinabuntur. Submergent navalia, & argentum non minimum congregabunt. Fluctuabit iterum Thamesis, convocatisq; fluminibus ultra metas alvei procedet, urbes vicinas occultabit, oppositosq; montes subvertet, adhibebit sibi fontem Galabes dolo & nequitia repletum. Orientur ex eo seditiones, provocantes Venedotos ad praelia. Convenient nemorum robora, & cum saxis Gevviseorum congredientur. Advolabit corvus cum milvis, & corpora peremptorum devorabit. Super muros Claudiocestriae nidificabit bubo, & in nido suo procreabitur asinus. Educabit illum serpens Malverniae, & in plures dolos commovebit. Sumpto diademate transcendent excelsa, & horrido recatu populum patria terrebit. In diebus eius titubabunt

montes

montes Pachacij, & provinciæ nemoribus suis spoliabuntur. Superueniet namq́, vermis ignei anhelitus, qui
emisso vapore comburet arbores. Egredientur ex eo septem Leones capitibus hircorum turpati: fœtore narium
mulieres corrumpent, & proprias communes facient.
Nesciet pater filium propriũ, quia more pecudum lasci-
uient. Superueniet itaq́, gigas nequitia, qui oculorum
acumine terrebit vniuersos. Exurget in illum draco
VVigornia, & eum exterminare conabitur, facto autẽ
cõgressu superabitur draco, & nequitia victoris opprimetur. Ascendet namq́, draconem, & exata veste insidebit nudus. Feret illũ ad sublimia draco, erectaq́, cauda verberabit nudatum. Resumpto iterum vigore gigas,
fauces illius cum gladio confringet. Implicabitur tandẽ
sub cauda sua draco, & venenatus interibit. Succedet
post illum Totonesius aper, & dira tyrannide opprimet
populum. Eliminabit Claudiocestria leonẽ, qui diuersis
prœlijs inquietabit serpentem. Conculcabit eum sub pedibus eius, apertisq́, faucibus terrebit. Cum regno tandem litigabit leo, & terga nobiliũ transcendet. Superueniet taurus litigio, & leonem dextro pede percutiet.
Expellet eum per regni diuersoria, sed cornua sua in
muris Exoniæ confringet. Vindicabit leonem vulpes
Kaërdubali, & totum suis dentibus consumet. Circumcinget eum Lindecolinus coluber, præsentiamq́, suam
draconibus multis horribili sibilo testabitur. Congredientur dracones, alter alterum dilaniabit. Opprimet
alatus carentem alis, & vngues venenatos in genas cõ-
figet.

figet. Ad certamen convenient alij, & alius alium interficiet. Succedet quintus interfectis, residuosq́; diuersis machinationibus confringet. Transcendet dorsum vnius cum gladio, & caput à corpore separabit. Exuta veste ascendet alium, & dexteram caudæ lauǽq́; injiciet. Separabit eum nudus, cùm nihil indutus profecerit. Cæteros à dorso tormentabit, & in rotunditatē regni compellet. Superueniet leo rugiens, immani ferocitate timendus. Ter quinq́; portiones in vnam reducet, & solus possidebit populum. Splendebit gigas colore niueo, & candidum populum germinabit. Deuici principes enervabunt, & subditi in belluas mutabuntur. Orietur in illis leo humano cruore turgidus, supponetur ei in segete falcifer, qui dum laborabit mente, opprimetur ab illo. Sedabit illos Eboracensis auriga, expulsoq́; domino in currum, quem ducit, ascendet. Abstracto gladio minabitur Orienti, & rotarum suarum vestigia replebit sangvine. Fiet deinde piscis in æquore, qui sibilo serpentis revocatus cojbit cum illo. Nascentur inde tres tauri fulgurantes, qui consumptis pascuis convertentur in arbores. Gestabit primus flagellum vipereum, & à post genito dorsum suũ convertet. Nitetur ipse ei flagellum eripere, sed ab ultimo corripietur. Avertent mutuò à se facies, donec venenatum scyphum projecerint. Succedet ei Colonus Albaniæ, cui à dorso imminebit serpens. Vacabit ille tellurem subvertere, vt patria segetibus candeant. Laborabit serpens venenum diffundere, ne herba in messes proveniant. Lethali clade

deficiet

PROPHETIAE MERLINI.

deficiet populus, & mœnia urbium desolabuntur. Dabitur in remedium urbs Claudij, quæ alumnam flagellantis interponet. Stateram namq; medicinæ gestabit, & in brevi renovabitur insula. Deinde duo consequentur sceptrum, quibus cornutus draco ministrabit. Adveniet alter in ferro, & volantem equitabit serpentem. Nudato corpore insidebit dorso, & dexteram caudæ injiciet. Clamore ipsius excitabuntur maria, & timorem secundo injicient. Secundus itaq; sociabitur leoni, sed exorta lite congressum facient. Mutuis cladibus succumbent mutuò, sed feritas belluæ prævalebit. Superveniet quidam in tympano & Cithara, & demulcebit leonis feritatem. Pacificabuntur igitur nationes regni, & leonem ad stateram provocabunt. Locata sede ad pensas studebit, sed palmas in Albaniam extendet. Tristabuntur ergò Aquilonia pervincia, & ostia templorum reserabunt. Signifer lupus conducet turmas, & Cornubiam cauda sua circumcinget. Resistet ei miles in curru, qui populum illum in aprum mutabit. Vastabit igitur aper provincias, sed in profundo Sabrinæ occultabit caput. Amplexabitur homo leonem in humo, & fulgor auri oculos intuentium excæcabit. Candebit argentum in circuitu, & diversa torcularia vexabit. Imposito vino, inebriabuntur mortales, postpositoq; cœlo in terram respicient. Ab his vultus avertent sidera, & solitum cursum cōfundent. Arebunt segetes his indignantib. & humor convexi negabitur. Radices & rami vices mutabunt, novitasq; rei erit in miraculum. Splendor Solis electro Mercurij languebit, & erit horror inspicientibus. Mutabit clypeum

Stilbon Arcbadiæ, vocabit Venerem galea Martis. Galea Martis vmbram conficiet, transibit terminos furor Mercurij. Nudabit ensim Orion ferreus, vexabit nubes Phœbus aquoreus, exibit Iupiter licitas semitas, & Venus deseret statutas lineas. Saturno Sideris livido corruet, & falce recurua mortales perimet. Bissenus numerus domorum siderum deflebit hospites ita transcurrere. Commutabunt Gemini complexus solitos, & urnam in fontes provocabunt. Pensa Libræ ex obliquo pendebut, donec Aries recurua cornua supponat. Cauda Scorpionis procurabit fulgura, & Cancer cum Sole litigabit. Ascendet Virgo dorsum Sagittarij, & flores virgineos obfuscabit. Currus Lunæ turbabit Zodiacum, & in fletum prorumpent Plejades. Officia jam nulla redibunt, sed clausa janua in crepidinibus Adriannæ delitebit. In ictu radij exurgent aquora, & pulvis veterum renovabitur. Confligent venti diro sufflamine, & sonitum inter sidera conficient.

EXPLA-

ALANI MAGNI DE INSVLIS, DOCTORIS VNIVERSALIS, EXPLANATIOnum in Prophetiam Merlini Ambrosii Britanni,

LIBRI SEPTEM.

PRÆFATIO.

VM multos rerum novitate permotos, quas in regno Angliæ nostris temporibus nunc præter solitum evenire videmus, prophetias Merlini Ambrosii, quæ sunt de eadem gente Anglorum, crebra quidem commemoratione, revolvere, sed historiarum ignaros, minùs intelligere ea ipsa, quæ commemorabant, adverterē: Incidit mihi animo, ad eorum explanationem, nō temeraria quidem præcipitatione irruere: sed diuturna præmeditatione accedere, inde vel maximè accepta fiducia, quòd in gestis Britonum, Saxonū,

A &An-

PRÆFATIO

& Anglorum, Noruannorum quoque ac Francorum, frequenti lectione ac studio aliquantulum expeditus, & exercitatus mihi viderer: itaq; ab exordio libri vsq; ad finem Britannici principatus, & initiū regni Anglorum, ac deinceps vsq; ad reditum Britannicæ dispersionis in Insulam patrum suorum, Merlini oracula, iuxta historiarum fidem, & rerū eventus, prout melius ac probabilius potius explanavi. Porrò de his, quæ post hæc in eodem regno, vt alibi, eventura prædicit, quia nec dum impleta videntur, sed implenda potius futuris retrò temporibus exspectantur: nec historiæ futura prophetant: sed quæ facta sunt, narrant: non secundum historiarum lineas, & rerum gesta; sed magis secundùm figuras, & tropos propheticæ locutionis, & verborū significationes, nec non etiam iuxta rerum ipsarum naturas & proprietates, à quibus Propheta Merlinus similitudines ducit, & quarum nominibus eos appellat, quos ex propria appellatione non nominat: quodque amplius est iuxta idioma, modumq; loquendi, quem eum tenere per totum operis sui cōtextum, sollerti consideratione notavi, dictorum eius intelligentiam investigare vacavi, nullam quātum existimo, literæ violentiam inferens: Nihil absonum, vel absurdum, ex tota interpretatione, confingens. Nihil deniq; quod à propriis vocum significationibus, vel à figuratis & vsitatis verborum translationibus peregrinum videatur, excogitans. Cæterùm illi, qui post nos venturi sunt, eò certius apertiusq; intelligent & cognoscent, quæ suis quorumq; temporibus fient, quo iam ea non implenda expectabunt, sed implenda videbunt: sicut illis, qui

ante

ante nos fuerunt, obscurissima erant, & prorsus incerta, quæ nũc exitus rerũ manifesta fecit, ac plana.

Porrò de signis, quæ in consummatione mundi apparitura, prædicit in sole & luna, & cæteris quinq; planetis: Saturno, videlicet, Ioue, Marte, Mercurio, & Venere, aliisq; stellis, & quomodo cursus suos ordinesq; confundent, quos ab initio creaturæ illis Creator omnium Deus instituit. Obsequium suum peccatori homini, propter quem creati sunt, abnegantes, illi tunc videbunt, qui superstites erunt, videbunt & pauebunt, dicente Domino: *Erunt signa* *in sole, & luna, & stellis, & in terris pressura gentiũ,* *præ confusione, sonitus maris & fluctuum arescentibus* *hominibus, præ timore & expectatione, quæ superue-* *nient vniuerso orbi.* Sed & de mundi reparatione, & resurrectione mortuorum, quàm vera dixerit iuxta Propheticas, Euangelicasq;, atq; Apostolicas traditiones, ita vt in nullo ab Orthodoxa fide Christiana deuiare videatur, cunctis legentibus patet: sicut, cũ ad notas locorum ventum fuerit, ostendemus; si tamen Dei misericordia nobis retribuerit commeatũ. Luc*æ* 21. 25.

Quæritur autem à multis de Merlino isto, vtrùm Christianus fuerit, an gentilis: & quo nam spiritu prophetauerit, phytonico, an diuino? Præsertim, cùm tanta, & de tam longinquo præuiderit, tam vera prædixerit, sicut in his, quæ à diebus eius, vsque in hodiernum diem decursa sunt, & impleta, probamus, iuxta hoc, quod historiarum series & ipsarum rerum declarat euentus. Equidem Christianũ eum fuisse, certissimum est, cùm de Britannica fuerit natione, & à ducentis, & eò ampliùs annis, antequam nasceretur, tota Britannia per Lucium regem

A 2 suum,

PRAEFATIO.

suum, à multi deo errore ad cultum vnius veri Dei, per legatos Eleutherii Papæ, & eorum prædicatione conuersa sit, & sacro baptismate innouata. Quo autem spiritu prophetauerit, nouit solus ille summus spirituum Deus, qui in omni semper natione, & gente, ea quæ voluit, per quos voluit prophetari atque prædici, fecit, siue permisit, antequam euenirent.

Deniq; Iob, nec Christianus, nec Iudæus fuit, sed profectò gentilis, & tamen neminem prophetarum apertiùs fideliusq; de Christi & nostra omnium, in nouissimo die, resurrectione, prophetasse reperio. *Scio*, inquit, *quòd Redemptor meus viuit, & in nouissimo die de terra resurrecturus sum, & rursu circumdabor pelle mea, & in carne mea videbo Deum Saluatorem meum. Quem visurus sum ego ipse, & oculi mei conspecturi sunt, & non alius. Reposita est hæc spes mea in sinu meo.*

Nec mirum de Beato Iob, cui similis in terra non erat: cùm Sibyllam, non Erythræam, sed Cumanã (nam X. fuisse Sibyllas, & omnes prophetissas ac virgines Varro affirmat) tanta & tam vera de Christi incarnatione, passione, & morte, sed & de secundo eius aduentu ad iudicium, & cõsummatione seculi, & omnium resurrectione, de gloria Sanctorum, & damnatione malorum prophetasse nouerimus: vt Doctores Ecclesiæ sanctos, & maximè Augustinum, vaticinia eius non piguerit suis miscere libris, & ad testimonium Christi in Ecclesia declamare. Cuius vaticinii meminit etiam Virgilius in Egloga illa, in qua & ipsum quoq; de Christi incarnatione prophetasse, testis est Augustinus. Sed & Eglogæ ipsius exordium satis insinuat, quòd magnũ in ea canturus est mysterium. Sic enim incipit:

Iob.c.19. v.25.

Sici-

PRÆFATIO.

Sicilides Musæ paulo maiora canamus:
Non omnes arbusta juvant, humilesq́, myricæ.   Ecloga 4.
      Et paulò pòst:
Vltima jam venit Cumæi carminis ætas:
    id est, Sibyllæ quæ à Cumis civitate fuit.
Magnus ab integro seclorum volvitur ordo:
Iam redit & virgo, redeunt Saturnia regna:
Iam nova progenies cœlo demittitur alto.

  Quòd autē de Christo hæc dixerit, q̄ venit tollere peccata mundi, subinde manifestè declarat, dicens: *Quo duce si qua manent sceleris vestigia nostri, Irrita perpetuâ solvent formidine terras.*

  Multi præterea Gentilium vates, non solùm viri, sed & fœminæ fuerunt, vt Cassandra & Chrysis, si, cut eorum literæ tradunt. Quid de Balaam loquar? cuius oracula, nec Mosen puduit sacræ legi attexere, nec magistros Ecclesiæ tantis librorum voluminibus explanare, atq; in Ecclesiis Dei vbiq; terrarum assiduè frequentare. Quem tamen fuisse Ariolum constat, & mercede conductum ad maledicendum Israël, & ipsum Israël tandem eius consilio ad fornicandum illectum. Vnde Dominus Angelo Pergami Ecclesiæ dicit: *Habeo pauca adversum te, quia habes* Apoca-
illic tenentes doctrinam Balaam, qui docebat Balac lyps. 2. 12.
mittere scandalum, coram filijs Israël, edere & fornicari. Sic Petrus de quibusdam dicit: *quòd habeāt cor* 2. Petri
exercitatū avaritia, maledictionis filij, qui derelin- 2. 14.
quentes rectam viam erraverunt, secuti viam Balaā
ex Bosor, qui mercedem iniquitatis amavit, correptionem verò habuit suæ vesaniæ. Subiugale mutum animal, hominis voce loquēs, prohibuit prophetæ insipien- Iudas
tiam. Similiter & Iudas frater Iacobi: *Væ, inquit, illis,* Ps 11.

A 3   *qui in*

PRÆFATIO.

qui in via Cain abierunt, & errore Balaam mercede effusi sunt.

Quæritur etiam de Merlino, cuius filius fuerit, vtrum videlicet solemni lege naturæ, ex viro & fœmina natus, an iuxta matris eius cōfessionem fantastica alicuius creaturæ spiritualis oppressione cōceptus. Quòd matrem eius finxisse faciliùs credidissem, quòd videlicet puella nobilis, vel confusioni suæ consuleret, vel amasium suum nō proderet, nisi me tanta in Merlino, & præsentium scientia, & præscientia futurorum, matri ipsius non omninò decredere persuasissem. Nam & Speusippus, filius sororis Platonis, & *Elearchus* Philosophus, & *Anaxilides*, in secundo libro Philosophiæ, affirmat in laudem Platonis, Perictionem matrem eius phantasmate Apollinis pressam, & sic principē sapientiæ conceptum & genitum.

Vide Cœ-
liū Rhod.
antiq. lect.
lib. 14. c. 1.

Deniq; Apulejus, in libro, qui intitulatur, de Deo Socratis, perhibet, inter Lunam & terram Dæmones habitare, quos Incubos vocant. Sic & Plato dicit, quoddam genus Dæmonum esse, inter Lunam & terram in hac humecta parte aëris, quod ita diffinitur. Animal humectū, rationabile, immortale, passibile: Cui proprium est homini inuidere: quia, vnde ille cecidit per superbiam, homo per humilitatem ascendit. Quorum quidā ita luxuriosi sunt, vt aliquando in humana effigie, cum mulieribus misceantur & generent. Vnde & Incubi nūcupātur. Quos Romani Faunos *ficarios* vocant. Vnde Horatius: *Faune, Nympharum fugientium amator, per sata nostra & aprica rura, latius incedas.*

Horat.

EXPLA-

EXPLANATIO-
NVM IN PROPHETIAM
Merlini Ambrosii, Britanni

LIBER PRIMVS.

SEDENTE Vortigerno Britonum Rege, super ripam exhausti stagni, egressi sunt duo dracones, quorum unus albus erat, alter verò rubeus. Cumq; alter alteri appropinquasset, commiserunt diram pugnam, & ignem anhelitu procreabant. Præualebat autem albus draco, rubeumq; ad extremitatē lacus fugabat. At ille cùm se expulsum doluisset, impetum fecit in album, ipsumq; retroire coegit. Ipsis ergò in hunc modum pugnantibus, præcepit rex Merlino Ambrosio dicere, quid prælium draconum portenderet. Mox ille in fletum erumpens: hausit Spiritum prophetiæ, assumtaq; parabola ait: *Væ rubeo Draconi: nam exterminatio eius festinat. Cavernas eius occupabit albus Draco, qui Saxones, quos invitasti, significat. Rubeus verò Draco gentem designat Britonum, quæ ab albo opprimetur. Montes eius & valles aquabuntur, & flumina vallium sanguine manabunt. Cultus religionis delebitur, & ruina Ecclesiarū patebit. Prævalebit tandem oppressa, & sævitiæ exterorum resistet, &c.*

Vide Matthæum Westmonasteriensem, in anno Christi, 465.

Vortegirnus Britonum Rex, cùm à Saxonibus, quos ad auxilium sui à Germania inuitaverat, circumuentus, totam pænè Britanniã amisisset, consilo diuinorum suorum jussit fieri turrim fortissimam in monte quodam, in confinio Leogriæ & Gualiæ, quę sibi tutamini foret. Sed cùm fundamẽtá lapidum jacta, subito terræ absorptu evanesceret, stupefactus Rex quæsivit causam à Magis. Tunc illi ignorantiam suam cõfiteri, erubescentes, dixerunt, materiam illam stare non posse, nisi lapides & cæmenta respersa essent sanguine hominis interfecti, qui sine homine patre natus fuisset. Mittuntur ergò famuli per diuersas partes, talem hominem quæsituri. Quorum quidam cùm ad civitatem quandam venissent, quæ est in Gualia, vocaturq́; KaërMerdin, id est, ciuitas Merlini, l. litera versa in d. viderunt pueros ante portam ciuitatis inter se colludentes. Orta est autem inter duos illorum rixa, quorũ alter Merlinus, alter Dinabutius vocabatur. Dinabutius inter alia convitia improperabat Merlino, quòd patrem non haberet. Quòd audientes Legati, interrogabant circumstantes, quis esset. Qui dicunt, nesciri, quis illum pater generasset, mater autem eius filia regis Demetiæ, in vrbe illa in Ecclesia sancti Petri monacha esset. His auditis legati accedunt ad tribunum vrbis & iussu illius adducũt ad regem Merlinum cum matre sua. Quæ seorsum interrogata à rege, ex quo viro concepisset Merlinum, ait; quòd virum alium non cognouisset, nisi quòd in thalamis, inter socias cùm esset, apparebat aliquotiens ei juvenis fortissimus in spetie hominis, cùm solam repperisset, qui cùm eam sæpè osculatus, subitò evanescebat.

nescebat. Tandem verò ab eo oppressam, concepisse Merlinum. Cumq; omnia auscultasset Merlinus, ait ad regem: magos, qui ei tale consilium dedissent, nescire prorsus, quid sub monte lateret, quòd lapidū fundamenta absorberet. Vocatis autem operariis, faceret fodere terram, & inveniret stagnum, quo lapides laverentur, & in fundo stagni duos concavos lapides, & in eis duos dracones dormientes. Ad præceptum itaque regis foditur terra, invenitur stagnum & exhauritur, inveniūtur concavi lapides, & aperiuntur, egrediuntur dracones, unus rubeus, & alter albus, diram pugnam committentes. Stupefactus rex, quærit à Merlino, quid eorum pugna portenderet. Tunc Merlinus in fletū erumpens, hausto spiritu prophetiæ ait: *Væ rubeo draconi, nam exterminatio eius festinat. Cavernas eius occupabit albus draco, q Saxonas, quos invitasti, significat.* Cavernas rubei draconis dicit Britonum urbes, & oppida, atq; domos, servata draconum metaphora, quorum in cavernis mansio est. Rubeus designat gentē Britanniæ, qui albo, id est, à Saxonibus opprimetur. *Mōtes eius & valles æquabuntur*, hoc est, sublimes infimis simile infortunium coæquabit. *Et flumina vallium sanguine manabunt;* hoc hyperbolicè dicitur: Quasi dicat: Tanta erit Britannici sanguinis effusio, ut instar fluminum decurrere videatur. *Cultus religionis delebitur, & ruina Ecclesiarum patebit.* Hæc ruina Ecclesiarum primò facta est, sub Hengisto, & Horsa fratre eius, deinde sub eorum posteris, Octa videlicet, Eosa, Pascentio, & Colgrino, Saxonum principibus. Nam cùm Britones à tempore Eleutherij Papæ, qui fuit decimus quartus à Beato Petro Apostolo, per

Anno Chr. 186.

-lo, per gloriosæ memoriæ Lucium regem suũ Christianitatem suscepissent: Saxones in cultu Dæmonum usque ad adventum Augustini, à Beato Papa Gregorio missi perstiterunt. *Prævalebit tandem oppressa* (subaudi) religio Ecclesiarum. *Et sævitia exterorum*, id est, Saxonum, *resistet. Aper enim Cornubiæ succursum præstabit, & colla eorum*, id est, Saxonicæ nationis, *sub pedibus conculcabit.* Succursus iste, quo deletæ per insulam religioni succursum est, & ruinæ Ecclesiarum latè patenti subventum, quò miseræ Britonum reliquiæ sævitiæ exterorum resistere prævalerent: primò oppressis civibus, provenit per Aurelium Ambrosium, deinde per Vtherpendragon, quod interpretatur, caput draconis, qui præfato Aurelio Ambrosio fratri suo, per proditionem Saxonum venenata potione extincto, successit in regnum. Fuerant enim filii Constantini Britoṅum regis, quem supradictus Vortegirnus, cùm esset Gevviscorum Comes, astutus nimis & potens, atque insatiabili ambitione aspiraret ad regnum, ut videlicet, quocunque eventu sese in regem erigeret, dolo fecit occidi, subornato quodam milite, qui in obsequio regis fuerat, quiq; cum semotis cæteris, in virgultum quoddam vocans, quasi secretum cum eo colloquiũ habiturus, vt nefandissimus proditor cultro peremit. Reliquit autem tres filios superstites, Constantem primogenitum, quem in Monasterio Amphibali Wintoniæ monachum fecit: & præfatos Aurelium Ambrosium, & Vtherpendragon: quós Guithelino, Londoniarum Archiepiscopo nutriendos commisit. Qui perempto patre, cùm necdum regno idonei essent, vtpote adhuc in cunis:

Worti-

Anno Christi 445.

Wortigornus corda Procerum inclinavit ad Constantem, ut eum, deposito schemate monachali, in Regem erigerent. Recusantibus autem Episcopis, eũ contra fas coronare: Vortegirnus diadema propriis manibus, vice Episcopi, capiti illius imposuit, juramento ab illo prius secretè accepto, quòd totius regni administrationem procurationi illius committeret. Quod & fecit: ita, ut Constans solo nomine Rex diceretur: illo pro libitu omnia intus & foris agente. Itaque, cùm per cunctas urbes & oppida, fideles suos in munitionibus collocasset, & neminẽ sibi in regno parem aspiceret, Constantem Londoniæ in thalamo suo, à domesticis ejus fecit interimi: sicq; nemine resistente regnum arripuit. Tunc fratres Constantis præfati videlicet Aurelius Ambrosius & Vtherpendragon, clam à nutritoribus suis, delati sunt in Armoricum regnum, ne fortè & ipsi proditione Vortegirni pari involverentur ærumna. Quos Pudicius Rex, cognatus eorũ, benignè suscipiens, ut decebat tantæ indolis adolescentes regaliter educavit. Proditione Vortegirni tandem divulgata, comprovincialium Insularum populi insurrexerunt in eum: Picti videlicet atque Scoti, dirissimis ac frequentibus præliis Britanniam infestantes: prædasq; domum non ignobiles reportantes. Qua necessitate compulsus Rex, communicato optimatum consilio, misit legatos in Germaniam, qui Saxones viribus validos, sedibus vagos, in Insulam invitarent, emolumenta militiæ recepturos ab eis, quorum bella agerent: & quorum saluti sudores suos impenderent. Et primò quidem venit in tribus navibus longis & magnis, manus quædam parva,

sed

sed quæ paucitatem suam virtute fulciret, viribus compensaret, ducibus Hengisto & Horso fratre ejus. Qui suscepti à Rege gratanter: Anno Dominicæ Incarnationis CCCCXLIX. data hinc, & inde accepta fide, cœperunt cum hostibus Britonum atrociter præliari: ita, ut sæpè eos necdum collato pede in fugam converterent. Intereà Hengistus, non minùs acer ingenio, quàm alacer in prælio, mittit nūcios in Germaniam, non abnuente Rege, qui contribules suos adducerent. Qui brevi reversi sunt cū XIIX. navibus, electis militibus plenis, & filia ipsius virgine, vocabulo * Ronixem: cujus pulcritudo cunctis spectantibus miraculo erat. Advenientibus adornatur convivium ab Hengisto, in quo & Rex aderat invitatus.

Filia Hengisti, jussu Patris, egressa de thalamo, scyphum aureū plenum vino flexis genibus, offert Regi, dicens: Laued King, Wesebais, Wesseil. Qua visa, Rex statim incaluit, interrogans interpretem suum, quid dixerit puella, & quid ipse debeat respōdere. Cui ille, vocavit te dominum regem, ac salutavit. Tu autem respondere debes, drinchail. Respondens autem Rex, drinchail, jussit eam bibere, cepitq; scyphum de manu cius, & osculatus est eam, ac bibit. Ab illo die usque in hodiernum, mansit ibi consuetudo hæc in convivijs, vt qui bibit, dicat, Wesseil: qui verò post illum recipit poculum, respondet, drinchail. Quid multis? Hengistus postulatus à Rege, dat ei filiam suam in conjugem, accepto pro remuneratione totius Cantiæ comitatu. Inde Hengistus connivente rege, misit alios nuncios in Germaniam, ut adducerent Octam filium suum,

cum

Adventus Saxonū in Britāniam. Anno 448.

* *Matt. Westmonasteriēsis Rouvven vocat.*

cū fratruele suo Cosa. * Anxiebatur enim rex hinc * West-
infestatione Pictorum atq; Scotorum, ex alia parte, mon. vo-
quòd quotidianus rumor per Insulā volitabat, Au- cat Abis-
relium Ambrosium & fratrem ejus, qui in Armori- sam.
cum regnum timore ejus diffugerant, jam adul-
tos, & in omni probitate famosos, magnum parare
navigium ad redeundum in Britanniam, & mortem patris sui Constantini, fratrisq; Constantis in
ipsum vindicandam. Nec mora; adsunt Octa & Cosa, cū C C C. Navibus, armata manu repletis: Tunc
Vortimerus filius Vortegirni, videns eos quotidiè
augeri, & per insulam paulatim extendi, non ultrà
sibi dissimulandum ratus, collecta omni Britonum
fortitudine, illos bello aggreditur: nec antè quievit,
quàm Hengistum cum suis in Germaniam redire
coëgit. Vnde Ronixes, muliebri insania furens, per
quendam familiarem ipsius, quem pecunia corru-
perat, eum veneno necavit. Tunc Vortegirnus precibus conjugis suæ misit ad Hengistum, ut cum
paucis rediret. At ille trecenta millia sibi associans *Anno*
armatorum in Britanniam renavigavit. Quo audito 4.62.
regni principes indignati, arma corripiunt, ruunt
obviàm, prohibentes ingressum. Tunc Hengistus
multis machinationibus peragratis, unum elegit
mittere ad Regem, qui diceret; se non ideò tantam
adduxisse multitudinē, vt in insula remanerent, sed
se timuisse Vortimerum & ideo non ausus cum parva manu venire. Hunc autem comperta ejus morte, committeret se & populum suum Regiæ disposi-
tioni, ut quos vellet, retineret, cæteros in Germaniam, sine mora remitteret. Quod cùm Regi & prin- * *nempe,*
cipibus placuisset, constitutus est dies, & locus, * ubi *pagus Am-*
hoc *bri.*

hoc firmaretur. Tunc Hengiſtus præcepit commilitonibus ſuis, vt unuſquiſque longum cultrum intra caligas abſconditum haberet, & dum cum Britonibus colloquerentur ipſe daret eis hoc ſignum, Nymet von Saxas. Quo audito extractis cultellis audacter Britones invaderent, & necarent: & factum eſt ita. Interempti circiter CCCCLX. de Conſulibus & Principibus regni. Rex captus & ligatus, conceſſit eis quicquid affectabant, vt vivus abſcederet. Ceperunt itaque Londoniam, Eboracum, Guintoniam, Lindicolium, indigenas perimentes, Eccleſias diruentes. Votegirnus autem ſeceſſit in Cambriā. * Nec mora adveniūt ex Armorico regno, duo illi fratres, Aurelius Ambroſius, & Vtherpendragon, cum valida manu Armoricanorum. Divulgato itaque eorum adventu, conveniunt undique Britones, qui fuerant per diverſa loca diſperſi, Aureliumq; Ambroſium erexerunt ſibi in regem. Cum quibus Cābriam petens, Vortigirnum in quadam turri obſedit, adhibitiſq; machinis, & ad ultimum igne admoto, turrim cum ipſo cremavit. Inde Hengiſtum bello peremit, & filium ejus Octam, & fratruelem eius Eoſam, cum reliquijs Saxonum ſuo imperio ſubjugavit, Eccleſias à nefanda gēte dirutas reſtauravit. Sed bonitati ejus invidens humani generis inimicus, dolo Paſcentij filij Vortegirni & Ronixæ, per quendam nefandiſſimum proditorem veneno infectū, immatura morte eripuit mundo. Cui ſucceſſit in regnum Vtherpendragon frater ejus, qui prætaxatum Paſcētium, rediviva bella moventem, cum Gillomino Hiberniæ Rege, & multis Saxonum milibus tranſmiſit ad inferos. Qui & ipſe Saxonicæ

&ſeſe in oppidum Genorium incluſit.

Anno Chr. 466.

Anno 497.

prodi-

proditionis veneno extinctus interijt. Vnde in eo sequentibus Merlinus ad Vortegirnum ait: *ignem filiorum Constantini diffuge, si vales. Iam naues parant, iam Armoricanum litus deserunt, iam vela per æquora pandunt, Britanniam petent, vt mortem patris sui in te vindicare nitantur: Cras Totonesium litus tenebunt; replebunt sanguine Saxonum facies; & interfecto Hengisto, Aurelius Ambrosius coronabitur. Pacificabit nationes, restaurabit Ecclesias, sed veneno deficiet. Succedet ei germanus suus Vtherpendragon, cuius dies anticipabuntur veneno. Aderunt tanta proditioni posteri tui, quos aper Cornubiæ deuorabit.* Iste est aper Cornubiæ, de quo superius cùm dixisset: *Væ rubeo draconi, nam exterminatio eius festinat, cauernas eius occupabit albus draco, qui Saxones, quos inuitasti, significat. Rubeus autem gentem designat Britanniæ, quæ ab illo opprimetur: montes itaque eius vt valles æquabuntur, & flumina vallium sanguine manabunt, cultus religionis delebitur, & ruina Ecclesiarum patebit,* ilico subiunxit. *Præualebit tandem oppressa, & sæuitia exterorum resistet. Aper enim Cornubiæ succursum præstabit, & colla eorum, idem Saxonum sub pedibus suis conculcabit.* Antonomasicè, hoc est, per accidentia quædam, Arturum inclytum illum Britanniæ Regem, & toto orbe famosum significat, qui quindecim annorum cùm esset, mortuo Vtherpendragon patre suo, communi consilio Principum regni & Cleri, erectus est in regem, summa necessitate vrgente; quoniam quidem diuulgata patris eius morte, Saxones cum ingenti nauigio in Britanniam redierant duce Colgrino, terramq́; vastabant. Quos Arturus immenso

Annus Christi 516.

De Arturo Britanniæ Rege.

Anno
Christi
120.

menso labore, ac dirissimis decertationibus expugnatos exterminavit, cum omni alienigena natione. Quem non immerito *aprum Cornubiæ* vocat: quippe qui in Cornubia & genitus fuerit, & nutritus, & matrem habuerit Igernam Cornubiæ comitissam: licet patrem constet eum habuisse, vt supradictum est, Vtherpendragon, Britanniæ Regem. Quod qualiter evenerit, postea fortasse dicemus. Nunc autem dicitur de Deo: *Aper Cornubiæ succursum præstabit, & colla eorum,* id est, Saxonum, *sub pedibus suis conculcabit*: de quo adhuc subditur. *Insulæ Oceani potestati ejus subdentur, & Gallicanos saltus possidebit.* Hyberniam namque Islandiam, Scotiam, Orcadum insulas, Gothlandiam, Noruegiam, Daciamq; sub jugum misit, & suo subjecit imperio. Non solum autem has, sed & Galliam, & multas appendices, subjectasq; provincias: verbi gratia, Flandriam, Poloniam, Burgundiam, Aquitaniam, Andegaviam, atq; Neustriam, suæ ditioni submisit: quarum Andegaviam dedit Gajo Dapifero suo, Neustriam vero Beduero Pincernæ suo. Ex qua dignitate Arturi & muneribus ejus in consuetudinem venit in curia Regis Francorum, vt Dapiferum habere debeat Andegavensium Comitem, Pincernam vero, Neustrensium Ducem. Sequitur: *Tremebit Romulea domus, sævitiam ipsius:* Romuleam domum vocat Romam, quam condidit Romulus, quadringentesimo & trigesimo secundo anno, post Trojanum excidium, in novissimis diebus Achat Regis Iuda: *Tremebit Romulea domus sævitiam ipsius.* Lucium námque Romanorum Principem, cum X. Regibus & infini-

De hoc c. n.
loquitur
Alanus in
folio immediatè
sequenti.

infinitis milibus bellatorum, qui Britanniam veniebant, vel delere penitùs, vel suæ ditioni submittere, eò quòd Arturus multa regna, multasq; provincias Romanæ potestati olim subditas, suo subjugasset imperio, & tributum à Iulio Cæsare Britonibus impositum, solvere recusaret, in quadam valle, haud procul à Monasterio albæ ripæ, quadam videlicet Cisterciensis ordinis Abbatia, in loco Lingonensi prælio fudit atq; peremit, corpusq; Lucii Romæ remisit, mandans Britones Romanis, non aliud debere tributū. *Tremebit Romulea domus sævitiam ipsius.* Et addit: *Exitus ejus dubius erit.* Verissimè quidē, sicut hodieq; probat, varia hominum de morte ejus & vita, opinio. Quod si mihi non credis, vade in Armoricum regnum, id est, in minorem Britanniam, & prædica per plateas & vicos, Arturum Britonem more cæterum mortuorum mortuum esse, & tunc certè re ipsa probabis, veram esse Merlini prophetiā, qua ait: Arturi exitum dubium fore: si tamen immunis evadere inde potueris, quin aut maledictis audientium opprimaris, aut certè lapidibus obruaris. Sequitur: *In ore populorum celebrabitur, & actus ejus cibus erit narrantibus.* Verum id quoque. Quis enim de gestis Arturi nō libenter audiat, vel loquatur? Vsque adeò enim in ammiratione hominum habita est ejus, & vita & gesta, vt nec generatio ejus, aut conceptus miraculi novitate caruerit. Quod quidem propter eius, qui ejus historiam non legerunt, non erit importunum evolvere. Mortuo itaque Aurelio Ambrosio, cùm Germanus ejus Vtherpendragon, à Clero & populo erectus fuisset in regem, cepit durissimis præliis Saxonicas nationes à

B finibus

finibus exterminare, restaurare Ecclesias, amissa[s] possessiones ciuibus restituere. Denique interfect[o] Pascetio filio Hengisti, & Gillomino Hiberniæ Re[ge], qui vincto umbone grauissimis irruptionibu[s] Aquilonares Britanniæ prouincias, ferro, præda, in[c]endio deuastabant. Octa quoque & Cosa rediui[ua] bella mouentibus captis & incarceratis, cùm pa[s]chalis solennitas immineret, vt Principes regni Londoniani præcepit, conuenirent, vt se ibi cum omnium exultatione & triumpho communi, regi[o] Diademate insigniret. Et factum est ita, vt Rex di[s]posuit & præcepit, ita, vt multi nobilium cum co[n]iugibus & filiabus læto animo conuenirent. Ade[]rat inter cæteros Gothlois dux Cornubiæ, cû Iger[]na coniuge, cuius pulchritudo omnes Britanni[æ] mulieres superabat. Quam cùm inter alias R[ex] inspexisset, captus est ilicò amore ipsius, adeò v[t] postpositis cæteris, totam intentionem suam ad il[]lam intenderet. Cui soli fercula dirigebat, arride[ns] ei frequenter, & iocosa verba interserens. Quo com[]perto maritus, Zelotypiæ furore incensus, statim exiuit à curia, & sine licentia cum vxore discessi[t] nemine assistentium reuocare eum valente; du[m] id solùm timeret amittere, quod super omnia dil[i]gebat. Iratus itaque Rex per missos suos præcep[it] ei redire in curiam, vt te regali iniuria rectitudine[m] ei faceret, coram ducibus & magistratibus regn[i] Cui cùm parére Gothlois omnimodò diffugisse[t] Rex in furorem conuersus, comminatus est, cum iureiurando, se funditus vastaturum terram ipsiu[s] nisi ad satisfactionem cum festinatione redire[t]. Sed ille pluris habens Igernam, quàm terram, su[r]da aure pergebat: nec distulit Rex collecto exerc[itu]
cu[m]

Narrat hic succincté historiã, quo pacto videlicet Vterpẽdragon Rex Britonum genuerit Arturum Regem eorum famosissimum. Vide Hect. Boethium lib. 9.

eum persequi, ira ejus indies, cum amore mulieris augmenta sumente. Petivit itaq; rex Cornubiam, urbesq; & Oppida cœpit vastare incendio At Gothlois videns se tantæ multitudini armatorum imparem, non est ausus congredi cum rege, sed vnum præelegit, munire videlicet oppida sua, donec subsidium, quod expectabat ab Hybernia, suscepisset, ut cùm magis pro conjuge sua, quàm pro seipso anxiaretur: posuit eam in oppido Tintagol, in litore maris, quòd pro tutiori refugio habebat. Ipse verò ingressus est castellum Dimilioch, ne simili infortunio ambos periclitatum iri contingeret. Quod cùm Regi nunciatum fuisset, petivit oppidum, quo se Gorlois immiserat, & obsedit illud, omnemque aditum ejus preclusit. Emensa tandem hebdomada cum amore Igernæ impatienter arderet, vocavit Vrsin de Ricaradoch, familiarem sibi, indicavitq; ei quid pateretur, & quod mortem nullo modo se posse evadere existimaret, nisi Igernæ amplexibus frueretur. Adhiberet ergò consilio, qui voluntatem suam expleret. Alioquin internis anxietatibus interiret. Ad hæc Vrsin: & quis, inquit, tibi consiliari valebit, cùm nulla via ad oppidum illud, in quo clausa est, accedere valeamus? Situm enim est in mari, & undique marinis obicibus circumclusum, nec est alter introitus, nisi quem rupes prærupta & angusta præbet; cujus aditus tres armati milites, prohibere haud difficile queunt, adversus omnem regni tui exercitum. Attamen si Merlinus vates operam dare insisteret, arbitror te consilio ipsius desideratis posse frui amplexibus. Credulus itaque Rex jussit vocari Merlinum, nã

B 3 &ipse

& ipse ad obsidionem venerat. Qui, cùm vocatus in praesentia Regis astaret, iussus est dare consilium, quo Rex desiderium suum explere valeret. Qui audita anxietate regis, motus est pietate & ait ad eum: Vt voti compos esse valeas, utendum est nobis artibus, & hactenus inauditis. Imprimam tibi medicaminibus meis figuram Gothlois, ita ut nihil aliud, quã ipse Gothlois per omnia videaris: Vrsino autem speciem dabo Iordani de Tindagol, qui est familiaris & consiliarius ducis. Ipse quoque alia specie assumpta tertius adero comes itineris tui, sicque cum ipso crepusculo adire oppidum poteris, & Igernam videre. Cumq́; regi consilium placuisset, commisit fidelibus suis obsidionem, clamq́; discessit. Et cùm se Merlini medicaminibus commisisset, transmutatus est in speciem Gothlois. Vrsinus verò alteratus est in Iordanũ, Merlinus autem in Bricolem versùs, ita ut nemini, quod fuerant, esse parerent. Aggressi igitur iter ad oppidum, illuc cum crepusculo pervenerunt. Indicato ociùs janitori ducem adesse, apertae sunt januae, & intromissi viri. Quid enim aliud accidisset, cùm prorsus Gorlois videretur? Mansit itaque Rex cum Igerna nocte illa, & se desiderata voluptate refecit, genuitq́; illa nocte Arturum illum, celeberrimis postmodum virtutibus & ingentibus triumphorum ad vota cõfluentium, toto orbe famosum. Interea comperto per obsidionem Regem non adesse, exercitus inconsultè agens, muros diruere aggreditur, & obsessum ducem ad praelium provocare. Qui damnum gloriae ratus, si lacessitus pedem consensi diffuget associatis cõmilitonibus suis egreditur folis, existimans cum parva manu, tot armatis ante monitionem suam, se facili negocio posse resistere. Sed res in contrarium cessit; nam cùm pugnæ aleam & incertos belli jactus fuisset adortus, in primis interfectus est ipse, & eius socij omnes ilicò dissipati, & oppidum captum, opesq; intus inventæ non æqua lanceæ divisæ. Siquidem qui plùs poterat, ut assolet, plùs rapiebat. Quibus peractis, venerunt nuncij ad Igernam, necem ducis & obsidionis eventum indicantes. Sed cùm regem in specie Gothlois inspexissent, erubescētes admirabantur ipsum, quem in obsidione interfectum deseruerant, ita incolumem pervenisse, misterium Merlini, quod ei consecerat, ignorantes. Ad tales ergò rumores arridebat Rex, & his verbis Comitissam amplexabatur, dicens: Non equidem interfectus sum, sed vivo, vt cernis. Doleo tamen oppidi mei destructionem, & sociorum interitum. Vnde nobis timendum est, ne superveniat Rex, nosq; in oppido isto intercipiat. Ibo itaque ei obviam, & cum eo paciscar, fœdusq; componam, ne nobis deterius contingat. Egressus itaque petivit exercitum, & exuta specie Gothlois, in Vtherpendragon redijt. Nec mirum magicis artibus id fieri potuisse, cùm & Beatus Clemens, Petri Apostoli discipulus & successor referat, Faustiniano patri suo similia accidisse: nam cùm Simon magus à Cornelio Centurione, quem baptizaverat Petrus ad supplicium quæreretur, ipse odio ipsius Clementis, & fratrum eius Fausti & Faustini, qui eius auditores fuerant, sed eum reliquerant, Petroq; Apostolo, cum fratre suo Clemente adhærebant, Faustiniano patri eorum peruncta eius facie, maleficis quibusdam

B 3 succis,

succis, speciem suam impressit, quatenus inventus à præfato Cornelio, pro Simone perimeretur. Ipse autem statim nocte aufugit; cum ergò Faustinianus ad filios rediisset, & illi vocem quidem Faustiniani agnoscerent, sed Simonis faciem, tanquam ipsius diaboli exhorrerent, flentes & eiulantes super istiusmodi monstro: Petrus dicebat, se nihil de Simone in eo videre, sed solius Faustiniani, & vocem audire, & speciem contemplari, tandemq; orando omnem fantasiam ab ipsius vultu abstersit, & filiis patrem, quem se amisisse deflebant, restituit. Itaque rex cùm omnem rei eventum ab exercitu didicisset, mortem quidem ducis ingemuit: sed ob Igernam à maritali lege solutam, intrinsecus lætabatur. Reversus itaque ad oppidum Tintagol, cepit illud cum Igerna. Commanserunt deinde pariter non modico amore adinvicem colligati, genueruntq; filium, nomine Arturum, & filiam, vocabulo Annam. Iste est ergò Arturus ille inclytus rex, quem aprum Cornubiæ Merlinus superiùs appellavit, dicens: *Prævalebit tandem oppressa religio, & sævitiæ exterorum resistet. Aper enim Cornubiæ succursū præstabit, & colla eorum sub pedibus suis conculcabit. Insula Oceani sub potestate ejus subdentur, & Gallicanos saltus possidebit. Tremebit Romulea domus sævitiam ejus, & exitus ejus dubius erit. In ore populorum celebrabitur, & actus ejus cibus erit narrantibus.* Quò enim Arturi Britonis nomen fama volans non pertulit & vulgavit: quousque Christianum pertingit imperium? Quis, inquam Arturum Britonem nō loquatur, cum penè notior habeatur, Asiaticis gentibus, quàm Britannis; sicut nobis referunt Palmigeri nostri de

LIBER I.

stri de orientis partibus redeuntes? Loquuntur illum orientales, loquuntur occidui, toto terrarum orbe diuisi. Loquitur illum Ægyptus Bosforus exclusa non tacet. Cantat gesta ejus domina civitatum Roma, nec emulam quondam ejus Carthaginem, Arturi prælia latent. Celebrat actus ejus Antiochia, Armenia, Palæstina. *In ore populorum celebrabitur, & actus ejus cibus erit narrantibus.* Sequitur *sex posteri ejus sequentur sceptrum, sed post ipsos exurget Germanicus vermis. Sublimabit eum aquoreus lupus, quem africana nemora comitabuntur. Delebitur iterum religio, & traſmutatio primarum sedium erit. Dignitas Londoniæ adornabit Doroberniam, & pastor Eboracensis septimus in Armorico regno frequentabitur. Menevia pallio urbis legionum induetur, & prædicatur Hybernia propter infantem in utero crescentem obmutescet,* & cætera. Sex posteri isti, qui post aprum Cornubiæ, hoc est, post Arturum, sceptrum secuti sunt, id est, regio diademate fastigiati, isti fuerunt; Constantinus, videlicet, primus filius Cadoris ducis Cornubiæ, & ipsius Arturi cognatus. secundus frater ejus, id est, Constantini, tertius conanus Aurelius nepos eorum, quartus Vortiporius, quintus Malgo, sextus Caretius. Nam cùm Arturus in bello, quod habuit adversus Mordredum nefandissimum proditorem, nepotem suum, lethaliter fuisset vulneratus, illo tamen sceleratissimo traditore prius ad Tartara misso, & se Arturus in insulam Avallonis * asportari fecisset, ad curanda vulnera sua, commisit regni gubernacula, præfato Constantino, viro probatæ virtutis, & in arte militari experientissimo. Constantino igitur in regem erecto,

*qua nunc Glasconia dicitur.

B 4   Ratan

Constantinus successit Arthuro, in regno Britanniæ. Anno 542.

statim insurrexerunt in eum Saxones, & duo filij Mordredi, sed nihil prævalere quiverunt, quin imò post plurima bella diffugiendo, alter Londoniam, alter verò Guintoniam ingressi, has duas nobilissimas civitates obtinere cœperunt: Sed non in longum Constantinus enim illorũ fugam ilicò insecutus & Saxones, qui illis auxilio erant, prædictas civitates obsedit, & cepit; Saxones suæ potestati summisit. Porrò iuvenes illos fratres, alterũ Guintoniæ in Ecclesia sancti Amphibali fugientem, ante altare

Anno 543. Anno 545. Constantino Regi frater succedit. Eodẽ anno, successit Conanus Aurelius.

trucidavit. Alterum Londoniis, in quorundam fratrum Cœnobio absconditum, tandem iuxta altare inventum, crudeli morte affecit. Qui tertio postea anno interfectus à Conano Aurelio, nepote suo, & iuxta Vtherpendragon infra choream gigantum, in monte Ambrij sepultus est. Cui successit frater ejus in regnũ, quem & præfatus Conanus inquietare nõ destitit, donec captum carceri mancipavit, duobusque filiis ejus interfectis, regni Diadema capiti suo imposuit. Iuvenis spectatæ probitatis & Cæsareo diademate dignus, si non esset civilis belli amator, & parricidali impietate cruentus. Duos namque fratres auunculos suos, ut dictum est, alterum vita privavit, alterũ in carcere colligavit, peremptis duobus filiis ejus, ut se parturiret in regnum: de quo tamen non in longum gavisus, seqenti anno rebus excessit humanis (*Westmonast. secus. Tradit enim regnasse ad annum vsq; 578.*) Cui successit Vortiperius,

Vortiperius Rex Britanniæ. Anno Domini 578.

in quem ilicò insurrexerunt Saxones, conducentes ex Germania concives suos viros validos, & ad bella promptissimos. Qui cùm advenissent cum ingenti navigio, commiserunt prælium cum sor-
tiperio,

tiperio, sed superati terga dederunt. Vortiperius ergo monarcha totius regni effectus, cùm quatuor annis regnum cum diligentia multa & pace tractasset; morte obi t, vitam universæ carnis ingressus. Cui successit Malgo, vir robustus armis, largior cæteris antecessoribus suis, multorum Malleus validissimus tyrannorum atq; depulsor. Totam namque Insulam ipse obtinuit, & sex provinciales Oceani insulas, Hyberniam videlicet, atq; Irlandiam, Gotlandiam, atque Orchadiam, Norvvagiam, Daciam, dirissimis præliis suæ potestati subiecit. Erat autem omnium ferè Britonum pulcherrimus, sed specie sua & dono naturæ turpiter nimis abutens, illicitis libidinum voluptatibus, corpus suum mancipium faciebat, virorum fœmina & vir pariter prostitutus, proditor alienæ pudicitiæ, prodigus suæ. Cui successit Caretius, invisus Deo & hominibus, vtpote civilis belli amator, atque incentor, exterminator nobilium, civium interemptor, divitum expilator. Quo regnante Gormundus Africanorum Rex, cum ingenti classe CCCLX. milibus bellatorum Hyberniæ portum intravit, rudi populo improvisa ingerens bella. Dumq; patriam suis opibus spoliaret, & gentem indigenam sine misericordia, vtpote gens pagana ac barbara trucidaret, divulgato eorū rumore Saxones, Angli, qui Britanniam invaserant, & Britones impugnabant, in Hyberniam navigaverunt, Gormundi auxilium adversus hostes suos, id est, Britonicum populum imploratum. Quo impetrato, adduxerunt eum in Britanniam in millibus suis: Cui insulam regni à mari usq; ad mare, ferro, flamma, & rapina depopulans, & Caretium præ-

Malgo Rex Brit. anno Christi 581.

Caretius Rex Brit. Anno 586.

B 5 taxatu,

taxatu, Britonum videlicet Regem, de civitate in civitatē persequens, tandem in Cambriam, i. Walliam eum fugavit & clausit. Quod dùm ageret Gormundus iunctis viribus, cum Saxonica gente: adnavigavit ad eum à transmarinis partibus Galliarū, Isembardus quidem nepos Ludovici Regis Francorum, conquerens se ab avunculo suo iniustè exhæredatum, & à natali solo expulsum, eius implorans auxilium. Vt & procaptanda illius gratia, vt videlicet eius auxilio avunculo suo regnum eriperet, Christianitatem suam lusit, Christo renuncians, atque ad paganismum sese convertens. Sed nihil inde lucratus, in fidelitatis suæ solum vltionem, fortunæ ludibrium non evadens. Nam cùm ad portum Sancti Walerici, cum Paganorum gente applicuisset, ipse ab Hugone quodam non magni generis tyrone, filio videlicet Roberti Comitis Montis, duello peremptus, præsentis vitæ pariter & æternæ gaudia perfidus & infelix amisit. Porrò de omni illo exercitu Paganorum, quem secum adduxerat, omnes aut gladio trucidati, aut demersi in mare, aut perdevia loca delapsi. His per anticipationem prælibatis, ad intelligentiam eorum, quæ sequuntur, ad Prophetiæ contextum redeamus. Ait itaque; *sex posteri eius sequentur sceptrum, sed post ipsos exurget Germanicus vermis. Sublimabit illum aquoreus lupus, quem Africana nemora comitabuntur.* Scilicet, posteros Arturi dicit sceptrum secuturos, id est, regiam potentiam assecuturos, sed post ipsos Germanicum vermem, id est, Saxonicæ gentis populum exsurrecturum, & Gormundi auxilio sublimandum. Quē æquoreum lupum appellat, eò quòd insulas maris

cum

cum ingenti classe, rapinis & ferro vastaret. Africana nemora, quæ illum comitabantur, dicit Aforū exercitus, servata lupi metaphorâ, cui in nemoribus habitatio est. Sequitur: *delebitur iterum religio, & transmutatio primarum sedium erit. Dignitas Londoniæ Doroberniam adornabit, & pastor Eboracensis septimus in Armorico regno frequentabitur. Menevia pallio urbis legionum induetur, & prædicator Hyberniæ propter infantem in utero crescentem obmutescet.* Gormundo Ecclesias, urbes & oppida per totum Britanniæ regnum depopulante, religio est deleta iterum, hoc est, sicuti primùm in diebus Hengisti, & filiorum ejus, atque nepotum, in insula Britonum penè ad nihilum est redacta, sic denuò in diebus Gormundi eveniet. Non solùm autem religio delebitur, sed & *primarum*, inquit, *sedium transmutatio erit*. Primas sedes vocat tres Archiepiscopatus, Londoniæ videlicet, Eboraci atque urbis Legionum. Quarum Londoniæ dignitas Doroberniam, id est, Cantuariam adornavit, metropolitana scilicet, sede illuc per Augustinū, à Beato Gregorio, Romano Pontifice missum, transposita & locata. Sed & urbis Legionum, Archiepiscopus Metropolitanæ sedis thronum apud Meneviam collocauit. Est autem Menevia civitas Waliæ, super mare Demeticum sita. At verò vrbs Legionum, prope mare Sabrinum, super Oscam fluvium posita est, quam condidit ille Britonum Rex Belinus, cuius frater Brennius fuit, qui cum senonibus Gallis Romam obsedit, & cepit, in diebus Assueri & Hester, Gabio & Porsenna Consulibus. Quorum Gabium Præliando peremit, Porsennam cepit. Quòd autem ait, *pastor*

stor Eboracensis septimus in Armorico regno frequentabitur. Sanctum Samsonem significat, Eboracensem Archiepiscopum, qui à propriana Saxonum gente, ab Ecclesia & civitate expulsus, navigio transfretavit in Armoricum regnum, id est, minorem Britanniam, in finibus Galliarum, super littus Oceani sitam, ibiq; in civitate dolis Metropolitanam sibi Cathedram collocavit. Venerunt autem cum eo sex fratres ipsius, Sancti & magnifici, & magnarum virtutum viri: Melanius Matutus, Maclovius, Pabutual, Paternus, Waflocus, qui in aliis civitatibus eiusdem regni ordinati sunt, & Ecclesiæ Dei præfecti. Et hoc est, quod ait: *pastor Eboracensis septimus in Armorico regno frequētabitur.* Hos autem septem fratres, usque in hodiernum diem, non solùm gens incola terræ illius, sed & finitimæ regiones, septem Britanniæ Sanctos appellant. Et quoniam ad id locorum devenimus, non erit improbū, si res quædam mira & admiratione digna, quæ vulgata hominum narratione refertur, præsenti loco à nobis, sicut se offert occasio, inseratur: quomodo videlicet septem fratres isti, uno parentum concubitu, uno matris conceptu, suscepti fuerint, atque uno partu, uno die producti. Aiunt enim, quòd mater eorum, cum esset matrona nobilis & pudica, humana tamen ignorantia in alias mulierum erraret iudicio, existimans & contestans, nullam omnino fœminarum duos simul aut plures concipere posse, vel parere liberos, nisi cum tot viris carnale commercium habuisset. Vnde & de mulieribus, quibus tale aliquid, ut sæpè accidit, evenisset, malè sentiebat, & sicut erat ipsa falsa persuasione de-

Similis historia narratur de Comitissa Altorfensi, matre Guelforū.

ne decepta, sic eas falsis suspicionibus falsisque criminibus infamabat. Propterea Deus naturæ Creator, innocentiæ testis, cordium & secretorum inspector, ut & ipsam à tam pernicioso errore absolueret, & pudicarum innocentiam fœminarum ab iniusta liberaret infamia, fecit vt præfata mulier, licèt in hac parte erronea, pudica tamen & casta, uno unius viri sui concubitu, uno semine per septem matricis, id est, genitalis alui cellulas, discreta diffusione diffuso atq; infuso, septem supra dictos Germanos conciperet, atque vno die de abstruso Carcere materni uteri proferret in lucem. Quo viso, mulier tantæ novitatis prodigio stupefacta, & quia monstruoso partu edito contremuit & expavit: confusionis autem suæ pudorem non ferens, & metuens, ne suspiciones, quas de aliis mulieribus habuerat, & criminationes, quibus eis iniusta infamatione notaverat, in proprium ipsius caput, secundum iustam Dei retributionem, reciproca reuolutione redirent, præcipit uni de ancillulis, cui maiorem, quàm aliis fidem habebat, vt pueros sine mora in fluvium occultè proiiceret & necaret. Illa licèt parricidale facinus exhorreret, dominæ tamen confusioni compatiens, & vissioni obtemperans, olvolutos simul infantes accipiens, pergebat cum festinatione ad flumen, vt iussa factis impleret. Sed nutu Dei, qui ab æterno providerat & sciebat, quid de pueris istis facturus esset, accidit, ut ancillula pergens ad aquas, obuium haberet Episcopum, quendam Sanctum, qui divino instinctu admonitus, gerulam puerorum stare præcepit, quid baiularet percunctans. Nec fuit tergiversandi locus, aut

menti-

mentiendi facultas, episcopo perurgente, ut incunctanter onere deposito involucrum aperiret, & quid interius involutū haberetur, ostenderet. Quid multis? factum est, ut præcipit. Videns itaque sanctus Episcopus pueros elegantes, & in primo limine vitæ, morti destinatos agnoscens, misericordia motus, accepit eos, quasi loco filiorum, Christiq; baptismate cōsecravit, accersitisq; nutricibus tradidit educandos. Cùm autem ad idoneam venissent ætatem, literarum scolis traditi, & nihilominus in omni disciplina divini timoris imbuti, ad summū sanctitatis & scientiæ pervenerunt fastigium. Hæc de beato Samsone Eboracensi Archiepiscopo, & sex fratribus ejus à nobis dicta, pro eo quod dictum est. *pastor Eboracensis septimus in Armorico regno frequētabitur.* Sequitur. *Menevia pallio urbis Legionum induetur, & prædicator Hybernia, propter infantem in utero crescentem, obmutescet.* Menevia, ut supra dixisse memini, civitas Waliarum super mare Demeticum sita, ad quam pallium urbis legionum id est, Archiepiscopatus, sub persecutione Gormundi cum Saxonibus, quibus auxiliatum venerat, transmigravit, cum Clero & sanctorum reliquiis, paulò antequam Augustinus, à Beato Gregorio in Britanniam mitteretur, ut barbaræ genti Anglorum Dei filium prædicaret. Vnde & postea, cum venisse idem Augustinus à sede apostolica destinatus, invenit adhuc in partibus Britonum septem episcopatus, & unum Archiepiscopatum, Abbatiasq; quàm plures. Inter quas erat in urbe Bangor, nobilissima quædam Ecclesia, tantum habens numerum monachorum, ut cum in septem portiones

esset

esset divisus, nulla earum minus à cccc. monachis haberet. Abbas eorum in liberalibus disciplinis ita institutus erat, ut inferiores suo ingenio viderentur: Qui Augustino petenti ab episcopis Britonum subiectionem, & communem ad prædicandum Anglis laborem, valida argumentatione monstravit, ipsos ei nullam subiectionem debere, nec prædicationem suam hostibus suis impendere, cum & archiepiscopum suum haberent, & Angli & Saxones patriam solum eis auferre persisterent. Vnde indignati Anglorum Reges, vinctis viribus civitatem Bangor obsederunt, eamq; licet non sine ingenti strage propriæ gentis ceperunt. Tunc potiti victoria tanto furore debachati sunt in Britones, ut de solis monachis mille ducentos, sine misericordia trucidarent. *Menevia pallio urbis Legionum induetur, & prædicator Hyberniæ propter infantem in utero crescentem obmutescet.* Quòd dicit hoc est. Sanctus David Britonum Walensium archiepiscopus, dum adhuc in materno utero clauderetur, & die quadam prædicator Hyberniæ, qui cum Augustino à Beato Gregorio in Angliam misso venerat, & ab eodem Augustino in Hyberniam missus fuerat, Verbum Dei populo prædicaret, superveniente matre Sancti Divid repentè obmutuit. Qui postmodum resumpto usu loquendi, cum spiritu Prophetiæ, instar Zachariæ patris Beati Iohannis prophetavit, & dixit mulieri illi magni meriti fore puerum, quem gestabat, & excelsum in verbo gloriæ, & cui ipse meritò cedere, utpote meliori deberet, & quasi obmutescere. Respondit rerum veritas cœlesti oraculo, & qualis futurus prædictus est, talis

B. Patricius.

mundo

mundo emicuit, vir vere sanctus atque magnificus. Obiit autem in Kambria, in Menevia civitate infra Abbatiam suam, quam præ omnibus suæ Diocesis Ecclesiis diligebat, eò quòd Beatus Patricius, qui de eo prophetaverat, eā fundasset. Cùm enim illic fratres pro consuetudine visitasset, subito languore correptus migravit ad dominum, ibíq; sepultus est. Quòd autem ait: *Menevia pallio urbis Legionum induetur*, & postea adiecit, *& prædicatur Hybernia propter infantem in utero crescentem obmutescet*, ordo præposterus est, quia more prophetico, posteriora per anticipationem figurare præposuit, & priora postposuit. Quę figura in scripturis tam secularibus, quam divinis frequentissima est, cùm videlicet ea, quæ posteriora sunt, antè dicuntur, vel futura, quasi jam præterita præferuntur, vt apud Virgilium: *Interea reges ingenti mole, Latinus procedunt.* Est enim sensus atque ordo verborum: Interea Latinus rex procedit, cum ingenti mole, id est, cùm multa gravitate, & post eum Reges. Item: *Tunc torrere parant flammis & frangere Saxo*, cùm priùs farra Saxo, id est, mola frangantur, & postea igne coquantur. Tale est & illud in Psalmo: *Fundamenta ejus in montibus sanctis, diligit Dominus portas Sion, super omnia tabernacula Iacob.* Anteposuit ejus, & postea cuius, id est, Sion, cùm dicendum esset. Fundamenta Sion in montibus istis, diligit Dominus portas ejus, super omnia tabernacula Iacob. Item: *diviserunt sibi vestimenta mea, & super vestem meam miserunt sortem*, pro dividunt & mittunt. Sic & in Genesi, cùm per anticipationem dixisset Moses, *faciamus hominem ad imaginem & similitudinem nostram*

ex perex persona patris addens, *ut præsit piscibus maris, & volatilibus cœli, & bestijs terræ, universǽq́ creaturæ, omniq́ reptili, quod movetur in terra, & creavit Deus hominem ad imaginem suam, ad imaginem Dei creavit illum: masculum & fœminam creavit eos, benedixitq́ illis Deus & dixit: Crescite & multiplicamini & replete terram, & subijcite eam & dominamini piscibus maris, & volatilibus cœli, & universis animantibus, quæ moventur super terram. Dixitq́ Deus: dedi vobis omnem herbam afferentem semen super terram, & universa ligna, quæ habent in semetipsis sementem generis sui, ut sint vobis in escam, & cunctis animantibus terræ, omniq́ volucri cœli, & universis, quæ moventur in terra, & in quibus est anima vivens, ut habeant ad vescendum,* postea tamen paucis inter positis dicit: *Ista sunt generationes cœli & terræ, quando creata sunt, in die quo fecit Dominus Deus cœlum & terram, & omne virgultum agri, antequam oriretur in terra, omnemq́ herbam regionis, priusquam germinaret. Non enim pluerat Dominus Deus super terram, & homo non erat, qui operaretur terram,* & cætera. Plenæ sunt scripturæ & Poetarum & nostræ huiusmodi locutionum schematibus, quæ facilè multis in locis studiosus quisque lector inveniet. Ita & apud Merlinum rectus ordo verborum, iuxta consequentiam rerum fuisset, si ita dixisset: Prædicator Hyberniæ propter infantem in utero crescentem obmutescet. Pastor Eboracensis septimus in Armorico regno frequentabitur, Londonia Dorobermiam adornabit, & Menevia pallio urbis legionum induetur. Sic enim ordine contigit iuxta temporum rationem. Nunc au-

C tem

tem per hyperbaton converso ordine, prophetico more, ita posuit. *Delebitur iterum religio, & transmutatio primarum sedium erit. Dignitas Londoniæ Doroberniam adornabit, & pastor Eboracensis septimus in Armorico regno frequentabitur. Menevia pallio urbis legionum induetur, & prædicator Hyberniæ propter infantem in utero crescentem,* vel ut quidam codices habent, *in utero habentem obmutescet.* Sequitur: *pluet sanguineus imber, & dira fames mortales afficiet.* Legitur in historia Britonum, in diebus Rivallonis eorum Regem, qui à Bruto, XIII. fuit, tribus diebus accidisse pluviam sanguineam, & muscarum affluentia multos hominum interisse. Sed nec ante nec post tale aliquid accidisse, præsertim, in insula illa, in libris annalibus invenisse me memini. Sanguineum proinde imbrem dicit humani sanguinis effusionem, nunc per hostilia bella, nunc per civiles discordias factam, quasi pluviam sanguinis de cœlo cadentem, id est, de cœlesti vindicta stillantem, quæ secuta est dira fames mortales afficiens, sicut in gestis Britonum legitur, ita ut nihil omninò inveniri posset, quod in cibum assumeretur, præter solum venatoriæ artis solatium. Simile quid Dominus in Deuteronomio per Mosem prævaricatori populo comminatur, dicens: *dabit Dominus imbrem terræ tuæ pulverem, & de cœlo descendet super te cinis, donec conteraris. Erit cælum, quod supra te est, æneum, & terra, quam calcas, ferrea.* Et paulo post: *Sementem multam iacies in terra, & modicum congregabis, quia locusta omnia devorabunt. Vineam plantabis & fodies, & vinum non bibes, nec colliges ex ea quippiam, quoniam vastabitur*

Vide Matth. Westmonast. p. 29.

Deut. 28. vers. 24. vers. 38.

bitur à vermibus. Olivas habebis in omnibus terminis tuis, & non ungeris oleo, quia defluent & peribunt. Omnes arbores tuas & fruges terra tua, rubigo consumet. Advena, qui tecum versatur, ascendet super te, eritq́ sublimior, tu autem descendes, & eris inferior. Ipse erit in caput, tu eris in caudam. Et venient super te omnes maledictiones istæ, & persequentes apprehendent te, donec intereas. Servies inimico tuo, quem immittet Dominus tibi, in fame & siti & nuditate, & omni penuria, & ponet iugum ferreum super cervicem tuam, donec te conterat. Similia his per omnia Britonibus evenisse, tempore supra scripto, eorum historia manifestè declarat. Et hoc est, quòd ait: *pluet sanguineus imber, & dira fames mortales afficiet.* Et quoniam mortales indeterminatè dixit, fame inedia affligendos, sequenti sermone determinat, quos mortales, id est, Britonum gentem; & hoc est, quod subiungit, *his supervenientibus dolebit rubeus,* subaudi, draco, id est, Britonum gens, *sed immenso labore vigebit.* Significat Britones bellorum sævitia, & famis inedia, primò quidem atterendos, sed postea, immensis laboribus bellorum prævalituros. Quæ beatitudo eis post inexplicabilia mala, post expulsiones à patrio solo, & per extera loca dispersiones, per Caduallonem Regem suum versa vice fortunæ provenit. Cuius laborum inextricabiles labyrinthos singillatim evolvere historiæ res est. Hic enim Caduallo post multa infortunia & horrenda, post diversa exilia, post expulsionem denique à proprio regno, ac totius insulæ amissionem, in minorem Britanniam cum paucis; qui cum eo remanserant, navigavit, à Salomone rege, cognato

Caduallus Rex Britonum. Anno Christi 638.

C 2 suo &

suo & à confratribus, suppetias imploratum, quibus adiutus retortis velis, in patriam remeare, & ereptum sibi ab Eduvino Rege, Northanhumbriæ regnum recuperare valeret. Quo impetrato, cum hyberno tempore apud Salomonem hyemasset, redeunte vere, quando Reges ad bella procedere solent, Caduallo cum decem milibus militum, quos Rex Salomon illi commiserat, naves ascendit, prosperoq; ventorum spiramine usus, celeri cursu applicuit. Cumq; audisset, Peandam Merciorum Regem, Brianum nepotem suum, & miseras Britonū reliquias, in Exonia clausos obsidione vallare impigre properavit, divisisq; militibus suis per turmas, hostes adire non distulit. Conserto autem prælio captus est Peanda, qui cum alium salutis aditum non haberet, Caduallonj se subdidit, obsidibus servandæ ad eum fidei datis. Dedit ei & filiam suam, & factus est socer Regis, & princeps militiæ ejus. Inde Caduallo reuocatis in insulam Britonibus, qui longo tempore fuerant per diversa loca dispersi, duxit exercitum in Northamhumbriam super Eduvinum Regem, patriamq; ferro & rapina depopulatus est. Nec Eduvinus otio torpebat inerti, sed associatis sibi omnibus Anglorum regulis, bellum cum Caduallone conseruit, & volubili fortunæ rotatu, statim in acie cecidit, universis ejus copiis penè deletis, cum filio suo Offrico & Chaldodo Orchadum duce, qui eis auxiliatum aduenerat. Neque hoc triumpho contentus Caduallo, qui se in exterminium Anglorum natum iactabat, Offricū Regem, qui Eduvino successerat ad regnandum, cum omni Britonum virtute aggreditur, ipsumq;
& duos

Westm.
Offridum
& Gotbal-
dū vocat.

& duos nepotes ejus, nec non & Cadamum Regem Scotiæ, qui eis præsidio erat, occidit. Offiico autem successit in regnum Northamhumbriæ Osvvaldus, quem Caduallo post cæteros inquietare non destitit, donec etiam illi præsentis vitæ lucem ademit. Anglorum enim provintias pervagando Caduallo, tato furore debacchatur in Saxones, vt nec quidem muliebri sexui, vel infantibus recenter natis, siue in uteris matrum adhuc clausis, vel senum ætati parcendum putaret. Et sicut ait Lucanus de Mario; *Non senis extremum piguit vergentibus annis, præcipitasse diem, nec primo in limine vitæ, infantum nuper natorum abrumpere fata. Iam commixta iacent, incondita mortua viuis, corpora corporibus.* Volebat enim Caduallo omne Anglorum, Indarum, & Saxonum genus, (tres enim istæ gentes à Germania advenerant) exterminare penitus ac delere, & ideo nulli aut sexui aut ætati parcebat. Et, ut ait prædictus poëta: *nulli sua profuit ætas.* His per anticipationem præmissis, ad maiorem evidentiam eorum, quæ sequuntur, ad literæ seriem redeamus, breviter decursuri ea, quorum explanationem præoccupando præmisimus. *Pluet sanguineus imber, & dira fames mortales afficiet. His superuenientibus delebit rubeus, sed immenso labore vigebit.* Sequitur: *tunc infortunium albi,* id est, Saxonum: *festinabit, & ædificia hortulorum ejus diruentur,* hoc est: Cùm prævalere cœperit rubeus, id est, Britonum populus, infirmabitur albus, id est, Saxonica gens, eorumq́; habitacula subvertentur. Sequitur: *Septem sceptrigeri perimentur, & unus eorum sanctificabitur.* Septem sceptrigeri quos peremerunt, Caduallo & Peanda socer

Lucanus Libro 2. Pharsaliæ vers.105.

Lucanus ibid.

socer ejus, fuerunt, Eduuinus & Offricus, atque Oſ-
Waldus Nothamhumbriæ Reges: Segebertus, E-
gricus & Anna, qui super Orientales Anglos, diviſis
regnorum finibus, regnabant. Cadamus quoque
Rex Scotiæ, pari ærumna occupatus occubuit. E
quibus omnibus unum singulariter dicit sanctifi-
candum: Beatum significans Osvaldum, hominem
magnæ fidei in DEVM, magnæ lenitatis in populum suum. iuxta illud, *in fide & lenitate ipsius, sanctū fecit illum.* Nam sicut *sine fide impossibile est pla-
cere Deo*, ut ait Apostolus: sic nec absque lenitate
hominibus. In quo autem duo ista conspirant pariter, & conquadrant: hoc est, recta fides in DEVM,
& animi mansuetudo ad proximum, ille sine dubio
sanctus est, *dilectus Deo & hominibus: cuius memoria in benedictione est, similis factus in gloria sanctorum.* Talem fuisse beatum Osvaldum, Northamhumbriæ Regem, produnt Angloru historiæ, quæ
laudes ejus Panegyrico scribendi genere prosequun-
tur. Nam quantus in ejus pectore fidei fervor caluerit, vel ex hoc facile animadvertes, quòd si quando
Antistes Aldanus, Scotica lingua, utpote Scotus,
verbum Dei, in Ecclesia Dei assistentibus prædicaret, deessetq; interpres, confestim Rex ipse, quanivis
indutus chlamydem vel auro rigentem, vel sindo-
niis ebriam succis, & tyrios murices æstuantem, id
munus dignanter corripiens, barbari sermonis involucrum patria lingua expediret. Adeo autem so-
brius sibi erat, & largus in pauperes, ut sæpe appositis obsoniis, cùm in cibos convivæ dentes acuerent,
& mentes intenderent, ipse voluptatem frænaret,
de penuria sua pauperum ventres implendo, & de
pro-

*De S. Oſ-
valdo
Rege.*

*Ecclesia-
stici, c. 45.
vers. 4
ad Hebr. c.
11. vers. 6.*

propria sui corporis defraudatione, eorum gaudia nundinando. Vnde arbitor etiam temporaliter, absolutā in eo cœlestis illius oraculi fidem, *dispersit, dedit pauperibus, iustitia eius manet in seculū seculi*. Nā quòd auditor mirari debeat, inficiari non valeat, dextera illa regalis tantarū eleemosynarum ministra, hodieq; cum brachio & cute & nervis permanet incorrupta, iuxta imprecationem Aidani Episcopi. Is enim cùm in die sancto Paschæ cum Rege epularetur, Rexq; ad clamorem pauperum, discum argenteum carnium obsoniis plenum atque confertum eis mitteret, præcipiens, ut cibos quidem insumerent, discum verò distraherent, preciumq; inter se æqua lance diuiderent, vivat, ait episcopus, vivat dextera illa, nulli unquam corruptioni obnoxia. Respondit rerum veritas cælesti oraculo, sancti pontificis ore prælato, sicut usque in hodiernum diem cernere est. Totum verò reliquum corpus in cineres resolutum, communionem mortalitatis non evasit. Quomodo autem fuerit peremptus, sicut supra commemoratum est, ubi dictum est, *septem sceptrigeri perimentur, & unus eorum sanctificabitur*, breviter absoluendum. Sex Regibus interemptis à Coduallone Britonum Rege, & Peanta socero eius, & duce militiæ, novissimè ceperunt inquietare sanctum Osvvaldum, à provincia in provinciam eum fugantes, usque ad murum, quem Severus Romanorum Imperator, inter Britanniam & Scotiam olim construxerat. Postea misit illuc Peandam cum exercitu, ut bellum cum Osvvaldo consereret. At Osvvaldus, dum ab illis obsideretur in loco, qui vocatur Hedfeld, id est, cælestis campus,

quadam

Psalm. 111. vers. 9. 2. Corinth. 9.

quadam nocte ibidem signum Dominicæ crucis erexit, indicens commilitonibus suis, vt summa voce in hæc verba clamarent: Flectamus genua omnes, & Deum omnipotentem viuum ac verum, in commune deprecemur, vt nos ab exercitu superbo Britannici Regis, & eiusdem ducis nefandi Peandæ defendat. Scit enim ipse, quia iusta pro salute gentis nostræ bella suscipimus. Fecerunt, vt iusserat, omnes, & sic incipiente diluculo hostes adorti multis eorum peremptis, cæteros campum turpiter deserere compulerunt. Quod cum Caduolloni nunciatum fuisset, acri ira ignescens, cum omni commilitio suo, & valida manu sanctum Osvvaldum insecutus, commisit prælium in loco, qui Burne vocabatur. Vbi Beatus Osvvaldus fusis stipatoribus suis, cùm & ipse ferratam telorum sylvam in pectore gereret, nec acerbitate vulnerum, nec mortis confinio potuit revocari, quo minus fidelium suorū animas pia supplicatione Domino, cui omnia viuunt, *Occisus est* commendaret. Tandē & ipse interemptus ad cælestia *anno Chri-* regna migrauit, proprio sanguine laureatus. Hæc *sti 644.* de vita & fine Beati Osvvaldi, celeri & inelaborato *die Au-* sermone conuolui, breui complectens epilogo, quæ *gusti.* Anglorum literati luculenta oratione, tractatu prosequuntur historico. Et quia iam planum est, & apertum, quod superiùs dictum est, *septem sceptrigeri perimentur, & unus eorum sanctificabitur;* sequentia videamus Sequitur enim, *Ventres matrum* *al Se-* *✶truncabuntur, & infantes abortiui erunt.* Volens *cabuntur.* enim Caduallo omnem Saxoniæ gentis progeniem funditus à finibus suis abradere atque delere, nec matribus quidem prægnātibus, nec infantibus quoq;

...oq;, nec dum natis parcendū exiſtimabat. Vnde
quitur. *Erit ingens ſupplicium hominum, vt indi-*
na reſtituantur, id eſt, vt Britones natale ſolum
cipiant, alienigenis penitus exterminatis. *Qui*
ciet hæc, æneum virum induet, & per multa tem-
ra, ſuper æneum equum portas Londoniæ ſeruabit.
aduallonem Regem, qui hæc omnia fecit non
proprio nomine deſignat, ſed antonomaſicè, id
t, accidentium deſcriptione ſignificat. Et hoc eſt,
ùòd dicit. Mortuo Caduallone fecerunt ei ſtatu-
n æneam ad menſuram ejus fuſam, ſuper æneum
quum, & in ea corpus ejus balſamo conditū, mira
te miſerunt. Erat autem imago miræ pulchritu-
nis, armata in ſignum victoriæ ejus, quam ſuper
ortam Londoniæ ſtatuerunt, & eccleſiam ſubter
in honore ſancti Martini fecerunt, in
qua pro ipſo cæterisque fidelibus defunctis divi-
na celebrarentur
obſequia.

Finis Libri Primi.

C 5   *EXPLA-*

EXPLANATIONVM IN PROPHETIAM
Merlini Ambrosii, Britanni

LIBER SECVNDVS.

EXINDE *in proprios mores, revertetu[r] rubeus draco, & in seipsum sævire lab[o]rabit.* Mortuo Caduallone, inquie[t] gens Britonum, & pacis impatiens, a[d] intestina bella rediit, civilesq; discordias. Sed no[n] impunè. Sequitur enim & dicit, quid mali passa [sit] effrænata temeritas. *Superveniet itaque ultio tona[n]tis, & omnis ager colonos decipiet,* id est, frustrabitu[r] *Arripiet mortalitas populum cunctasq, nationes evacuabit. Residui natale solum deserens.* Britonibus in[ter] rer se civili seditione pugnantibus, superveniet vin[]dicta cælestis, ex qua alienigenæ revertentur in ur[]bes eorum & oppida. Superveniet & fames atqu[e] mortalitas, quibus eorum reliquiæ atterantur. Qu[i] autem tantis malis superfuerint, ad exteras fugie[nt] nationes, & hoc est quod dicit: *residui natales solu[m] deserent, & exteris culturas seminabunt. Rex bened[i]ctus parabit navigium, & in aula duodecima int[er] beatos numerabitur.* Cadualadrum Regem Cadua[l]lonis filium dicit; qui in præfata dispersione suo[]rum, ipse quoque Alanum minoris Britanniæ re[]gem adivit, ut cessante tam ferali lue, illius auxili[o] patrio regno cum suis Britonibus, per diversas pr[o]vincia[s]

Cadualladrus Rex Britannia.

LIBER II.

vincias dispersis, restitueretur. Cùm itaque dira fames, atque mortalitas quievisset, & Rex cum ingenti navigio in patriam reverti parasset, angelica admonitione iubetur cæptis desistere, & ad Sergiū Pontificem Romanum ire, quatenus pænitentia ab eo suscepta purgatus, cœleste regnum ingredi mereretur. Sciret autem meritis ipsius, Britones iterum regnaturos, cùm videlicet adveniret tempus præfinitum à Deo, sed tamen corpore eius prius ab eis à Roma in Britanniam reportato. Paruit Rex Benedictus cœlesti oraculo, & pergens Romam, à Sergio Papa honorificè est susceptus. Nec mora, inopino languore correptus, diem ultimum clausit, anno ab incarnatione Domini DCLXXXVIIII. Hoc est ergo quod ait: *Rex benedictus paravit navigium, & in aula duodecima inter Beatos numerabitur, Erit miseranda regni desolatio, & areæ messium in infructuosos saltus redibunt*, terra videlicet suis cultoribus euacuata. *Exurget iterum albus draco, & filiam Germaniæ invitabit*, id est, Germaniæ gentem, vt videlicet redirent in Britanniam, iam capi, ac perpetuò possideri faciem, vtpote indigena gente carentem. Vnde sequitur: *Replebuntur iterum hortuli nostri alieno semine, & in extremitate stagni languebit rubetus*, hoc est, Britonum populus, in nemoribus Waliæ atque Cornubiæ delitebit. *Exinde coronabitur Germanicus vermis*, id est, Saxonum gens regni coronem accipiet, *& æneus princeps humiliabitur*, id est, Caduallonis inclyti Regis successores. *Terminus illi positus est, quem transuolare nequibit. Centun. namque & L. annis in inquietudine & subiectione erit. CCC. verò insidebit.* A morte enim

Obiit Romæ, anno Christi 689.

enim Caduallonis per C. ferme & L. annos, licet in nemoribus Waliarum delitescentes, Saxonibus subiecti, diras tamen in eos frequenter irruptiones faciebant. Quòd autem adiunxit, *& CCC. annis in-sidebit*, non sunt dividendi ccc. anni isti, à praecedentibus c L. annis, sed illi potiùs c L. anni, in ccc. comprehendendi. Trecenti nempe anni fuerunt à diebus Caduallonis, usque ad adventum Danorum in Angliam, & regnum ipsorum super Anglos. Trecentis igitur annis aeneus princeps, id est, Britonum gens, insidebit, hoc est, sub iugo Anglorum humiliata & subdita, in confusione & tristitia sedebit. Sedere enim in scripturis humiliari significat & contristari, iuxta illud: *Super flumina Babylonis illic sedimus, & flevimus, dum recordaremur Sion.* Et Dominus ad Ieremiam loquitur dicens: *Dic Regi & Dominatrici, humiliamini & sedete; quia descendit de capite vestro corona gloriae vestrae.* Et per alium Prophetam: *Sede in pulvere virgo filia Babylon, sede in terra, non est solium tibi.* Et in psalmo: *Vanum est vobis ante lucem surgere, surgite postquam sederitis: qui manducatis panem doloris.* Trecetis itaque annis, aeneus princeps insedit, id est, sub potestate Anglorum humiliatus, & subditus fuit. Sed advenientibus Danis, & uberes Angliae terras, primò quidem depopulantibus, & regni coronam capiti suo devictis Anglis imponentibus, Britones iugo Anglorum de cervicibus suis excusso, non parum consolationis receperunt, licet sub aliis dominis esse inciperent. Est enim non minima consolatio miserorum, cum oppressores suos & captivatores, ab aliis viderint captivari, & violenter opprimi. Ite

Psalm.
136.1.
Ierem.
23.18.
Esaiae c.
47. vers. 1.
Psalm.
126.
vers. 2.

Liber II.

...ni. Itaque cùm dixisset: *Exinde coronabitur Germanicus vermis, & æneus princeps humiliabitur*, terminus illi positus est, quem transvolare nequibit. Centum namque & L. annis in inquietudine & subiectione erit; CCC. verò insidebit. Adiecit & ait: *Tunc exurget in illum aquilo, & flores, quos Zephyrus procreavit, eripiet. Erit deauratio in templis, nec acumen gladiorum cessabit. Vix obtinebit cavernas suas Germanicus draco, quia ultio proditionis ejus superveniet. Vigebit tandem paulisper, sed decimatio Neustria nocebit*. Adventum significat Danorum in Angliam, & depopulationem, quam fecerunt in uberes terras Anglorum, severo & iusto Dei iudicio ultionem exigente, de proditionibus eorum, & antiquis & novis. Et hoc est, quod ait: *vix obtinebit cavernas suas germanicus draco, quia ultio proditionis eius superveniet*. Quod autem præmiserat, *tunc exurget in illum aquilo, id est*. Danorum exercitus, potest intelligi, vel in Germanicum vermem, vel in æneum principem, de quibus prædixerat: *Exinde coronabitur Germanicus vermis*, id est, Saxonum princeps, *& æneus princeps humiliabitur*, id est, Britonum gens. Quòd si ad æneum principem referatur, quod ait: *tunc exurget in illum aquilo*, id est, in æneum principem, iste erit sensus: quia Dani Angliam infestantes primò quidem pyratica manu, ad spoliandum, postea cum ingenti navigio ad dominandum, ad aquilonares insulæ partes applicabant, & ideò Britones qui illas incolebant terras, primos belli impetus sustinebant. Si autem ad Germanicum vermem referendum putaveris, planior sit intelligentia, sicut sequentia manifestant. Sequitur

tur enim: *& flores quos Zephyrus procreavit, eripiet, flores* vocans ubertatem terræ, & regni divitias, quas superveniens aquilo, id est, Danicus turbo eripuit. Ab aquilone enim panditur omne malum. Eleganti autem metaphora, iuxta Physicam rationem utitur, dicens: flores quos Zephyrus procreavit, aquilonem erepturum. Sunt enim contrarii venti, cùm alter Zephyrus calidus sit & humidus, & ideo benivolus, terram in flores aperiens, quia ex calore & humore omnia procreantur. Aquilo autem frigidus & siccus, & inde nocivus, flores, à Zephyro exterminans procreatos. Venit autem aquilo iste, id est, sæua Danorum procella in Angliam, flores quos Zephyrus procreavit erepturus, in diebus Adelredi Regis Anglorum, sicut sanctus Dumstanus prophetica anunciatione ei prædixerat. Nam cum perempto fratre suo Eduardo, tribus annis rerum potito, Edelredus suffragio Elfredæ matris suæ, quæ novercali odio * filiastrum suum, præfatum videlicet Eduardum Regem, per clientes sicarios necari fecerat, coronam regni assumere festinaret, congregatis principibus regni vocatus est sanctus Dumstanus ut Regê iure archiepiscopi coronaret. Qui diadema componens non se continuit, quin spiritum prophetiæ totis medullis haustum, pleno ore in hæc verba effunderet, dicens: Quia per mortem fratris tui aspirasti ad regnum, propterea audi verbum Domini. Non delebitur peccatum ignominiosæ matris tuæ, & eorum qui interfuerunt consilio ejus, nisi multo sanguine miserorum Anglorum, venientq; super Angliam mala, qualia non est passa, ex quo Saxones Angli primo

Vaticinium Dumstani Archiep. Cātuariensis. in coronatione Regis Adelredi, Anno 979.
* privignū

mò huc venerunt. Rex etenim Edgarus, ex prima coniuge sua suscepit filium, quem Eduardum vocavit. Ex secunda autem, quam duxit post mortem primæ, genuit Edelredum. Mortuo autem Edgaro, congregatis proceribus regni, Dumstanus primogenitum filium Regis ex prima vxore sublimavit in Regē, anno dominicæ incarnationis DCCCLXXV. dolente noverca ejus, id est, Eduardi, qui filium suum vix adhuc septennem Edelredum provehere, multis machinationibus conabatur in Regem, quod tali modo effecit. Rex venatione lassus revertebatur, propter laborem siti anhelus. Comites ejus dispersi, ut assolet, quò quemque casus tulerat, canes consectabantur. Auditoque quòd noverca & filius ejus, in contigua villa essent, equo concito illo contendit iuvenculus, insidias novercales ignorans, quippe qui aliorum animos ex suo ponderans, nil præter innocentiam cogitaret. Tunc ille muliebri blanditia advenientem alliciens sibi fecit intendere, & post libata oscula porrectum poculum avidè haurientem, per satellites subornatos sica transfodit. Quo vulnere sauciatus, cum quantis potuit animæ reliquijs equum calcaribus monuisset ad suos redire, uno pede lapsus, alteroq; per devia tractus, undante cruore, inditia sui interitus sequentibus dedit. Actitabat itaque publicā & festivam lætitiam furia infernalis. Sed affuit cœlestis oculus, qui innocentiam suam, multorum magnorumq; signorum gloria decoravit. Ibi ostēsa de cœlo lumina, ibi claudus gressum composuit, ibi mutus organum linguæ resumpsit, ibi prorsus omnis invaletudo sanitati locum fecit.

Frater

Frater ejus Edelredus, qui decennis esset, & fratrem suum necatum conclamari audiret, cœpit pariter flere. Quo fletu furentem genitricem suam adeò irritavit, vt, quia flagellum ad manum non habebat, arreptis candelis pusionem cederet penè usque ad mortem. Ex quo in id passionis incidit, ut tota vita sua candelas horreret, ita ut nunquam ante se pateretur inferri lumen earum. Hæc à nobis dicta pro eo, quòd sanctus Dunstanus, cùm eū coronaret, propheticè dixerit. Quia per mortem fratris tui aspirasti ad regnum, propterea audi verbum Domini: Non delebitur peccatum ignominiosæ matris tuæ, nisi multo sanguine miserorum Anglorum, venientq; super Angliam mala, qualia non est passa, ex quo huc primò venerunt. Edelredus itaq;, necato fratre *suo, regnum adeptus*, anno dominicæ incarnationis DCCCCLXXVIIII. obsedit illud potiùs, quàm rexit, annis XXXVII. Vitæ ejus cursus crudelis in principio, in medio miser, in exitu turpis. Ignaviam ejus prædixerat Dunstanus, fœdo nimis exemplo admonitus. Nam cùm pusiunculum baptizaret, circumstantibus episcopis, & ille alui profluvio in fontem sacrum cacasset, turbatus archiepiscopus tā prodigioso & ignominioso auspicio, per Deum, inquit, & sanctam ejus genitricem, ignavus homo erit. Qui cùm regnaret, & quadam vice Dunstanum, pro quodam excessu graviter irritasset, ait ille: Quia hoc & hoc fecisti, venient super te mala, quæ locutus est Dominus. Sed hæc me vivente non fient, quia & hoc locutus est Dominus. Itaq; cum decimo anno regni illius sanctus Archimandrita migrasset à seculo, venerunt

runt Dani, omnes portus infestantes, & levitate S. Dum-
pyratica ubique discurrentes. Quid multis? Post *stanus*
multam regni vastationem, communi consilio re- *obiit, an-*
pulsi sunt argento, qui ferro non poterant. Itaque *no y88.*
decem millia librarum argenti Dani accipientes, *die 18. Ia-*
abierunt. Sic ad ignominiam suam Angli pecunia *nij.*
nundinati sunt, quæ ab invito animo nulla possit
violentia extorqueri, & tunc quidem barbari paulisper ab excursibus cessaverunt. At cùm vires otio
resumpsissent, ad superiora reditum est. Tantus
autem timor Anglos incesserat, vt nihil minùs,
quàm de resistendo hostibus cogitarent. Totàm *Anno*
itaque provinciam ab oriente vastantes, Regem ad *Christi*
pecuniam sedecim librarum solvendam cogentes, *994.*
retortis velis redierunt. Sed non sic malum quievit. Nam sicut hydræ serpenti malorum capitum,
uno capite succiso, plura repullulant, sic novi sē-
per hostes conciuium suorum exemplo, & lucro
provocati ex Danemarchia multiplicato numero
revertebantur in Angliam. Reversi itaque tertiò *Anno*
occidentalem provinciam adhuc intactam, pessū *Christi*
dederunt, eversis monasteriis & Oxonia vrbe incē- *1012.*
sa, Cantia deprædationi data, Cantuaria Metropoli
conflagrata. Metropolitanus quoq; Beatus Ælphe-
gus lapidatus, & securi percussus. Sed omnipotens
martyrē suum glorificavit, ita ut barbari quoq;, qui
in necem ejus grassati fuerant, viso miraculo, quo
lignū aridum ipsius sanguine litum, sub nocte una
reviruerit, certatim in oscula defuncti ruerēt, certatim colla subiicerent, barbara feritate substrata. Durat ad hoc tempus & recens sanguis, & integrū corpus. Et ne longū faciam, iam dimidiā penè partē re-
D gni

igni ferro, flāma, & rapina vastaverant. Interea Rex Edelfredus, vir fortis & strenuus, & pulchrè ad dormiendū compositus, parvi ponderans tamē negocia, oscitabat. Et si quādo vel cubito se conaretur attollere, statim vel gravante desidia, vel adversante fortuna, miserabiliter recidebat. Exagitabantq; illū umbrę fraternæ, diras de capite ipsius exigentes inferias. Tandem inito consilio, ut bellū pecunia levaretur, priùs xxIIII. milia libræ, pòst non multò xxx. appensę. Sic iuxta prophetiam Merlini, aquilo flores terræ metebat, læti quondam cespitis fructus absumens, & regnum opulentissimum antè suis opibus & divitiis exhauriens, & emungens. Sed nec dum malorum finis. Nam Danorum incitamentis, Suanus Danomarchiæ Rex animatus, ut Angliam peteret, suæ potestati eam facili negotio subiecturus; præclaram enim esse patriam & opimam. Sed regem stertentem, utpote hominem luxuriæ & vino studentem, nihilq; omninò de rebus bellicis cogitantē, & ideò odiosum suis, ridiculum alienis: Duces infidos, provinciales ignavos, & primo lituorum stridore cessuros. Erat autem Suanus in sanguinem pronus, nec multo ei hortamento opus fuit, quin statim navibus paratis transitum maturaret. Invasam igitur Angliam, coepit cædibus & rapinis urgere. Sed non in longum gavisus, in purificatione beatæ Mariæ, vitam effudit. Dicitur autem, quòd terram sancti Edmundi depopulanti, idem Martyr per visum apparuerit, leniterq; de miseria suæ gentis conventum, insolentiq; superbia respondentē, in capite perculerit. Quo dolore tactū, in proximo excessisse. Quo audito Cnuto filius ejus,

Anno Christi. 1014.

compo-

LIBER II.

compositis rebus in Danimarchia, fœderata cum finitimis regibus pace, cum ingenti navigio, & in multitudine gravi, venit in Angliam, ea mente & animo, ut aut vincendum aut moriendum sibi proponeret. Itaque à Sandroico Cantiam, & deinde in West Saxoniã progrediens, omnia cædibus incendiisq; fœdabat. Nec multò post adventum ejus in Insulam, Ædelfridus Rex Anglorum in principio quadragesimæ, animam laboribus & ærumnis natam efflavit, relictis tribus liberis superstitibus, Edmundo, Elfredo Edvvardo. Quo apud sanctum Paulum Londoniæ sepulto, oppidani Edmundum filium ejus in regem conclamant. Qui cùm adversus Cnutonem multa prælia agens, superiorem manum penè cum victoria reportasset, quadam die circum conventus dolo subrum terga nudavit. Pauci tamen se alterutrũ excitantes & resociantes, atrociter cœperũt arietari in hostes, sed omnes mox sunt ad unum interempti. Ibi Cnuto regnum Angliæ expumavit; Ibi omne decus Anglorum occubuit: Ibi flos totius patriæ pestifero flatu Aquilonis emarcuit, revera iuxta prophetiam Merlini dicentis: *Exurget in illum Aquilo & flores, quos Zephyrus procreavit, eripiet.* Quid plura? Tandem intercurrentibus hinc inde sapientibus viris, inter Edmundum & Cuntonem, & dicentibus, utrique regnum Angliæ competere, quia utriusque pater, Ædelredus videlicet, & Suanus illud habuerit: & ideo inter se, in duas portiones terram dividerent, pace fœderata, & sacramento firmata, acquieverunt uterque. Nec multà post in festo sancti Andreæ, ambiguum quo auctore, Edmundo apud Glastoniam ad requi-

Anno Christi 1014.

Anno Christi 1016. die 23. Aprilis.

D 2   sita

sita naturæ sedenti, ferreus uncus, in posterioribus adactus morti tradidit. Postea tamen veritas per Edricum Cantiæ Comitem, patefacta est, ipso confidente, & dicente: quòd ipse favore Cnutonis, per cubicularios ipsius Edmundi, magnis pollicitationibus illectus, id fecerit. Hic enim proditor execrandus ingresso Cnutone in Angliam, derelicto naturali ac legitimo domino suo, Edmudo, primus ad Cnutonē cum xl. navibus plenis armatis hominibus, & iis rebus, quæ necessariæ videbātur ad bella, defecit. Qui quadam die, congressis ad pugnam Cnutonis & Edmundi exercitibus, cùm ipse quendam de acie Anglorum gladio peremisset, cœpit ostendere gladium, sanguine cruentatū concivibus suis, atque clamare, fugite, ecce Rex noster hoc ense peremptus est, fugissent continuò, quasi oves sine pastore occupatæ à lupis, nisi Rex cognito dolo proditoris in editum quendam collem ascendens, ablata galea caput suum, suis commilitonibus ostentasset. Tunc quanto potuit conatu, in Edricum lanceam misit. Quæ ab illo prævisa, & facili corporis declinatione vitata, in militem prope astantem delituit adeo, ut alterum quoque affigeret. Interempto autē Edmundo, Cnuto monarchiam regni adeptus est, anno dominicæ incarnationis, M. XVII. Qui licet regnū iniustè fuit ingressus, magna tamen civilitate & virtute vitam composuit. Et primò quidem defectores & proditores Edmundi, cœpit horrere & habere despectui. Vnde Edricus, quem dignè infamare nō possum, arte qui multos circūvenerat, ipse quoqi circumventus, putidum spiritum transmisit ad inferos. Nam orta quadam simultate inter

ipsum

ipsum & Regem, dum asperius loqueretur, illa quasi fiducia meritorum, coepit beneficia sua Regi improperare, dicens: Edmundū pro te primò deserui, pòst extinxi. Quo dicto Cnutoni facies immutata, irā rubore prodidit. Deniq; statim prolata sententia, meritò ergo, inquit, morieris, qui laesae Maiestatis reus, in Deum & in me, utpote qui proprium Dominum tuum, & fratrem mihi confoederatum, occideris. Sanguis tuus super caput tuū, quia os tuum locutum est contra te; qui misisti manum in Christum Domini. Mox ne tumultus fieret, in eodem cubiculo, proditor elisus fauces, & per fenestram in Tamesim fluvium praecipitatus, indignam vitam digna morte finivit. His à nobis prolixius forsitanquàm multi vellent, explicitis, ad literam redeamus: priùs tamen ipsius prolixitatis reddita ratione, maximè propter fastidiosos lectores, qui ad primum lectionis initium nauseantes, ante paenè desiderant finem, quā principium plenè intelligant. Ego autem cùm nuper Merlini oracula exponendo, brevitati studerem, adeò ut tam ejus prophetias, quā earum interpretationem, usq; ad tempora nostra, in uno quaternione permodico compegissem, mihi quidem satis apertè, sed historiarum Britannicae vel Saxonicae gentis ignaris, nimis involutà atque obscurè: juxta illud Horatii, *Brevis esse laboro, obscurus fio*. Abbas quidam de ordine nostro, vir literatus, & in scripturis admodum eruditus, & eloquens, opusculum illud de manu nostra arripiens, libentissimè quidem ac studiosissimè legit, sed tātae brevitati offensus, coepit rogare obnixius, quatenus ad intelligentiam omnium legentium

& ma-

& maximè eorum, qui illius gentis historias non legissent, omnia replicanda singula quæque capitula plena quantùm satis esse videretur historiarũ narratione elucidarẽ. Cujus authoritas cùm mihi spernenda non esset, feci quod jussit. Hęc igitur mihi Apologiæ loco dicta, tam de præterita me, quàm de futura prolixitate apud oscitantes nostros lectores excusent. Et de hoc satis: nunc sequentia videamus. Cùm. n. dixisset: *Tunc exurget in illum Aquilo, & flores quos ephyrus procreavit, eripiet.* adjecit, & ait: *Erit de auratio in templis, nec acumen gladiorum cessabit.* Cnuto enim rerum potitus, monasteria per Angliam, suis vel patris excursibus, partim fædata, partim eruta, reparavit, loca omnia, in quibus pugnaverat Ecclesiis insignivit, ministros instituit, qui per succidua sæculorum volumina, pro animabus ibi occisorum Domino supplicarent. Supra corpus beatissimi Edmundi, quem Dani interfecerunt (primi dico & sancti Edmundi: nam fuerunt tres Edmundi, diversis temporibus in Anglia Reges) Basilicam animositate regia construxit, Abbatẽ & monachos instituit, prædia magna & magnifica dedit, opus tale fieri fecit, & locum ita ditavit, ut omnia penè infra se aspiciat totius Angliæ monasteria. Corpus Beati Elphegi apud Sanctum Paulum Londoniæ ut superiùs diximus, tumulatum, suis manibus inde levavit, & Cãtuariam cum honore quo debuit, & veneratione remisit. Wintoniæ maximè munificentiæ suæ magnificentiam demonstravit, ubi tanta intulit majori Ecclesiæ, ut moles æri & argenti stupefaciant advenarum animos, qui nusquã

tale

tale viderunt, splendor gemmarum reverberet intuentium oculos. Quin etiam ad transmarinas Ecclesias munera multa & magna mittebat, & maximè Carnotum ad Ecclesiam sanctæ Dei genitricis Mariæ. Faciebat autem hæc omnia suggestu Emmæ uxoris suæ, quæ sanctitate prodiga, thesauros Regis libenter in talibus effundebat, dum ille dira meditaretur prælia, in longinquas & exteras nationes. Nam nescia ejus virtus stare loco, nec cōtenta Danimarchia, quam avito, & Anglia, quam bellico iure obtinebat bellum transtulit in Succos, Danis conterminos, sed pertinacioribus studiis irā Cnutonis emeritos. Sed primò exceptus insidiis multos amisit. Postremò reparatis viribus, Reges eorum ad deditionem coëgit. Inde rediens domū, regnum Noricorum suæ potestati subjecit. Sic ex una parte hortamēto conjugis suæ, Ecclesias multis muneribus ditabat, ex alia parte, hoc est, ex animosa feritate cordis sui, quietis impatiens à bellis cessare non poterat. Et hoc est, quod ait Merlinus: *Erit deauratio in templis, nec acumē gladiorum cessabit.* Sequitur: *Vix obtinebit, cavernas suas Germanicus draco, quia ultio proditionis ejus superveniet.* Germanicum draconem vocat Anglos, qui à Danis sub Cnutone devicti atque subacti, vix retinere potuerunt possessiones & habitationes suas, Danis omnia penè occupantibus atque obtinentibus. Et hoc illis, inquit, eveniet justo judice Deo proditionis eorum exigente vindictam, pro nece videlicet iuvenculi & innocentis Edvardi Regis, quem, ut supradiximus, Elfreda noverca ejus fecit interimi, ut filium suum, Ædelredum sublimaret in regem. Vnde & Sanctus Dūstanus cùm Edelredum circumstantibus episcopis coronaret, hausto spiritu prophetico ait: Quia per mortem fratris tui aspirasti ad regnum, non delebitur peccatum ignominiosæ matris tuæ, nisi multo sanguine miserorum provincialium, & venient super Angliam mala, qualia non vidit, ex quo primùm Saxones huc venerunt. Sequitur: *Vigebit tandem paulisper, sed decimatio Neustriæ nocebit. Populus namq; in ligreo & tunicis ferreis superveniet, qui vindictam de nequitia ejus accipiet.* Quòd dicit: *vigebit tandē paulisper,* Germanicus videlicet draco, id est, Anglorū populus, tempora significat sancti Eduardi, qui defuncto Hardaco rege Angliæ, filio autem Cnutonis, recepit regnum & tenuit xxiiii. annis. Ipso itaque regnante, Angli excussa cervice de jugo Danorum, sub naturali Domino suo, vigere tandem ac respirare cœperunt, sed paulisper; quia post mortem ipsius à Neustrensibus, id est, Normannis subjugati & victi, amissa libertate perpetuam servitutem subierunt. Et hoc est, quod dicit: *Vigebit tandem paulisper: sed decimatio Neustriæ,* id est, Normanniæ *nocebit.* De hac Neustriæ, id est, Normanniæ decimatione, nociva Germanico draconi, diversi diversa suspicantur, nescientes quid loquantur, & de quibus affirmant, falsa & mendacia de corde suo commentantes, nec ad veritatem historiæ recurrentes. Hæc ergo veritas. Edelredus rex Anglorum, cùm se videret Suano Danorum regi defectione suorum imparem esse, nec adversum ei conferre pedem auderet, misit Emmam conjugem suam, in Normanniam ad Richardum Normanniæ

niæ ducem, cujus soror erat, cum duobus liberis Elfredo & Eduardo, quos ex ipsa susceperat, quos & ipse secutus est, & cum digna veneratione à Richardo susceptus. Qui postea renavigavit in Angliam, ubi & non multò post defunctus est. Duo autem filij ejus cum matre in Normannia remanserunt. Cnuto autem cùm totam Angliam suo submisisset imperio, studens Anglos sibi conciliare, Emmam Edelredi Regis viduam è Normania accersivit, & accepit uxorem, ut dum videlicet Angli, consuetæ Dominæ deferrent obsequiũ, leviùs Danorum ferrent imperium. Ex qua genuit filium, quem Hardacum apellavit. Mortuo autem Cnutone Haroltus filius ejus, ex prima coniuge sua, suscepit imperium. Qui statim novercã suam exiliavit. Illa in Normannia nihil sibi tutum rata, ubi defunctis fratre & nepotibus, filiis videl. Richardi Ducis, Richardo & Roberto: recens deserti Orphani, Wilhelmi scilicet fervebat invidia, in Flandriam transsiit ad Balduinum Comitem, virum sapientia & probitate magnificum. Sub cuius umbra Emma securum triennium egit. Quo peracto Haroltus, morte obita Londoniæ in Westmonasterio sepultus est. Cui Hardacus, frater ejus ex Cnutone & Emma, successit in regnum. Verum antequam electus esset in regem, accepto nuncio de morte Haroldi regis, Elfredus cum sociis multis navigavit in Angliam sperans, quòd frater ejus ex matre videlicet Emma erigeretur in Regem. Sed Anglorum perfidia & maximè Goduini Comitis exoculatus est, & missus ad *Ilidiense cænobiũ: ubi miserã vitã pauco tempore pane cibario sustētavit. Comites ejus omnes, præter

Anno Chr. *1036.*

* al. Eli-
ensem In-
sulam

præter decimos decapitaverunt. Nam sors decimũ quemque morti exemit. Quæ Anglorum immanitas atque perfidia in Elfredum filium sui quondam Regis, simul, & decimationis huius irrisio Neustrienses, hoc est, Normannos occisorum concives, atque Consanguineos, ad inexorabiles iras atque implacabilia odia, adversus Angliam concitavit. Quam iram non antè satiârũt, quã Anglia subiugata, sub duce suo Wilhelmo, Anglos perpetuæ servituti submiserunt. Hoc est ergò, quod ait Merlinus: *Vigebit tandem paulisper* Germanicus Videlicet Draco, *Sed decimatio Neustriæ*, id est, Normannorum *ei nocebit*. Dicunt autem præfatum Godvinũ Comitem, virũ potentissimũ, & filiis multis, æquè fortissimis, huius perfidiæ in Elfredum videlicet & socios ejus fuisse signiferum; sicut postea iusto Dei iudicio rerũ veritas comprobavit. Nam cum postea quadam die in convivio Regis Edvardi, cum Haroldo filio suo esset, orto sermone de Elfredo Regis Edvardi fratre, cũ Rex tristis oculos attolleret in Godvinum, tunc ille, tu, inquit, Rex ad omnem memoriã Elfredi Germani tui video, quòd me rugato vultu aspicias. Sed nõ patiatur Deus, ut offam istam transglutiã, si conscius sui alicuius rei quæ spectaret ad ejus periculum, vel tuum incommodum. Hoc dicto, offa, quã in os miserat, suffocatus, oculos ad mortẽ invertit. Inde à filio suo Haroldo, qui Regi astabat, sub mẽsa extractus, tradit' est sepulturæ. Sic interim sub iudice Deo, vindicata est in caput ejus excæcatio Elfredi, & decimatio sociorum ejus, qui fuerat totius factionis illius ac nequitiæ caput. Pleniùs autem post mortem Eduardi Regis, veniente Wilhelmo Normanno-

Anno Christi 1054.

Liber II.

mannorum Duce in Angliam, contra Heroldum filium præfati proditoris Godvini, qui mortuo Edvardo Rege Londoniæ, ipso die extorta à principibus fide, regni Diadema violenter arripuit, cùm de regia stirpe non esset, nisi quòd rex Edvardus sororem ejus habebat vxorem. Quam tamen rex tali arte tractabat, vt nec thoro amoveret, nec carnale commercium cum ea haberet. Quod verum familiæ ejus odio: an castitatis amore fecerit incertum. Illud autem celeberrimè fertur, ipsum virginem vsq; ad diem vitæ suæ vltimum permansisse. Nunc ad literam redeundum: *Vigebit tandem paulisper Germanicus draco,* subaudis, *sed decimatio Neustriæ nocebit.* Et addit: *Populus namq; insigno & ferreis tunicis superveniet, qui vindictam de nequitia ejus sumet.* Populum significat Normandorum, qui in tunicis ferreis, id est, loricis, & ligno, hoc est, cunis, & scutis ligneis, transito mari Oceano, cum duce suo Wilhelmo viro forti ac strenuo, vltionem de nequitia Germanici draconis exegit. Nequitiam Germanici draconis dicit illam, de qua superius satis locuti sumus, quàm videlicet exercuerit, in Elfredum fratrem Edvardi Regis sui, illum luminibus orbando, & in commilitones ejus & socios illos irrisione decimando. Cujus impietatis incentor & auctor Godvinus Comes, ossa strangulatus, iustas Elfredo incuria regis Eduardi solvit inferias. Non solùm autem Goduinus in Elfredum, sed & Haroldus ipsius Goduini filius, nequiter egerat in Wilhelmum Normanniæ Ducem, perjurus illi atque fœdifragus Sanctus namq; Edvardus Angliæ rex pronus in senium, cùm liberos non haberet, &
nefandi

nefandi Godvini filios: invalescere conspiceret, prefato Wilhelmo ex materno sibi sanguine iuncto atq; cognato, successionem Angliæ dedit. Erat ille regno idoneus, & Cæsare dignus, præstanti corpore & animo juvenis, & qui in omni esset probitate probatus. Erat autem filius Roberti Normannorum Ducis, filii Richardi, fratris Enimæ, matris Eduardi Regis. Rex itaque Eduardus iure propinquitatis Wilhelmum ad successionem tanti principatus adoptavit, atque huius rei gratia obsides in Normanniam cum dono Angliæ misit. Postea ipse Haroldus in Normanniam navigavit, missum se dicēs à rege, vt quod priores nuncii balbutierant, ipse potissimum sua confirmaret præsentia. Quē Wilhelmus magna veneratione complexus, gentilicio ornatu coluit in cibis & vestibus. Et ut notiorem faceret, simul & fortitudinem viri experiretur, ad Britannicam expeditionem, quam tunc fortè susceperat, secum duxit. Vbi Haroldus & ingenio & manu probatus, facilè Normannum in sui amorem convertit. Atque vt illius magis magisq; sibi gratiam nundinaretur, vltrò illi tunc quidem castellum iuris sui Dorobellum, & post mortem Eduardi regnum Angliæ sacramento firmavit. Vnde & Wilhelmus vnam de filiabus suis adhuc impuberem illi dedit. Quæ infra nubiles annos satō functa, Haroldo periurii caussa fuit & mortis. Nam

Anno Christi. 1066.

mortuo Eduardo rege, Haroldus violenter regnum arripuit de sacramento, quod Wilhelmo fecerat, parum cogitans, dicensq; se à iuramento liberatum, eò quòd filia ejus quam desponderat, nondum ei coniuncta obierit. Nec valdè sibi adversus

per-

perfidiã consulebat, dum modò quibuscunq; præstigiis, hominum ratiocinationes deluderet. Wilhelmus, ne iustam caussam inconsulta temeritas decoloraret, ad Alexandrũ Romanũ Papam misit, iustitiã belli quantis poterat eloquẽtiæ neruis allegans. Haroldus id facere supersedit, vel quod natura turgidus esset, vel q̃ caussę diffideret. Quare perpensis apud vtrosq; partibus, Papa, vexillũ, in omen regni Wilhelmo cõtradidit Quo ille accepto conuentũ magnatũ, apud Lillebonã congregauit, super tanti ponderis negocio, singulorũ animos exploraturus. Cumq; omnes eius voluntatẽ plausibili gaudio excepissent, magnificisq; pollicitationibus animassent, apparatũ nauium omnibus pro quantitate processionũ indixit. Congregatis itaq; nauibus & consensis, placido spiramine Hastingas appulerunt. Et cùm prætoriam nauim dux ipse exisset, pede fortuitò lapsus, auspicium in melius commutauit, acclamante sibi milite quodam, qui sibi proximus erat, atq; dicente: Tenes Angliam ex Comite sine dubio fastigandus in Regem. Quindecim diebus omnem exercitũ suum à præda continuit, allegans rebus iure parendũ, quæ in ius suum transituræ essent, vsq; adeò se quietè agens, vt nihil minùs quàm bellum cogitare videretur. Interea Haroldus deuictis Noritis, victor revertebatur à prælio. Qui cùm nuncium aduentus Normannici exercitus accepisset, sicut erat truculentus in armis, Hastingas paucissimo stipatus milite celeriter properauit, ita vt recẽtis victoriæ triumpho elatus, vt nec resociare milites suos à bello reuersos, atq; huc illuc lapsos dignaretur, speras facili negocio aduenticios

hostes,

hostes, sine vlla comperendinatione delendos. Præmisit tamen exploratores, qui vires hostium specularentur, & numerum. Quos infra castra Normannica deprehensos, Willelmus circum tentoria sua duci fecit, & post largissimis epulis pastos, & incolumes Haroldo remisit. Interrogati à Rege, quid rerū afferrent, amplissimis verbis Wilhelmi magnificā confidentiam persequuntur quidem serio, sed iocādo adiiciunt omnes presbyteris similes esse, eò quòd totā faciem cum vtroq; labio rasam habērēt. Angli enim superiùs labiū intonsum, tunc temporis dimittebant, barbam verò cum inferiori labro radebant, quod & gentilitium antiquis fuisse Britonibus refert Iulius Cæsar, in libro, quem de Gallicano bello ipse composuit. Subrisit Haroldus lepido insecutus cachinno, quòd nō essent presbyteri, sed milites armis validi & inuicti. Rapuit hoc responsum ex ore ipsius Gurtha frater eius, iuvenis quidem ætate, sed vltra ætatem virtute & scientia præditus, atque ait: Cùm tantam fortitudinē Normanni prædices, indeliberatum existimo, cum illo committere, quo te inferiorem virtute & numero putes, præsertim cùm illi sacramentum feodūs, de regni Anglorum successione, post Eduardi Regis mortem. Proinde consultiùs ages, si te instanti necessitati subtrahens, nobis aleam belli commiseris, qui nullo illi sacramento ligati, iustè contra cū pro patriæ defensione pugnabimus. Sic enim caussa tua vtrobique in portu nauigabit, quia aut nobis vincentibus triumphabis, aut victos sive occisos reparare seu vindicare valebis. Noluit effrænata temeritas, sicut cum sua fata præcipitabant, aurem

placi-

placidam sanis accommodare consiliis, existimans inglorium, & præteritæ vitæ obprobrium, cuiusque periculo terga nudare. Mandauit autem illi Wilhelmus per monachū quendam, vt vel regno iuxta conditiones discederet, vel sub eo regnaturus teneret, vel spectante vtroque exercitu, gladio rem ventilaret, vel certè iudicio sedis Apostolicæ sese committeret. Quæ cum ille omnia recusasset, solam pugnam elegit. Ita vtrobiq; animosi duces, disponūt acies suas, patrio quisq; ritu. Et cum diu bellum protraheretur, modo istis, modo illis vincentibus, tandem Haroldus jactu sagittæ cerebro violato procubuit. Illa dies fatalis Angliæ fuit, qua ceruicem suam Normānorum jugo submisit. Wilhelmus victoria potitus, suos sepeliri magnifico apparatu præcepit. Sensum itaque Wilhelmus vt victorem decebat, cum exercitu non hostili, sed regali modo, ciuitates regni vnam post aliam, in suam potestatem recepit. His itaq; historici potiùs, quàm interpretis modo explicitis, ad propheticam tandem literam redeamus: *Vigebit*, inquit, *tandem paulisper, sed decimatio Neustria nocebit. Populus namq; in ligno & seruus tunicis superueniet, qui vindictā de nequitia eius sumet.* Deinde ait: *Restaurabit pristinis incolis mansiones, & ruina alienigenarum patebit.* Quod dicit, hoc est: Danis adhuc Aquilonares Angliæ partes, atq; Eboracum illius regionis Metropolim, cum Scotis etiā & cum Anglis obtinentibus, & vicina, quæq; vastantibus, Willhelmus coacta militum, & peditū non modica manu, ad partes illas non segniter properauit. Eboracum obsedit & cepit, barbaros interfecit &

Dies 14. Octobris, Anno. 1066.

fecit & expulit, pristinis incolis, id est, Anglis, a-
missas possessiones restituit, non incruenta tamen
sibi victoria, utpote qui suorum multos ibi præliando amiserat. Et hoc est quòd dicit: *Restaurabit*
pristinis incolis possessiones, & ruina exterorum pate-
bit, id est, Danorum. De quibus adhuc subditur.
Germen albi draconis ex hortulis nostris abradetur,
& reliquiæ generationis eius decimabuntur. Germen
albi draconis fuerunt & ipsi Dani, utpote à Germania venientes, qui ab hortulis, id est, à civitatibus & oppidis quondam Britonum, per Wilhelmum, ut dictum est, sunt abrasi. Non tamen o-
mnes, quia multi relicti & perpetuæ servituti subacti, illi videlicet, quos decima fors vitæ servavit,
novenis, sicut Normanni fecerant, ut supra ostendimus, interemptis. Et hoc est, quod dixit: *Germē*
albi draconis ex hortulis nostris abradetur, & reli-
quiæ generationis illius, id est, qui ex illa generatione relicti fuerunt: *decimabuntur*. Quidam ita
ita intelligunt, quod dicitur: *Reliquiæ generationis*
illius decimabuntur, quia avita nobilitate exuti, &
militari dignitate spoliati, veluti vulgus ignobile
agriculturæ deservient, inde & decimas dabunt.
Et hoc est, quod sequitur: *Iugum perpetuæ servitutis*
ferent. Matrem suam, hoc est, terram *ligonibus &*
aratris vulnerabunt. Sequitur: *Succedent duo dra-*
cones, quorum alter spiculo invidiæ suffocabitur, alter
sub umbra nominis redibit. Duos dracones vocat
duos filios Wilhelmi Regis, Robertum videlicet,
cognomento Curtamhosam, & Willelmū rufum
qui mortuo patri successerunt, alter in Regnum
Angliæ, id est, Willelmus, alter in principatum
Norman-

Normanniæ, id est, Robertus. Cui tamen regni Dominum, & honestate morum, & primogeniti jure competebat. Habuerat enim pater ex propria conjuge sua quatuor filios, præfatum videlicet Robertum, Richardum, Wilhelmum quoq; prænominatum & Henricum, filias autem quinque. Richardus autem ante mortem patris vita decessit. Robertus patris benedictione & hereditate regni privatus, Normanniæ comitatu multorum precibus vix retento, Angliam Wilhelmo dedit, Henrico possessiones maternas delegavit. Caussa pro qua Roberto regnum, cùm esset primogenitus, denegavit, hæc fuit, quòd Philippo Regi Francorū Normanniam infestanti, se Robertus jugiter associabat, cæterisque acriùs patriam vrgebat, & patrem; ita, ut in quodam assultu apud Gelbericum contra patrem dimicans, ipsum vulneraverit, atq; Equum sub ipso occiderit. Cùm ergò Wilhelmus pater obiisset septimo idus septembris, anno Dominicæ incarnationis MLXXXVII. regni autē XXII. vitę verò LVIIII. corpus ejus regia solennitate curatum, per Sequanam, Cadomum delatum est, ibiq; sepultum. Cùm itaque mortuo patre Wilhelmus filius ejus regnare cœpisset, primus ei conflictus, contra Odonem patruum suum, Episcopum Bajocensem, eundemq; Cantiæ Comitem, fuit. Qui cùm Robertum nepotem suum regno exhæredatū gravissimè ferret, primus descivit à Rege, multosq; ad Robertū primò clandestinis susurris, post manifestis allegationibus, inclinavit. Dicebat. n. illi regnum primogeniti jure competere, & morū pariter prærogativa, cùm esset homo modestus, &

Anno 1087. die 7. Septembr.

E qui

qui juveniles stultitias multis jam laboribus decoxisset. Contrà, Wilhelmum atrocitate animi, quâ nec vultu dissimulare posset prætumidum ac superbum, omnia contra fas & ius impetu iuvenili & licentia potestatis ausurum. His & hujusmodi suasionibus à Wilhelmo, quos poterat, abstrahebat, & ad Robertum attrahebat, magnos & potentissimos Normannorum & Anglorum, quàm plures utriusque ordinis viros, episcopos & Barones; verbi gratia, Gaufridum Constantiensem episcopum, Wilhelmum Dunebensem episcopum, quē Rex à secretis habuerat, & ideo ejus defectionem graviter nimis ferebat. Cum his quasi factionis conjuratæ signiferis, conspirabant, Rogerius de monte Gomerico, & Rogerius Bigor, Hugo quoq; de Grentemesuil. His omnes per vicina sibi loca, regios fiscos prædationibus incendiisq; vastabant. Erat autem cum Odone huius concinnatæ conspirationis primipilo apud Rocestram, quæ sui juris erat, omnis penè ex Anglia & Normannia electæ iuventutis nobilitas, & Eustachius Belonicensis Comes, prædarum manubias illuc undelibet comportantes. Rex interea nec virtutis indigus, nec consilii inops, primò quidem proceres defectores multis supplicationibus ac promissis ingentibus ad se revocavit, & postea Odonem patruum suum obsessum & captum, Angliam perpetuo abjurare coëgit. Anno sequenti recrudescente ira regiæ indignationis ex iniuriarum retractatione, ut assolet; magno scrutinio Rex agere cœpit, quomodo illatas sibi injurias ultum iret, vicariamq́; fratri contumeliam reciproca infestatione referret.

Transi-

Transito itaque mari, cum ingenti navium apparatu, & multitudine hominum copiosa, castrum sancti Walerici, portumq; vicinum, & albam Marlam sagaci solertia acquisivit: Albæ Mariæ custodes pecunia sibi alliciens, atque corrumpens. Itaq; Comes tantis ac talibus infortuniis circumventus, nuntios misit ad Dominum suum Philippum, videlicet Francorum Regem, suppetias orans. Qui collecta manu non modica, protinus advolavit, sed nequicquam. Occurrerunt namque venienti Regi nummi, quibus infractus, cecinit receptui cingulum solvens, sicq; retortis habenis in dulcē Franciam est reversus. Itaque bello intestino diu laboravit Normannia, incertis fortunæ jactibus modò his, modò illis superiorem manum referētibus. Proceres utriusque furorem acriter incitabant, homines levissimi, in neutra parte fidem habentes. Pauci, quibus sanius consilium inerat, suis commodis consulentes, eò quòd in utriusque terra possessiones haberent, mediatores pacis inter fratres fuere, tali videlicet conditione, ut Comiti Rex Cenomansensem Comitatum, cum ipsa civitate Cenomannis acquireret: Comes verò regi castella, quæ ceperat, & Fiscamium concederet. Iuratum est itaque utrinque hoc pactum, & ab utrorumque hominibus sacramento firmatum. Isti sunt ergò duo dracones, qui mortuo patri successerunt, diuque inter se pro paterna hæreditate feralibus odiis instigati, gravissimè decertârunt. Vnde Merlinus. *Succedent*, inquit *duo dracones, quorum alter spiculo invidiæ suffocabitur: alter sub umbra nominis redibit.* Quibus verbis significat, Wil-

helmum

helmum Regem, per invidiam occidendum: Robertum eo mortuo, sub umbram regii nominis rediturū. Quòd qualiter acciderit, videamus. Wilhelmus itaque Rex, cùm pro intolerabilis animi sui superbia, & pessimis moribus suis, invisus esset cœlo & terræ, utpote, qui nec Deum timeret, nec hominem revereretur, super omnia mala sua adiecit sanctum Anselmum, Cantuariensem archiepiscopum à propria sede expellere, pro eò quòd ille paterna sollicitudine, eum de suis pravis moribus emendandis, ausus admonere fuisset. Cùm itaque adnavigasset in Franciam, atque in ea per aliquod tempus moratus fuisset, adiit Hugonem Cuniacensem Abbatem, magni meriti virum, quatenus ej querelas curarum suarum ingereret. Inter hęc, cùm de rege Wilhelmo sermo in medium volveretur, ait Abbas: Proxima nocte illum vidi ante Tribunal Domini ductum & adjudicatum, libratoq́; judicio, tristem damnationis excepisse sententiam. Qui pridiè quam periret, vidit in somnis, Flebotomi ictu sese sanguinem emittere, radiumq́; cruoris in cœlum usque protensum, lucem obnubilare, & diem interpoliare. Ita conclamata sancta Maria, somno excussus, lumen inferri præcepit, & cubicularios à se non discedere, sed secum vigilare. Manè monachus quidam transmarinus, retulit Roberto filio Hamonis, viro magnatum principi, somnum, quod eadem nocte de rege viderat mirabile & horrendum, quòd videlicet in Ecclesiam quandam venerit superbe atque atrociter, ut solitus erat, circumstantes aspiciens. Deinde crucifixum mordicus apprehendens, brachia illi
& crura

& crura corroserit. Quod cùm diu crucifixus toleraslet, ita tandem Regem depulit, ut caderet supinus in terram: Ex cuius ore jacentis, tam immensa flamma exibat, ut spumeorū voluminum orbes sydera lambere viderētur. Quod somnium Robertus néquaquam neglectui arbitratus; illicò Regi cui à secretis erat, intulit. At ille cachinnos, dum ingeminans, monachus est, inquit, & caussa nummorum somni, Date ei centum solidos, ne frustra somniaverit Multùm tamen motus, diu cunctatus est, an in sylvam, sicut intenderat, iret, sua dentibus amicis, ne suo dispendio somniorum veritatem experiretur. Itaque ante cibum venatu abstinuit, post cibum autem in sylvā contendit, paucis comitatus, quorum familiarissimus erat ei Galterius, cognomento Tirels. Is cęteris per moram venationis, quò quemque casus tulerat dispersis, solus cum eo remanserat. Itaq; Rex cervo ante se trāseunti, extento nervo, & emissa sagitta vulnus inflixit. Quem fugientem acie oculorum prosequitur, opposita manu, contra radiorum solarium violentiam. Tunc Galterius pulchrum facinus animo parturiens, ut Rege aliis interim intento, ipse alterum cervum, qui forte prope transibat, prosterneret, regium pectus lętali arundine trajecit. Saucius ille nullum verbum emisit, sed ligno sagittæ, quantum extra corpus extabat effracto, moxque supra vulnus cadens, mortem acceleravit: Hoc Balterium inscium, & casu fecisse, vulgaris & pene omnium una opinio est; sed Merlini oraculum, qu spiculo invidiæ suffocandum prædixit, aliud in intelligere cogit. Galterius cōcitato cornipede, be-

E 3   neficio

neficio calcarium propè evafit. Nec fuit, qui perfequeretur, aliis conniventibus, aliis miferantibus, omnibus poftremò alia molientibus. Parant receptacula fua munire, parant furtivas prædas agere, parant novum Regem jam jamque circumfpicere. Pauci rufticanorum cadaver in reda caballaria compofitum, Wintoniam in epifcopatum devexere, cruore undatim per totam viam ftillâte. Ibi multo quidem Procerum conventu, fed paucorum planctu, terræ mandatum, infra ambitum turris. Nec defuerunt opiniones quorundam dicentium, ruinam terris, quæ poftea accidit, peccatis illius contigiffe, quòd iniuria fuerit illum facro tumulari in loco, qui tota vita petulans & lubricus, moriens etiam viatico caruerit Chriftiano. Obiit autem, anno Dominicæ incarnationis M. C. regni XIII. vitæ XL. Ingentia præfumens, & ingentia, fi penfa Parcarum evolvere, vel violentiam fortunæ abrumpere potuiffet, & eluctari, facturus. Vir ftipendiariis militibus pro copia Donativorum maximè miferandus, provincialibus autem quorum fubftantiam abradebat, non plangendus. Quomodo autem juxta Merlini vaticinium, quo ait: *Succedent duo dracones, quorum alter*, id eft, Wilhelmus *fpiculo invidiæ fuffocabitur; alter*, id eft, Robertus, *fub umbra nominis redibit*, id eft, Robertus ad umbram regii nominis redierit, tempus eft ut dicamus. Explicit liber fecundus.

FINIS LIBRI SECVNDI.

EXPLA-

EXPLANATIO-
NVM IN PROPHETIAM
Merlini Ambrosii, Britanni

LIBER TERTIVS.

Ccíso itaq; Rege Willelmo eo, quo suprà dictū est, modo, post iusta regalibus exequiis persoluta, Henricus minor filius Willelmi regis, & Mathildis Reginæ, filiæ Balduini Flandrensium Comitis, viri sapientis & boni, electus est in Regem, non tamen sine multorum controversiis, qui ex ad verso stantes, dicebant Robertum fratrem ejus, qui tunc in expeditione Hierosolymitana erat, operiendum, eiq; regnum Angliæ primogeniti privilegio tribuendum: vtpote, quem constaret pertinaci patris iracundia, iniustè exhæredatum. Prævaluit tamen pars Henrici, annitente vel maxime Henrico comite Warinensi, viro sancto & fide integro, cùi familiari contubernio, iam dudum vsus fuerat Henricus. Ita confirmatus in Regem, Henricus anno Dominicæ incarnationis M C. vitæ autem XXXII. statim edicto per Angliam misso, iniustas à fratre pensiones institutas prohibuit, vinculorum gratiam fecit incarceratos educens. Antiquarum quoque moderationem legum revocavit in solidum, Sacramēto suo & suorum, ne qua ampliùs occasione violarentur, corroborans & confirmans: Effeminatorum

E 4 &mol-

& mollium greges à curia sua expellens, Lucernarum usum noctibus in regia sua restituit, qui fuerat fratris tempore intermissus, imò prohibitus. Sicut aliæ omnes consuetudines pravæ, & adulteræ, quas vidimus in diebus nostris, vel patrum nostrorum ipso regnante sumserūt initium, vel olim abolitæ atque emortuæ per ipsum à mortuis surrexerunt. Willielmo namque regnante, inventus est in regno ejus, & in curia ejus, calamistratorum ille crinium fluxus, vanissimus ille vestium luxus, illa laterum denudatio, meretricia illa laciniarum astrictio, illa capillorum intricatio, illa vestimentorum incisio, panni foliati, calcei aculeis arcuati. Mollicie corporis certare cum fœminis, gressum frangere gestu soluto, & latere nudo incedere, adolescentium specimen erat. Comatuli iuvenes & inberbes, emolliti & enerves, quod nati fuerant inviti manebant, priùs corrupti ab aliis, post alios corrumpentes, alienæ pudicitiæ proditores, prodigi suæ. Sequebantur curiam Regis exoletorū greges, prostibula ganearum. In palatio ejus, & in cubiculis, cùm cubitum issent, lucernas omnes extinguere, ex præcepto Regis cubicularii ejus moris habebant. Haud incongruè quidem, quatenus videlicet solis tenebris uterentur, ad opera tenebrarū. Quod non æquis oculis intuens verus ille patriæ pater, Anselmum loquor, Cantuariensem Archimandritam, cùm corrigere attentaret, regiæ ferocitati, scutum fidei constanter opponens, sed suffraganeorum suorum ob formidabilem regii pectoris indignationem omni auxilio destitutus, nullo genere emendare valeret, patrio solo valefaciens, discessit sponte: homo quo
nostris

nostris temporibus nemo iustior, nemo æqui seruantior fuit. Qui cùm iam mare intraturus esset, atque in Galliam nauigaturus, tanquam publicus latro missis apparitoribus regiis videlicet satellitibus expilatus est euacuatis manticis ejus & bulgis, quo vel solo Sol iste conspicuus, nihil vnquam conspexit indignius. Venit tamen in Franciam exhaustus & inops, exul, nobilis, cum quo omnis religio ex Anglia exulabat. Sed istum relinquamus, id est, Wilhelmum Regem, cuius memoria periit cum sonitu, vt non sit ampliùs in recordatione in terra viuentium, sicut ait imprecatio prophetalis. De hoc itaque tantum dixisse sufficiat. Ad Henricum autem fratrem ejus reflectamus stilum. Et fraternæ prauitatis & mortis exemplo commonitus & munitus execrandas ac Deo odibiles illius consuetudines in pluribus emendauit, lauans manus suas in sanguine peccatoris. Lætus itaque dies solitoque serenior, visus est Anglis de nouo splendescere post tanti temporis nebulas, quæ xiii. annis regnante Willelmo totum obumbrauerant densa caligine regnū. Et nequid tantæ exultationi abesse videretur, mox vt regni moderamina sumpsit, pernicibus initiis ab exilio reuocatur Anselmus, ac propriæ sedi cum debito tantæ reuerentiæ viro honore restituitur. Ea propter quasi certatim plausu plebeio concrepante, quarto post obitum fratris die Londoniæ coronatur fastigiatus in Regem. Causa autem tantæ accelerationis hæc fuit, quòd videlicet fama volans omnium iam aures circumquaque impleuerat, Robertum fratrem eius à Ierosolymitana expeditione confecto Dei negotio redeuntem, iam iamq; cum coacto exercitu affuturum. Nec omninò fefellit circumvolans omnia rumor. Nam Robertus extemplò ab oriente rediens, Normanniæ principatum nullo obsistente, immò cum omni favore recepit. Cuius rei rumore vulgato, omnes pænè optimates defecerunt à Rege Henrico, & ut fœdifragi & transfugæ manus Roberto dedentes, in eius sacramenta iuraverunt. Quidam nullis exstantibus caussis, quidam levibus occasiunculis, vndecunque emendicatis, quòd nollet eas terras, quas vellent eis pro eorum libitu dare. Sed Robertus filius Hammonis, & Richardus de Revers, & Rogerus Bigot, & Robertus Comes de Mellento, perstiterunt in fide. Cæteri omnes vel clam pro Roberto, vt Rex fieret mittebant, vel palàm contumeliis regem efficiebant ipsum Godricum, Reginam Godricam, id est, bonis locupletes, ironicè appellantes. Audiebat hæc ille & formidabiles cachinnos interim differens eiiciebat, stultitias fatuorum artificiosa taciturnitate dissolvens: blandus odii dissimulator, sed immodicus pro tempore retributor. Secundo itaque Henrici Regis Anno, Robertus frater eius, cum ingenti navigio, transito mari, intravit in Angliam: ibique copias suas explicuit & effudit. Nec verò Rex desidiæ deditus fuit, sed immensam è regione manum secum contraxit, ad aleam belli, adversum fratri pedem referre paratus. Nam licèt principibus deficientibus partes inde eius solidæ adhuc manebant sibi, quas Anshelmi Cantuariensis Archiepiscopi cum suis coepiscopis favor tuebatur, & omnium provinciliū vnanimis fortitudo. Explicant itaque altrinsecus exercitus

citus suos, disponunt acies, fraternitate oblita. Rex Anglorum fidei haud ingratus, eorumq; salutis providentiam gerens, cuneos peditum obambulabat, docens & instruens, quomodo ferociam militum eludentes, clypeos obiectarent, ictusq; remitterent. Qua inhortatione ita eos animavit, vt vltroneis votis animisq; ardentibus pugnam deposcerent: in nullo Normannorum cervicositatem timori habentes. Sed intervenientibus sanioris cō-silii hominibus, qui dicerent pietatis iura violatum iri, si fraterna necessitudo furiosa rabie animorum, in arma concurreret: pax firmata est inter fratres, tali videlicet pacto, vt Robertus tribus militibus marcarum argenti à rege acceptis, retortis velis rediret in Normanniam, regnumq; fratri relinqueret perpetuò possidendum. Si ergo Merlini Prophetia adimpleta est, qua ait: Altero duorum draconum spiculo invidiæ suffocato, alterum sub vmbram nominis rediturum, id est, Robertum. Nam cùm aliquandiu sub magni nominis vmbra stetisset, tandem ipsa etiam vmbra regiæ maiestatis, ab eo recessit, atque ad Henricum non solum vmbra, sed & veritas transitum fecit. De quo Henrico subditur: *Succedet Leo iustitia, ad cuius rugitum Gallicanæ turres, & Insulani dracones tremebunt.* Henricum vocat Leonem iustitiæ, quòd cum summa iustitia regnum tractavit & magno timori fuit, & Gallorum principibus & regulis insulanis, iuxta illud Prophetæ. *Leo rugiet, quis non timebit?* De quo adhuc subditur: *In diebus eius aurum ex Lilio & urtica extorquebitur.* Vrtica quæ mordet & exurit, peccatores malefactoresq; significat, lilium verò iustos

Amos.c.3. vers.8.

iustos qui sunt Christi bonus odor, in omni loco, sicut scriptum est: *Sancti tui Domine florebunt sicut lilium, & sicut odor balsami erunt ante te.* Quòd igitur ait in diebus eius aurum ex lilio & vrtica extorquebitur, significat quod manus eius, quæ vt verum fateamur, munera nimis libenter acceperunt, nec peccator nec iustus effugeret. Non est quod possit in hac parte exculpari, licet summæ sapientiæ fuerit, nec mediocriter literatus, iuxta illam Platonis sententiam, quæ ait, *beatam fore rem publicam, si vel Philosophi regnarent, vel Reges philosopharentur.* Quia enim solus de filiis Wilhelmi natus erat in regno, ideóq; regnum ei quádoque competere videbatur, idcircò puer traditus est literis imbuendus ad spem regni, quas adeò avidis medullis inbibit, vt nulli postea bellorum tumultus, nulli motus curarum eas tenacis memoriæ animo excutere potuerint. Fuit itaque ei literarū, quamuis tumultuariè libatarum, magna supellex, quæ animum eius ad regnandum egregia moderatione componeret. Vnde interdum audiente patre hoc proverbium iactare solebat: *Rex illiteratus, asinus coronatus.* Verùm vt dicere cæperam, licèt amplissimis virtutibus & summa prudentia præpolleret, iugum tamen suum, non solùm super plebeios homines, verùm etiam super episcopos & abbates, & super Ecclesias Dei, indebitis quibusdam consuetudinibus, & contra Canones & leges Ecclesiasticas vsurpatis frequentibus atque importunis rogationibus pernimium aggravabat. Vnde & signanter satisdictum est. *In diebus eius aurum ex Lilio & vrtica extorquebitur.*

Huius-

Huiusmodi enim iniustæ angariæ violentiùs extorquentur, quàm legitime exigantur. Si autem requiras quid Lilio & Ecclesiæ, dicit tibi sponsus *Cantic.* Ecclesiæ. *Sicut Lilium inter spinas, sic amica mea* 2.*vers.*2. *inter filias. In diebus eius aurum ex lilio & vrtica extorquebitur.* Deinde addit: *Et Argentum ex vngulis mugientium manabit.* Aliam quandam significat pensionem, quæ vulgò vngularura vocatur, quam pro vngulis Boum, id est, pedibus ab emptore vel venditore ad regium fiscum Solon instituit. Sequitur: *Calamistrati varia vellera vestibunt, & exterior habitus interiora signabit.* Calamistrum est ferreum quoddam instrumentum, quo capilli torquentur. Inde Calamistratura dicitur, crinium intortura. *Calamistrati varia vellera vestibunt*, id est, varias pelles, *& exterior habitus interiora signabit*, id est, animi vanitatem, atque inanis gloriæ levitatem. Sequitur, *Pedes Latrantium truncabuntur, pacem habebunt fera, humanitas supplicium dolebit.* Venationes enim sub tanta interminatione prohibuit, vt verbi gratia, capitale esset, siquis cervum prendidisset. Quæ tamen venandi prohibitionem ab Henrico, sed à prædecessore ejus Willelmo videlicet Rege initium sumsit. Quibus artibus, ita principum in se incitavit invidiam, vt sæpè contra eius salutem unanimi conspiratione iurarent. Quorum unus Robertus nomine Comes Humbronensium, orta inter ipsum & Regem non modica contentione verborum, in provintiam sui iuris abiit, magnum adversus Dominum suum Regem molimina conaturus. Sed Willelmo Rege ejus vestigia evestigio subsequente, cate, captus est, & æternis vinculis irretitus. Alter Willelmus de Ou proditionis apud Regem incusatus, & delatorem ad duellum provocans, extesticulatus est: & luminibus oculorum orbatus. Multos illa delatio magnæ nobilitatis & probitatis viros,& à concinnatæ factionis conspiratione innocētes involvit. De quorū numero fuit & Willelmus de Alderiar, speciosæ admodū personæ homo,& compater ipsius Regis. Is patibulo affigi iussus, Osmundo episcopo Salisberiæ confessus, & per omnes Ecclesias oppidi flagellatus. Itaque dispersis ad pauperes vestibus suis, nudus ad suspendium ibat, delicatā ac tenerā carnem, frequētibus super acutissimas petras genu flexionibus cruentatus. Episcopo autem &populo consequente ad locū supplicii, his sermonibus de innocentia sua satis fecit. Sic, inquit, me Deus hodie in exitu mortis ab omni malo liberare dignetur, vt de re ista, de qua accusor, innocens sum & immunis. Etquidē scio, quòd scientia in me prolata à facie Regis, non revocabitur, sed volo vos omnes innocentiæ meæ conscios habere ac testes. Tunc episcopus commendans animam ejus Deo, & aspergens eum aqua benedicta, discessit. Ille autem appensus est, admirando fortitudinis spectaculo, vt nec gemitum moriturus emitteret, nec moriens saltem suspirium prodere deprehenderetur. *Pedes latrantium truncabuntur, pacem habebunt feræ: humanitas supplicium delebit.* Hoc est quidem, quod dicit, feras quidem pacem habituras, sed humanitatem supplicia dolituram. Pedes itaque rex canibus truncari præcepit, ne feras ac bestias salvum insequi, vel capere possent. Sequitur: *Findetur forma commercij,*

Liber II.

mercij, dimidium rotundum erit. Hoc est quòd dicit: Nummis quibus commertia totius regni fiebant, per medium sphæricè circumcidi, ac rotundari præcepit, ad certum pondus. *Peribit miluorum rapacitas, & dentes luporum hebetabuntur.* Per miluos & lupos, prædones significat & tyrannos, quorum deprædationibus & rapinis Henricus rex finem imposuit. *Catuli Leonis in æquoreos pisces transformabuntur.* Servat leonis methaphoram, Henrici Regis filios catulos leonis appellans, sicut ipsum leonem iustitiæ nuncupavit. Ait itaque, *Catuli leonis in æquoreos pisces transformabuntur.* Quod ita factum constat. Nam cùm rex Henricus à Normannia cum filiis navigaret in Angliam, subitò tempestate oborta, submersa est navis, in qua liberi ejus erant, sicq́; æquoreis piscibus esca fuerunt, patre superstite, qui per providentiam Dei in alia navi positus erat. *Catuli leonis in æquoreos pisces transformabuntur.* Deinde addit: *Et aquila ejus super montem morianum nidificabit.* Aquilā cæteris avibus altiùs volare, nemo est qui dubitet. Aquilam ergò Henrici Regis vocat, ejus filiā, Mathildem, quæ nupta Henrico Romanorum Imperatori, facta est & ipsa Imperatrix Italiæ, domina Romanorum. Synecdochicòs enim per montem Morianum designat Italiam, à parte videlicet totum intelligi volens. Quidam tamen codices non Morianum montem, sed montem Avium habent. Quod duplici modo intelligi potest, secundum ipsius nominis æquivocationem. Si enim dicamus, montem avium, id est, volucrum, iste erit sensus, montem avium, id est montem Iovis, qui alio nomine mons Alpium dicitur,

Anno Christi 1120. die 19. Martij.

citur, quo Italia significatur, à patre scilicet totum, avibus magis quàm hominibus pervium, & habitabitem esse, & maximè aquilis, quæ in excelsis, ac inaccessis rupibus nidificare solent, & in præruptis silicibus, sicut dominus loquitur ad Iob. Qui autem montem avium, ab eo quod est avius, avia, avium, dictum existimant, ita intelligunt, ut avius dicatur, quasi invius non quòd omninò via careat, sed quòd ipsa via quodammodo invia sit, utpote accessu & incessu difficilis, & prærupta atque in periculo, ac præcipitio constituta. Hunc montem primus omnium mortalium Hannibal Africanus, Romanos armis lacessens, ferro aperuit, qui Romanorum gentem ab infantia sua tam exosam habuit, ut cum, vix adhuc novem annos complesset, juraverit nunquam se cum Romanis pacis fœdera initurum. Hic itaq; primus hominum, ut dictum est, prærupta Alpiū ferro aperuit, atque in invio viam fecit, natura claustra disrumpens. Quibus Italica tellus eatenus clausa permanserat, & aliis nationibus in accessa. Vnde Iuvenalis in satyra decima dicit. *Expende Hannibaleus. Quot libras in duce summo invenies. Hic est, quem non capit in Africa, Mauro percussa Oceano Niloq, admota tepenti, rursus ad Æthiopum populos, aliosq, Elephantes. Additur imperiis Hispania, Pyreneumq, transiit. Opposuit natura Alpemq, nivemq, Diduxit scopulos, & montem rupit aceto. Iam tenet Italiam, tamen ultra pergere tendit. Nil actum est inquit, nisi Pœno milite portas Frango atq, in media vexillum pono suburrâ.* Est autem suburra quidam locus Romæ non longè à foro; *O qualis facies,*

Iob.c. 39. vers. 31.

Iuvenal. Sat. 10.

cles, & quali digna tabella, Cùm Secula ducem portaret Belua iustum. Verùm ad quem tandem finē, devenit tanta Hannibalis fortitudo, tanta pompa, tanta superbia? Audi quod sequitur. *Exitus ergò quis est? O gloria. Vincitur idem, nempe & in exiliū præceps abit, atq; ibi magnus. Mirandusq; cliens sedet ad prætoria Regis, donec Bythonio libeat vigilare Tyranno. Catuli leonis in æquoreos pisces transformabuntur, & aquila eius super montem Arvium nidificabit.* Scio quosdam codices habere, montem Aravium, qui utique intra insulam Britanniæ est, sicut Merlinus, in consequentibus demonstrabit. Per montem itaque Aravium insula regni Britanniæ significatur, cuius ipsa in filio ex dono patris obtinuit principatum, sicut postea pleniùs ostendemus. Nunc autem ad prophetiæ ordinem redeamus, sequitur enim: *Venodocia rubebit materno sanguine, & domus Corinei sex fratres interficiet.* Venodocia quædam Cambriæ, id est, Walliæ, provincia est, Synecdochicos ergo significat bellum quod Venodoci, hoc est, Wallenses Henrico regi intulerunt, sed non impunè, quoniam effrenatam stultitiæ suæ temeritatem, multa domestici sanguinis effusione luerunt, multis de propria gente intereuntis. Et hoc est, quod ait: *Venodocia rubebit materno sanguine.* Contra quos Willelmus rex frater huius Henrici, in principio regni sui movit exercitum, sed nihil magnificentia sua dignum effecit, multis militum suorum desideratis, Equis quoque innumerabilibus interemptis. Nec semel istud infortunii ac dedecoris ei accidit, sed multotiens parva illi adversus Wallenses fortuna fuit, cum ci-

F   aliàs

aliàs semper alea bellorum prosperis jactibus ad vota arriserit. Quod nemini mirum videatur, sed potiùs intelligamus pro soli inæqualitate, & cæli inclementia, sicut rebellionem eorum ad vitam, sic e regione VVillelmi fortitudinem impeditam. Cæterùm rex Henricus excellentis ingenii vir invenit artem, qua commenta eorum labefactaret, Flandricis qui in regno eius erant, in terris eorum, & in finibus collocatis, qui eis pro clauſtro fierêt, eorumque irruptiones perpetuò inhiberent. Qua in re Iulii Cæsaris industriam imitatus videtur, qui Austrasios in Arduennam sylvam, à facie Romani exercitus fugientes, ibiq́; tutiſſimum latitandi sinum habentes, atq́; inde furtivos excursus, in hostes subitò facientes, non Romanæ gentis, quæ locorum esset ignara, exitio, sed vicinarum per circuitum nationum experimento, inde exturbare, vel ad deditionem compellere procuravit libertate cõcessa, vt quæcunq́; eius tollere possent, liberè possideret. *Venodocia rubebit materno sanguine, id est, propriæ gentis, & domus Corinei sex fratres interficiet.* Domum Corinei metonymicè Cornubiam vocat, à Corineo vno de sociis Bruti, qui primus ibi regnavit, eo tempore, quo Heli

Circa annũ Mundi, 2387.

sacerdos de Sylo, Israël iudicabat. Porrò sex isti fratres, quos domus Corinei interfecit, hoc est, Cornubienses filii fuerunt Freuiuni, qui erat ipsius Cornubiæ Vicecomes, sub præfato Rege Henrico. Sequitur: *Nocturnis lachrymis madebit insula, unde omnes ad omnia provocabuntur.* Hæc iam de morte Regis Henrici dicuntur, quæ totius Insulæ populo lachrimosa fuit ac flebilis. Quo defuncto in

cto in Normannia, & corpore ejus regio more cu- | *Anno*
rato, eiectis intestinis, atque in sacrato loco contra | *Christi*
ecclesiam ante altare cumulatis, cùm reliquum | *1135.*
corpus ejus in naui positum esset, vt in Angliam
transportaretur, ad portum nocte applicuit, vni-
versámq; patriam miserabili eiulatu, atque inconsolabili plangore compleuit. Et hoc est quòd ait:
Nocturnis lacrumis madebit insula. Et addit: *Vnde*
omnes ad omnia prouocabuntur, hoc est, ad rapinas,
& cædes, ad ciuiles discordias, & intestina bella.
Tuncenim videre fuit, ex multis cordibus reue-
lari cogitationes, dum in partes diuisi, alii istum,
alii illum, in regem sibi eligere concertarunt. Denique sequitur: *Nitentr posteri transpolare superna, sed*
fauor nouorum sublimabitur. Posteros Reges Henrici vocat nepotes ejus, ex sorore sua Adela, Theo-
baldum videl. comitem Blesensem, & fratrem eius
Stephanum comitem Moritotii, & Boloniæ. Quorum Theobaldus diuulgata morte auunculi sui Regis, cù iam in procinctu itineris esset, transfretare
paratus in Angliam, vt se hæreditariæ successionis
iure regali diademate insigniret, auditò & pro veritate comperto, quod eadem intentione frater
ejus præfatus videl. Stephanus, iam trasisset, cœpto
destitit, regni dignitatem fratri, sicut erat sanctus &
integer, Germano, sine inuidia cedens. *Nitentur*
posteri transuolare superna, hoc est, regni coronam
capiti suo imponere, *sed fauor nouorum sublimabi-*
bitur. Nouos appellat Gaufridu Comitem, & filios
ejus ex Matilde filia regis, in quos maior hominum
numerus, tanquam in naturales dominos sese af-
fectuosius ac familiarius inclinabit. Vnde & Hen-

F. 2 ricus

ricus primogenitus fratrum, post dira prælia & diuturna bella, tandem inito fœdere pacis, cum Stephano Rege, successor regni ab illo designatus est futurus post obitum suum. De quo Stephano subditur: *Nocebit possidenti ex impijs pietas, donec se genitore induerit*: cuius sensus iste est. Iam Stephanus Regio Diademate insignitus erat, & regni possessor: homo mansuetus & pius, sed impii homines eius pietate abusi, nunquam eum infestare quieuerunt, donec sese genitore induit, Henricum videl. iuuenē affiliando, id est, in filium adoptando, & regiæ dignitatis successorem, post excessum vitæ suæ, vt iam diximus designando. Vnde sequitur: *Apri igitur dētibus accinctus, cacumina montiū & umbrā Galeati transcendet*: accingimur prœliaturi, præcingimur ministraturi, succingimur ituri. Itaque quod dicit, hoc est, cùm pacificatus fuerit Henrico Stephanus Rex, illius auxilio fultus, ac per hoc se ipso fortior, atque animosior factus, & quasi in aprinam feritatem alternatus, cacumina montium & umbra galeati transcendet, mortium vocat oppida in montibus sita, versus Albaniam, id est, Scotiam, quam fecit Ebracus Britonum Rex quintus, à Bruto, oppidū videl. Agned, quod nunc immutato nomine dicitur castellum puellarum, & montem Gallatum, quem nunc provinciæ illius incolæ vocant montem dolorosum. Alclud quoque & Kaërbraue, quæ & ipsa fortasse nunc aliis nominibus nuncupantur. Montem autem Galeatum dicit, quasi montem acutū, eò quòd sit in vertice, velut Comes Galeę, in angusto collectus. Porrò quod ait: umbram Galeati transcendet, altitudinem

LIBER III. 85

nem montis insinuat. Quantò enim mons altior, tantò eius umbra protensior. Vnde Poeta: *Maioresq́*, *cadunt alijs de montibus umbræ.* Sequitur: *Indignabitur Albania, & convocatis collateralibus sanguinem effundere vacabit.* Collaterales Albaniæ, id est, Scotiæ, vocat Wallenses & Pictos, Scotis hinc inde conterminos. Picti autem à Scythia quondam venerunt, cùm adhuc Britonum gentes monarchiam totius Insulæ obtinerent: ibique in quadam parte Aquilonari habitare Britonum permissione cæperunt. Picti autem dicuntur eò, quòd per incisuras cutis, quasi picturarum stigmata quædam in corporibus suis gentilitio more faciant. *Indignabitur Albania, & convocatis collateralibus sanguinem effundere vacabit.* Hi nempe Stephanum regem, & successorem eius Henricum, iunctis viribus, grauissimis prælijs vexaverunt, multosque de eorum militia peremerunt. Sed non impunè. sequitur enim: *Dabitur maxillis eius frenum quod in Armorico sinu fabricabitur.* Frænum maxillis equorum imponitur, quo eorum impetus inhibetur, ne infrænes ut sæpè fit, in præceps currant, & & corruant. Frænum itaque quod maxillis eius, id est, Albaniæ, & collateralium eius imponendum dixit, significat regiam potestatem, qua illorum impetus atque irruptiones cohercuit ac frænavit. Sinus autem Armoricus dicitur quidam secessus maris Oceani, quo ab Armorica terra, in majorem Britanniam navigatur. Porrò Armorica terra in finibus Galliarum est, super litus Oceani sita, terra fertilis, & ubere gleba fæcunda, novem civitatibus pollens. Quæ ex illo tempore, quo Britones eā

Virgil. Ecl. 1.

F 3 inha-

inhabitare ceperunt, victis ac cæsis, sive expulsis indigenis habitatoribus, Gallorum populis, Britannia nuncupatur. Hanc Maximus Imperator cùm filium Octonii majoris Britanniæ Regis, cum ejus regno accepisset, & postea contra Gratianum, & fratrem ejus Valentinianum, Romanorum Imperatores pugnaturus, cum omni electa juventute Britanniæ gentis transfretasset, armis debellavit & cepit, ipsamque Conano præfati Octonii Regis nepoti, quasi pro recompēsatione Britannici Regni, quod propinquitatis jure reclamabat, donavit. Ex quo consuetudo inolevit, ut licèt in hac minori Britannia plures consules habeantur ut principes: summus tamen eorum omnium princeps, qui videlicet super cæteros omnes obtinet principatum, Conanus cognominetur. *Dabitur maxillis ejus frænum,* id est, Albaniæ & Collaterdium ejus, id est, Wallensium; *dabitur* inquam *frænum, quod in Armorico sinu fabricabitur.* Per Armoricum sinū metonymicè significat terram Armorico sinu adjacentem. Porro frænum, quo Albanorum atq; Wallensium irruptiones, impetusq; inhibiti sunt, ac frænati, vocat Henrici Regis potentiam, qui neq; in Anglia, neque in Normannia, sed in terra Andegavensium Comitis, videlicet, Gaufridi patris ejus Armorico sinui vicina atque contermina, oriundus fuit. Hic namque Wallenses & Scotos, licèt post dirissima prælia, & multas suorum cædes, sub jugum tamen postremò misit, ac suæ voluntati subjecit. Et hoc est, quod ait: *Dabitur maxillis eius frænum, quod in Armorico sinu fabricabitur.* Sequitur & dicit: *Deaurabit illum,* id est, frænum, *aquila rupti*

rupti fœderis, & tertia nidificatione gaudebit. Aquilam istam quidam, imò pænè omnes intelligunt Mathildem Imperatricem, de qua superiùs dictum est; *Aquila eius super montem Morinum*, sive montem avium; seu (ut nonnulli codices habent) montem Aravium *nidificabit*. Hęc igitur aquila Henricum filium suum deauravit, quoniam ex materno iure ad eum regni corona devenit. Quæ bene aquila rupti fœderis nominatur, non quòd ipsa ruperit, sed quòd ei alii multi de majoribus regni principibus ruperunt illud videlicet juramentũ quod ei fecerunt, jubente Rege Henrico seniore, patre ipsius Matildis de successione regni, mortuo fratre suo Roberto, qui jam coronatus fuerat, & inunctus in Regem, antequam in mare demersus, & vita privaretur & regno. Hoc est enim, de quo supra dictum est, *Catuli Leonis in equoreos pisces transformabuntur.* Hoc sacramentum Matildi fecisse etiam Stephanum Regem, non incerta opinio est. Stetit hæc fides integra & illæsa, vivente Henrico Rege, sed eo moriente emortua est, fœdere violato. Dicitur ergò aquila rupti fœderis, non quòd aliis ipsa, sed quòd alii ipsi ruperunt. Tali genere locutionis, Absalon dictus est pax patris, hoc enim nomen eius interpretatur, non quòd pacem ad patrem ipse habuerit, detestabilis parricida, sed potiùs pater ad ipsum. *Deaurabit eum aquila rupti fœderis, & tertia nidificatione gaudebit.* Tres enim filios habuit, Henricum, Gaufridum atque Willelmum: è quibus duobus, secundi & tertii mortes vidit & luxit, de tertio superstite, id est, Henrico gavisa. Verùm quoniam prima eius nidificatio fuit,

fuit, hic ipse Henricus, non tertia. secunda verò Gaufridus, tertia autem Willelmus, præmissa interpretatio vacillare videtur, nec Mathildi convenienter posse aptari. Possumus autem non absurdè dicere, quòd prima eius nidificatio fuerit, cum primo marito suo Henrico, videlicet Imperatore Romanorum, secunda cum secundo, id est, Gaufrido Comite Andegarorum, tertia cum Christo Rege cœlorum, cui tertio loco post mortem duorum, quos diximus maritorum, immortali immortaliter nupsit: viduitatem suam ipsi perpetuò dedicando, atque insuperabiliter adhærendo. De quibus nuptiis, tam feliciter, quàm fiducialiter dicere potest: *Gaudens gaudebo in Domino, & exultabit anima mea in Deo meo: quia induit me vestimentis salutis, & indumento lætitiæ circumdedit me, quasi sponsum decoratum corona, & quasi sponsam ornatam monilibus suis.* Quidam tamen putant, imò multi asserunt, aquilam rupti fœderis debere intelligi, non prædictam Matildem Imperatricem, sed Reginam Francorum, quæ consanguinitate inventa inter ipsam, & virum suum, Regem videlicet Ludovicum, rupto fœdere maritali, dissociáta est à Choro Iugali, nupsit q; Henrico Duci Normanniæ, nondum regno Anglorum adepto. Cuius fræenum, id est, potentiam quoddammodò deauravit, ac plurimum decoris adiecit, addito videlicet principatui eius, totius Aquitaniæ dominatu. *Hæc aquila tertia nidificatione gaudebit,* hoc est, vel de tertio filio, quem iam habet, vel de tertio marito, quem fortè habebit adhuc. Potest haud incongruè & sic intelligi, quòd, videlicet primus eius nidus in Francia fuerit,

Esa. c. 61.
vers. 10.

fuerit, secundus in Normannia, tertius in Anglia. Sequitur & de filiis eius, quos ex secundo marito, id est, Henrico suscepit. *Euigilabunt Catuli rugientis, & postpositis nemoribus, infra mœnia ciuitatum venabuntur. Stragem non minimam ex obsistentibus facient, & linguas taurorum abscindent. Colla rugientium onerabunt cathenis, & auita tempora renouabunt.* Catulos rugientis, vocat filios Henrici Regis. Vnde quidam dicendum putant, regentis, non rugientis, id est, regis, minùs attendentes, quàm sit conuenientius, atque expressius dictum, *euigilabunt rugientes catuli*, iuxta metaphoram, proprietatemq; Leonis. Aiunt enim, qui de animalium ac bestiarum scripsere naturis, quia cum leæna fœtus suos ediderit, ipsi leunculi tribus diebus dormiant mortuis similes. Tertio autem die, horrifico parentis rugitu, fremituq; terrifico expergefacti euigilant, & cùm adoleuerint, discunt prædam capere, & homines deuorare, sicut loquitur sermo propheticus. Sic catuli isti cùm in infantia sua, & in pueritia sua, quasi dormientibus similes, innocenter, & sine omni malitia iuxta ætatem sese habuerunt, nunc in adolescentia, quasi tertia die fremitu parentis, & rugitu horrifico euigilauerunt, sub suis tutoribus & actoribus iam discentes prædam capere, homines deuorare. Et hoc est, quòd dicit: *Euigilabunt catuli rugientis, & postpositis nemoribus, infra mœnia ciuitatum venabutur*, non bestias sagittando, sed homines perimendo. Vnde subiungit: *Stragem non minimā ex obsistentibus facient, & linguas taurorum abscindent.* Taurorum nomine aliquando superbi huius sæculi, ac potentes, aliquando prædo prælati Ecclesiæ designantur. Quorum linguas, si tamen de illis prophetia hoc loquitur, vel iuxta literam truculenta insania ferro abscindent, vel, tropicè silentium eis imponendo, seu etiam à suis sedibus expellendo, loquendi auferent libertatem, & episcopalis censuræ auctoritatem. De quibus adhuc subditur: *colla rugientium onerabunt catenis, & avita tempora renovabunt:* id est, avorum suorum. Rollonis videlicet, & Willelmi Nothi dirissima prælia restaurabunt. Quorum primus, id est, Rollo Neustriam, quæ nunc Normannia appellatur: Willelmus verò Angliam gravissimis bellis & multis hominum cædibus expugnavit & cepit, Vtrique enim Catuli isti, nepotes sunt Rolloni in x. gradu, Willelmo verò in V. Rollo enim genuit Willelmū, Willelmus Richardum, Richardus alium Richardū, Richardus verò Robertū, Robertus Willelmū, Willelmus Henricum, Henricus Mathildem, Mathildis Henricū Regem, qui nunc est, patrem Henrici, Rechardi, Gaufridi & Iohannis, quos catulos rugientis sive regentis Merlinus appellat. De quibus adhuc subiungit; *Exinde primò in quartū, de quarto in tertium, de tertio in secundum rotabitur pollex in oleo.* Capitulum hoc diversi diverso modo interpretantur, violentiam literæ inferentes, & ex totis atque obscuris expositionibus, lucem tenebris involventes. Vnus est enim in his verbis sensus, & quidem satis apertus, quòd videlicet regalis unctio, quæ fit pollice in oleo sacri chrismatis tincto, à primo transibit in quartum, & à quarto quasi reciproco quodam rotatu, reflectetur in tertium, & à tertio in secundum. Qua autem ratione vel casu

tam

tam nova & nostris temporibus inaudita regni mutatio sit facienda, nec ipsi adhuc sciunt, in quos fiet, scient autem postea. Scio tamen ego, & certissimè scio, certis ex caussis id fieri posse. Nam & in literis Dei, rem penè consimilem, invenio accidisse in filiis Iosiæ Regis Iudæ. Mortuo nempe Iosia regnum trãsiit in secundum filium ejus, à secundo in primum, à primo in quartum, à quarto in tertium, hoc est, à Iosia in Ioachat in Iechoniam, à Iechonia in Ioachim, à Ioachim in Sedechiam. Sequitur: *Sextus mœnia Hyberniæ subvertet, & nemora in planitiem mutabit. Diversas portiones in unum reducet, & capite Leonis coronabitur.* Henricus qui nunc in Anglia regnat, quinque filios suscepit, ex Regina coniuge sua, quorum unus mortuus est, quatuor verò supersunt. Habuit & sextum ex Concubina, qui clericus est, magnæ, vt aiunt, iuxta ætatem probitatis. Hic itaque vel sextus dicetur Henrici Regis filius, si mortuus ille quem habuit ex Regina inter alios computetur, vel quintus, si soli superstites à propheta numerantur, & alius adhuc expectandus, quem hic sextum appellat. Possumus tamen sextum istum intelligere, qui in Anglia regnaturus sit, post quatuor istos, & alium quintum quicunque ille sit, hoc est, sive istorum frater, sive non, de quo dicitur, quod Hyberniæ sit mœnia subversurus, excisurus nemora, & in planitiem mutaturus diversas portiones, id est regna diversa, non est enim unum regnum, sed plura ad unum regnū reducturus, eiusq; coronam assumpta feritate & fortitudine leonina, suo capiti impositurus. De quo adhuc subditur, *Principium eius vago affectu*

subia-

subjacebit, sed finis ipsius ad superos convolabit. Per vagos affectus, vel mentivolam animi eius inconstantiam significat, vel corporis incontinentem, petulantemque lasciviam, circa varios vagosq; concubitus. Quæ tamē vitia in primæuo juventutis flore juvenili ardore contracta, dicit illum in nouissimo suo amplissimis virtutibus, & religioso ac pio erga Deum & Ecclesias Dei studio redempturum. Vnde sequitur: *Renouabit namq; beatorū sedes per patrias, & pastores incongruis locis locabit:* hoc est, episcopatus & monasteria olim diruta, ut destructa denuo reparabit, idoneosq; pastores atq; doctores, in eis prout locorum ratio vel dignitas postulare videbitur, ordinabit. Sequitur: *Duas urbes duobus palliis induet,* hoc est, duas metropolitanas ædes duobus palliis adornabit, quod est, in sacerdotalibus insulis archiepiscoporum plenitudo honoris. Hoc & Beatus Malachias illius quondam gentis apostolus in diebus carnis suæ facere volens, & huius rei gratia laboriosum iter terra mariq; primò ad Innocentium Papam arripiens, usque Romam, secundò ad Eugenium, qui ab Innocentio quartus fuit; in ipso itinere, apud claram vallem febre correptus, loco & tempore, quo longè antè præelegerat atque prædixerat, feliciter obdormivit in Domino. *Duas urbes duobus palliis induet, & virginea munera virginibus donabit.* Hoc est, Sacris virginibus congruas monasteriorum mansiones ædificabit, vel ædificatas dignis muneribus & possessionibus ampliabit. *Promerebitur inde favorem tonantis, & inter beatos collocabitur.* Sed nō omnes filii referunt patres, sed versa vice ex optimis parentibus,

tibus, pessimi interdum alii oriuntur, & ex impiis aliquando patribus, boni. Ita ut supradicto Rege, qui tā praeclaris virtutibus pollens inter beatos collocare dignus habebitur, nascetur filius paternę bonitati per omnia dissimilis. Vnde sequitur. *Egredietur ex eo Linx penetrās omnia, qua ruina propria gētis imminebit.* lynx est animal ex lupo & cane genitum. Vnde & Lynx appellatur, eo quod in luporū genere uniatur. Gręcè enim, λύκος lupus vocatur. Est autē varii coloris, maculosę videlicet pellis. Vnde poëta: succinctā phatretra, & maculosę tegmine Lyncis. Dicitur autem hic & haec Lynx, id est, lupus cervarius vel lupa cervaria, communi genere sicut canis, sus, & alia huiusmodi. Vnde quidam dubitant, utrum vir, an foemina, filia videlicet, an filius, lyncis nomine designetur, cum dicitur: *Egredietur ex eo lynx penetrans omnia, qua ruina propria gentis imminebit.* Sed nemo in nomine propter generis communionem haereat, cùm etiamsi foemininum esset nomē, posset tamen nihilominus per significationem viro convenienter aptari, sicut verbi gratia, Dominus in Euangelio, Herodem vulpem appellat. Sed & ipse dominus petra vocatur, dicente Apostolo. *Bibebant autem de spiritali consequente eos petra. Petra autem erat Christus.* Non solum autem, sed & spiritus sanctus, qui apud nos masculino genere appellatur, apud Hebraeos rua foeminino vocabulo nuncupatur. Plenae sunt scripturae, tam saecularium, quàm nostrorum huiusmodi locutionum figuris, sed sufficere possunt, exempli causa, ista de pluribus. Est autem lynx animal acutissimi visus, ita vt parietes quoque ipsos, & obstantia quaeque atque

Virgil.
1. Aeneid.

Lucae c. 13.
vers. 32.
Paul. 1. Corinth. 10.
vers. 4.

oculis

oculis inaccessa, penetrare dicatur: lyncis itaq; nomine significat istũ, qui ex praedicto rege Benedicto nascetur, summę perspicacitatis fore hominẽ, & qui subtilissimo mentis acumine facilè cuncta etiã ambigua & obscura perspiciat & perlustret. Sed bono naturae abutens, ad propriae gentis exitium convertetur, & concivium exterminio imminebit, vt qui bonorum provisor esse deberet, fiat ruinae causa, & destructionis occasio. Et hoc est, quòd dicit *Egredietur ex eo Lynx penetrans omnia, quae ruinae propriae gentis imminebit.* Et hoc probat argumento, cùm subdit, à patre. *Per illum enim Neustria,* id est, Normannia, *utramque insulam amittet, & pristina dignitate spoliabitur,* Propriam eius gentem vocat Normannos. Ex quo enim Willelmus cognomento Nothus, Normannorum dux & de gente Normannorum satus, Angliam cepit, & regni coronam capiti suo imposuit, cunctis eius posteris propria gens fuit, usque in hodiernum diem; populus Normanorum, & erit usque in lyncem omnia penetrantem & propriae gentis exterminio imminentem. In illa enim & per illam, dominatus Normannorum in Insula Britanniae finem accipiet. Et hoc est quòd sequitur. *Per illam enim utramq; insulam amittet Neustria, & pristina dignitate spoliabitur.* Vtramque insulam dicit Angliam & Hyberniam. Angliam quam dudum gens Normannica subiugavit; Hyberniam verò, quam suae potestati subiecturus est huius lyncis Pater, de quo supradictum est, quòd sit Hyberniae maenia subversurus, excisurus nemora, & in planitiem mutaturus. Diversas enim portiones ad vnum, id est, ad vnam regni coronam

Liber III.

ronam reducturus, eamque sibi impositurus. Ex eo autem tempore, quo Normanni cum duce suo Willelmo, interfecto Haroldo, Anglorum Rege, Angliam ceperunt, semper Dominum super Anglos habuerunt. Vnde & de Saxonibus Anglis à Neustriensibus, id est, à Normanorum populo subiugandis, cùm superiùs sermo propheticus verteretur, quid de illis dictum est? *Iugum* inquit *perpetuæ servitutis ferent matremq́ue suam*, subaudi terram, *ligonibus & aratris vulnerabunt*, rusticanis videlicet operibus mancipati. Hanc itaque dignitatem in vtraque insula principandi, & utriusque gentis dominium amissura est Neustria, id est, Normannia, per lyncem omnia penetrantem, & in propriæ gentis exitium sævituram. Sequitur: *Deinde revertentur cives in insulam: nam dissidium alienigenarum orietur.* Quod dicit, hoc est, cùm per lyncem Neustria, id est, Normannia, utramque insulam amiserit, & pristina dignitate principandi videlicet spoliata fuerit, tunc antiqui ac proprii cives, hoc est, Britones, ex diversis terrarum locis, atque provinciis, in quibus à diebus Caduara diri, ultimi eorum Regis dispersi usque hodie delitescunt, alii in Armorico regno, regio, id est, in minori Brittannia, in finibus Franciæ, super littus Oceani sit, alii in Wallia, alii in Albania, id est, Scotia atque in Corinthia, i dest, Cornubia, tunc, inquam, undique revertentur in Insulam, tanquam in natale solum, quod à principio incoluerunt, & a tempore Bruti, qui primus in ea regnavit, ea tempestate, qua Heli sacerdos de Sylo, Israel iudicabat, usque ad annum Dominicæ incarnationis sexcentesimum,

septua-

septuagesimum nonum, fortiter tenuerunt. Revertentur itaque ad antiquum jus, non aliena pervasuri, sed ad sua longo licet postliminio redituri, Sed quando redituri? Cum viderint inchoare dissidium alienigenarum, id est, Anglorum, & Normannorum, qui nunc in ea incubant, non tanquā proprii hæredes ac cives, sed tanquam alieni pervasores. Cùm inquam viderint illorum exoriri dissidium, & proprium eorum regem suprādictam videlicet lyncem eorum imminere ruinæ, tunc intelligentes fatale tempus advenisse, revertentur in Insulam, pervasores exteros perdituri. Et hoc est, quod ait, *Egredietur ex eo lynx, penetrans omnia, quæ ruina propriæ gentis imminebit. Per illam enim Neustria utramq; insulam amittet, & pristina dignitate spoliabitur. Deinde revertentur cives in insulam, nam dissidium alienigenarum imminebit.* Sequitur: *Niveus quoq; senex in niveo equo fluvium Perironis divertet, & cum candida virga molendinum super ipsum metabitur.* Quemadmodum, qui urbes obsident vel castella, flumina influentia, ac de foris, intus currentia, immensis laboribus aliorsum deflectere solent, quatenus videlicet aquarum copia oppidanis obsessis ablata, faciliùs capiantur, nisi se deditioni offerāt: sic niveus iste senex apud Perironem faciet, qui locus alio fortassè nunc nomine appellatur. Niveum autem eum senem vocat, vel juxta literam, propter ætatem & venerandam eius canitiem, vel tropicè, propter honestos ipsius & optimos mores, juxta illud. *Est enim senectus venerabilis, non diuturna, neq; numero annorum computata. Cani sunt autem sensus hominis, & ætas senectutis*

Sapient.
c. 4. v. 8.

nectutis, vita immaculata. Candidi enim in scripturis, tam secularibus, quàm divinis, vocantur homines benigni & modesti, atque in omni morū mansuetudine & honestate conspicui. Deniq; candidatos vocare solemus, in Christo renatos, ut ibi. *Ad cænā agni prouidi & stolis albis candidi, post trāsitum maris rubri, Christo canamus principi.* Sic & secularis quidam orator, candide, inquit, judex. Horatius quoque de Mæcenate & Virgilio, viris utique optimis, & in omni honestate urbanitate præclaris, ait. *Intranti portum Mecænas, Virgiliusq; occurrunt, anima quales, neq; candidiores terra tulit, neq; quis me sit deuinctior alter. O qui complexus & gaudia quanta fuere?* Quod autem de niveo isto sene ait, quod in niveo equo sessurus sit, & candidam virgam, id est, candidum sceptrum gestaturus, hoc fortassis mystico sermone significat, quòd post mortem ejus ad perpetuandam ipsius memoriam, tali eum repræsentabunt imagine, ut sæpè fit, quēadmodum & de Caduallone inclyto Britonum Rege, cùm superius loqueretur, non ex proprii nominis appellatione expressit, sed antonomasicè per eius accidentia designavit, dicens: quod æneum virum indueret, & per multa tempora super æneū equum portas Londoniæ servaret, quia post mortem ejus æneam ei statuam, miræ pulchritudinis, ad mensuram staturæ eius, super æneum equum fecerunt armatam, in signum victoriæ ejus, ipsamque super occidentalem vrbis portam statuerunt. Hunc niveum senem Britones suspicantur Arturū fore, potentissimum videlicet illum suæ quondam gentis Regem, & in toto orbe celebri fama vulgatum.

Hymn.

Horat.

tam. De quo in superioribus libri huius, cùm de cultu religionis, à perfida Saxonum natione deleido, propheta dixisset: *Cultus religionis delebitur, & ruina Ecclesiarum patebit*; statim adiunxit. *Prævalebit tandem oppressa*, subaudis religio, *& sævitiæ exterorum resistet. Aper enim Cornubiæ succursum præstabit*, id est, arturus, *& colla eorum sub pedibus suis conculcabit. Insulæ Oceani potestati eius subdentur, & Gallicanos saltus possidebit. Tremebit Romulea domus sævitiam ipsius, & exitus eius dubius erit. In ore populorum celebrabitur, & actus eius, cibus erit narrantibus.* Verè dignus, de quo non aniles fabulæ mentiantur, sed de quo veraces historiæ, vera & laude digna loquantur. Nam & gentem suam ab alienigenis conculcatam, pristinæ dignitati restituit, & perfidos invasores à patriis finibus effugavit. Cultum religionis penè deletum in civitatibus & vicis, & oppidis reformavit, Ecclesias à pagana gente destructas, vel dirutas, restauravit, & in eis pastores & episcopos cum clericorum officiis, prout locorum dignitas exigebat, devoto religionis studio ordinavit. Non solum autem, sed & erga beatam Dei genitricem Mariam tam devotus erat, ut & imaginem eius in clypeo suo depictam haberet, tantúmq; fiduciæ in ea sibi posuerat, ut in cunctis necessitatibus suis & periculis, eã jugiter totis animi præcordiis invocaret. Nec frustratus est à spe sua. Ipsa nempe adjuvante ac protegente in cunctis certaminibus suis, contra hostes sui insuperabilis manens, gloriosos de adversariis triumphos assiduè reportabat. Hunc ergò Britones tantæ famæ, tantæque gloriæ virum, nulla ratione

addu

LIBER III.

adduci possunt, ut mortuum credant, præsertim, cùm in nullis annalibus inveniri possit scriptum, ubinam vel mortuus fuerit, vel sepultus. Denique in historia Britonum hoc tantùmmodo repperi, quòd in bello illo, quod adversus nefandissimum proditorem, Mordredum videlicet nepotem suum, fratrem Walgani habuerit, lætaliter fuerit vulneratus. Commiserat enim Mordredo sororis suæ filio, regnum suum Arturus cum uxore sua, cùm adversus Lucium Romanorum * Imperatorem præliaturus, in Burgundiam proficisceretur. Mordredus autem interim absente avunculo, & regni sibi commissi diadema capiti suo violenter imposuit, & vxorem eius Ganumeram Reginam, contra canonum scita & Ecclesiasticas leges, incestuoso sibi matrimonio copulavit. Non solùm autem hoc, sed & profanam Saxonum gentem in Insulã revocavit, promittens eis partem illam insulæ se daturum, quæ à flumine Humbri usque ad Scotiã extenditur, cum comitatu Cantiæ, si eorum auxilio regni potestatem obtinere valeret. Arturus autem horum omnium nescius, qui tutelæ nefandi illius nepotis sui, custodiam regni commiserat, triumphatis Romanis, & Lucio Hyberio eorundem Imperatore perempto, cùm post hyemem victor Romam cum omni fortitudine sua peteret, suo eam subjugare affectans imperio, & jam alpes ascendere incepisset, nunciatur ej nefandi Mordredi proditio. Tunc ille scelerati insaniam admiratus, dilata inquietatione, quam Leoni Romanorum imperatori ingerere affectabat, retortis habenis in Britanniam cum Walgano nepote suo, fratre

*Anno Chr. 537. * Westmon. Consulem vocat.*

quidem

quidem Mordredi, & insulanis regibus, remeavit. Portum autem Britanniæ cum immenso tandem labore nactus, Modredo videlicet cum exercitu suo fortiter prohibente ingressum, commisit cum sceleratissimo illo proditore prælium, in quo tanquam folia in autumno multa hominum millia, in vtraque acie ceciderunt. Cecidit & inclytus ille nepos Regis Walganus, super litrus Oceani, quo meliorem & in bello fortiorem vix ulla unquam secula habuérunt. Deseruit tandem campum turpiter proditor ille, nec fugere cessavit de civitate in civitatem, à facie insequentis, donec fugæ diffidens, revocata, audacia, & refociatis eis qui adhuc remanserant, cœpit ordinatis hinc inde turmis, cum avunculo præliari. In quo prælio traditor occubuit, & ipse Arturus lætaliter vulneratus, in Insulam Auallonis, ad curanda vulnera sua, fecit se deportari, anno Dominicæ incarnationis D.XLII. regniq; gubernacula dereliquit cognato suo Constantino, & filio Cadoris, Ducis Cornubiæ. Quia igitur de morte tanti Regis, nec Historia ist, nec alia quæpiam loquitur, nulla ratione, ut dictum est Britones ad credulitatem mortis ejus adduci possunt, sed omnis aut pæne omnis illa natio, adhuc eum in Insula Avallonis, quò curatum deportatus est, delitere ac vivere opinantur. Et si de divinis operibus & excelsis, ad humana ac terrena similitudinem ducere licet, quemadmodũ indubiè divina ac prophetica scriptura docente, Heliam cum Enoch, in paradiso credimus reservari, usque ad tempus Iudaicæ conversionis, quando videlicet imminente mundi consummatione, mittendi

tendi sunt ad gentem suam, convertere corda patrum in filios, & incredulos ad prudentiam iustorum, parare Domino plebem perfectam, ut cùm hoc factum fuerit, ab Antichristo peremti, mortis debitum solvant, quam utique non evaserunt, sed distulerunt, dicente scriptura; *quis est homo, qui vivet & non videbit mortem?* Sic Arturum inclytum Regem suum, Britannica gens in præfata insula, commoraturum ac victurum existimat usque ad revocationem suæ gentis ipso duce in insulam regni patrum suorum. Niveum autem senem, de quo supra diximus, putant eum propter vitæ longævitatem appellatum. Nos autem, licet eorum opinioni, vel potiùs errori, de vita adhuc Arturi nullo modo assentiamus, sed rideamus, reditum tamen Britannici populi in naturale solum, & iterum regnaturos, si Merlino creditur, negare non possumus. Manifestissimè enim hoc declarat, cùm addit. *Cadualadrus vocabit Conanum, & Albaniam in societatem accipiet. Tunc erit strages alienigenarum, tunc flumina sanguine manabunt. Tunc erumpent Armorici montes, & Diademate Bruti coronabuntur. Replebitur Cambria laticia, & robora Cornubiæ vivescent. Nomine Bruto vocabitur insula, & nuncupatio exterorum peribit.* Quod dicit, hoc est, Cum tempore Cadualadri, vltimi Britonum Regis, dira fames & mortalitatis lues, totam Britanniæ insulam, à mari usque ad mare depopularetur, & Britones cogente famis inedia, ad diversas religiones diffugissent, Cadualadrus quoque eorum Rex, ad Alanum Armoricanorum Regem, tanquam ad confratres suos, & ex eadem nobilitatis vena progenitos,

Psalm. 88. vers 49

genitos, navigavit, & apud ipsos aliquanto tempore commoratus est, satis honorificè, sicut decebat tantæ reverentiæ virum, à concivibus honorari. Cùm autem feralis illa mortalitatis, & famis lues, per Dei clementiam, quievisset, & rex cum ingenti navigio, & Armoricanorum multitudine, in patriam navigare pararet, angelica admonitione iubetur cœpto desistere, quia non esset Dei voluntas, Britones ultra regnare; usque ad tempus diuinitùs institutione statutum. Iret autem ipse Romam, ad Sergium Papam, & ab eo pænitentiam pro peccatis suis acciperet, qua purificatus ac purgatus, ad cœlestia regna migraret & inter beatos collocaretur. Britones autem per merita ipsius, in insula iterum regnaturos, non prius tamen, quàm reliquias corporis ejus ab urbe Roma in Britanniam reportassent. Tunc etiam aliorum Sanctorum reliquias revelandas, quæ propter Infestationem Paganæ Saxonum gentis, in nemoribus Walliæ & aliis locis absconditæ fuerant, & tunc eos natale solum, & regni potestatem iterum habituros. fecit itaque Cadualadrus omnia, quæ sibi cœlitus fuerant imperata, & cùm pœnitentiam à Sergio Papa sibi iniunctam peregisset, obiit Romæ, anno Dominicæ incarnationis, DCLXXVIIII. Cùm itaque reliquiæ ejus in insulam fuerint reportatæ, Britones ex Armorico regno, id est, ex minori Britannia, Walliaq; & Albaniæ Scotia, atq; Cornubia ubi nunc dispersi sunt, intelligentes ex revelatione reliquiarum Cadualadri, tempus suæ revelationis in insulam advenisse, secundum Angelicæ denuntiationis oraculum, revertentur & resociabuntur in insulam, &

inter-

interfectis alienis incubatoribus regnum Bruti cum ejus appellatione recipient, vt nequaquam vltrà terra illa Anglia, sed Britannia appelletur. Et hoc est, quod ait. *vocabit Cadualadrus Conanum*, id est, merita Cadualadri relati, in insulam revocabunt Armoricos Britones, qui Canani nomine designantur, à Canone primo Rege eorum, qui primus ibi regnavit tempore beati Martini Turonorum episcopi. *Cadualadrus* inquam, *vocabit Conanum*, & Albaniam, id est, Scotiam *in societatem accipiet. Tunc erit strages alienigenarum*, id est, Saxonū Anglorum, *tunc flumina sanguine manabunt. Tunc erumpent Armorici montes*, id est, Armorici duces, *& diademate Bruti coronabuntur*. Hinc datur intelligi, quòd reversi Britones, in terram patrum suorum, ex Armoricâ gente primum sibi Regem assument, ut ad suam omnia recurrant originem, iuxta illud Boetii. *Repetunt proprios quaeq; recursus. Redituq; suo singula gaudent. Nec manet ulli traditus ordo, nisi quod fini vinxerit ortum. Stabilemq; sui fecerit orbem.* Ex Armorico nempe Regno, paternam Arturus inclytus Rex traxit originem. Inde enim venit Constantinus avus ejus, quartus à Conano, qui primus ex gente Britonum, vt prædiximus ibi regnavit. Constantinus autem genuit tres filios, Constantem Aurelium cognomento Ambrosium, & Vterpendragon, quod Britonum lingua interpretatur caput draconis. Vterpendragon autem genuit Arturum famosissimum, ac celeberrimum Regem. Cui sine prole defuncto, successit Constantinus cognatus ejus. Constantino, Conanus Aurelius. Conano Aurelio Vortiporius. Vortiporio,

Boëthises.

G 4

nipotio, Malgo: Malgoni, Catherius; Catherio, Caduadnus; Caduadno, Caduallo; Cadualloni, Cadualadrus: *Cadualladrus* autem *vocabit Conanum, ficut supra expositum est, & Albaniam in societatem accipiet. Tunc erit strages alienigenarum, & flumina sanguine manabunt. Tunc erumpent Armorici montes, & diademate Bruti coronabuntur*, à quo videlicet originem sumunt, & qui primus regnavit in Insula, de genere Troianorum, Pronepos Æneæ, qui post Troianum excidium venit, ibiq; Laviniam Latini Regis filiam, cum regno accepit; eo tempore quo Labdon Israël iudicabat. Sequitur. *Replebitur Cambria*, id est, Walia *laetitia, & robora Cornubiæ virescent*; cùm videlicet regnum antecessorum suorum recuperaverint, & velut ad pristinam iuventutem reversi fuerint. Vnde addit: *Nomine Bruti vocabitur insula*, id est, Britannia, *& nuncupatio extraneorum peribit*, vt videlicet ampliùs Anglia non vocetur. Vides, quomodo fortuna ludat in rebus humanis, tantasq; lubrica verset mortalium vices. Sic agere consuevit *invida fatorum series, summisq; negatū stare diu, immensoq; graves subponere lapsus. In se magna ruunt. lætis hunc numina rebus, crescendi posuere modum*; Fabulosa sunt & Poëtarum deliramenta, quæ loquor. Absit enim à mentibus Christianis, ut iuxta Aristotelis & Peripateticorum dogmata, arbitremur Dei providentiam usque ad Lunam descendere, eò quòd supra Lunam omnia tranquilla sint & pacata, quæ verò infra Lunam sunt, temerariis fortunæ rotatibus agitari: Non est ista regnorum mutatio fortunæ ludibrium, sed profundum atq; inscrutabile divinæ

sapien-

Lucan. lib. 1. verf. 70. Ibid. verf. 81.

sapientiæ, summæq; dispositionis consilium, quo iustus omnium iudex Deus transfert mortalium regna, de gente in gentem, qui baltheos regum dissolvit, & merentes erigit sospitate, qui cùm omnipotens sit, potestatem habet *in regno hominum, & cuicunq; voluerit dat illud*, cui dicit Propheta: *Tua* Daniel c. *est potentia, tuum regnum Domine, tu es super omnes* 4. vers. 14. *gentes*. Finito itaq; Angloru regno, & pristinis hæredibus sua ipsoru hæreditate cœlitus restituta, finiamus hunc librum, Dei misericordiam implorátes, ut & nobis amissum diabolica circumventione regnum restituat, cùm venerit magnus ille iubilæus, in quo omnes iuxta legem ad antiquum ius revertentur, Babylonica captivitate soluta, sicut loquitur Isaias dicens: *Et nunc qui redempti sunt à* Esaias. 5. *Domino revertentur & venient in Sion, laudantes* ver. 11. *& lætitia sempiterna super capita eorum. fugiet dolor & gemitus.*

FINIS LIBRI TERTII.

G 5   EXPLA-

EXPLANATIO-
NVM IN PROPHETIAM
Merlini Ambrosii, Britanni

LIBER QVARTVS.

PRAECEDENTIBVS tribus libris, prophetiam Merlini Ambrosii, à duobus illis draconibus, albo videlicet ac rubeo, quibus duo populi Saxonum scilicet & Britonum, ipso docente significabantur, ordientes, usque ad restitutionem Britannicæ gentis in Insula & regno patrum suorum, juxta historiarum fidem & rerum eventus, prosecuti exponendo sumus. Restat nunc, ut de successione eorum, & de hiisq; ipsis eorum successoribus, sive eorum diebus in Insula Britanniæ eventura, idem propheta figuratis quidem eloquiis, & obscuris ænigmatibus, more suo omnia involvendo, nec non & de signis, quæ in consummatione mundi futura dicit, in sole & *Luc. c. 21.* luna & stellis, ipsisq; elementis, juxta illa Domini *ps. 25.* in Evangelio verba: *Erunt signa in sole & luna & stellis, & in terris pressura hominum præ confusione sonitus maris & fluctuum, arescentibus hominibus præ timore, & expectatione quæ supervenient universo orbi,* sed & de mundi renovatione, seu etiam hominum resurrectione quid senserit iuxta Christianæ fidei disciplinam, & Evangelicæ ac Propheticæ contestationis irrefragabilem auctoritatem, prout melius &

lius & apertius atque consequentius potuerimus, prosequamur, hucusque proœmium, nunc ad contextum literæ, & regii stemmatis successionem, continuato ordine veniamus. Sequitur enim: *Ex Conano procedet aper bellicosus, qui infra Gallicana nemora acumen dentium suorum exercebit.* Iste est Conanus, de quo supra dixerat. *Vocabit Cadualadrus Conanum, & Albaniam in societatem accipiet. Tunc erit strages alienigenarum, tunc flumina sanguine manabunt. Tunc erumpent Armorici montes, & diademate Bruti coronabuntur. Replebitur Cambria laeticia, & robora Cornubiæ virescent. Nomine Bruti vocabitur insula, & nuncupatio extraneorum peribit.* Quorum verborum explanatio non est à nobis iterum requirenda. Deinde subiungit, *Ex Conano procedet aper bellicosus,* & cætera. Ex quo intelligimus, quòd post revocationem Britannicæ nationis in Insulam Bruti, primus eorum rex Conanus vocabitur, quem Britones ex longa & varia dispersione congregati, ex Armorica gente vocabunt, & super se Regem assument. Nam etiam in quadam Armorici principatus provincia, gētilitia consuetudo est, ut omnes ferè eorum consules, Conani seu Alani vocentur, à duobus inclytis regibus antecessoribus suis, Conano videlicet, qui primus ibi regnavit, tempore Maximi Imperatoris, qui regnum illud interfecta & expulsa indigena gente Gallorum, prædicto Conano donavit, & Alano, ad quem Cadualadrus, ultimus Britonum Rex ipse, supradictæ famis & pestilentiæ mortalitate confugit. Ex prædicto itaque Conano, qui super Britones antiquæ hæreditati & natali

patriæ

pątræ reſtitutos, primus regnabit, naſcetur filius ſtrenuus & bellorum amator, qui Conano patri ſuccedit in regnum, cuius animi feritatem, apri bellicoſi appellatione ſignificat, dicens: *Ex Conano procedet aper bellicoſus, qui infra Gallicana nemora acumen dentium ſuorum exercebit.* Probat argumento, ab effectu bellicoſum fore, quòd proprios fines egreſſus, nec patrio regno contentus, ferociſſimas gentes, & longè poſita regna bellis graviſſimis expetere ac laceſſere non verebitur. Quòd autem ait; *quia inter Gallicana nemora acumen dentium ſuorum exercebit*, ſervat apri ſemel poſiti metaphoram. Apri etenim adverſus ſe invicem in nemoribus pugnaturi, dentes ſuos exacuunt, quibus pro armis utuntur. Porrò, Gallicana nemora vocat, Gallorum terras, atque provincias, ſervata apri metaphora, cuius in nemoribus ſemper habitatio eſt. *Conano procedet aper bellicoſus, qui infra Gallicana nemora acumen dentium ſuorum exercebit.* Id eſt, Gallorum gentem duriſſimis bellorum decertationibus infeſtabit. De quo adhuc ſubiungit: *Truncabit namque quæque maiora robora, minoribus verò tutelā præſtabit.* Quod dicit hunc habet intellectum. Potentes quoſque & in ſublimi poſitos, vel interficiendo temporalis vitæ iucunditate privabit, vel eorum ſubſtantias abradendo, propriis poſſeſſionibus detruncabit. At verò pauperibus humilibuſq; parcendo, ſuo eos tutamine manu tenebit. Tale aliquid ad laudem Romanorum ait quidam; *Parcere ſubiectis, & debellare ſuperbos.* Porrò in eo quod ait *truncabit quæque maiora, minoribus verò tutelam præſtabit*, manifeſtè declarat, quòd non de

apro

apro pecude, sed de apro homine hæc loquatur. Alioquin contra naturam aprorum omninò & consuetudinem esse cognoscitur, maiora robora, & maiores arbores truncare, parcere verò minoribus, cùm apri è contrario faciant, minora videlicet ac tenera virgulta truncando, maiora verò nec tangendo quidem. *Tremebunt illum Arabes & Africani, nam impetum cursus sui in vlteriorem Hispaniam protendet.* Vlterior Hispania Galliæ contigua est, ita vt soli Pyrænei montis interpositione ab inuicem disparentur. At verò vlterior, quam dicit Hispania, vsque ad Gades Herculis extenditur, ubi & Europa terminatur, & Africa sumit tertium mundanæ diuisionis initium, pertingens vsque ad Nilum flumen, à quo incipit Asia, quæ est dimidia pars orbis terrarum iuxta quantitatem spacii, tertia verò iuxta partium dinumerationem. Prædictus itaque aper bellorum appetens, pacis verò ac quietis impatiens, velut turbo quidam violentus, ac vehemens illò vsque impetum cursus protendet, ita ut vicinis gentibus Africanorum, Arabumq; timori habeatur, uti ne eos idem exitium, & similis casus inuoluat, iuxta illud Horatii: *Nam mea res* Horat. *agitur paries cùm proximus ardet.* Huius autem apri bellicosi successor, valdè dissimilis erit, vtpote pacis quidem & quietis amator & cultor, sed Veneriæ voluptati ex integro deditus, & omnibus immunditiarum spurcitiis fœtens, ita ve meritò luxuriosi, ac putidi animalis, hoc est, hirci, nomine censeatur. Denique sequitur: *Succedet hircus Venerii castri, aurea habens cornua & argenteam barbam, qui ex naribus suis tantam efflabit nebulam, quanta* quantea tota superficies insulæ obumbretur. Quòd eum vocat hircum Venerii castri, significat, quòd in castris ejus, hoc est, in domo ejus, & in penetralibus ejus, Venus obtentura sit principatum. Vel certè Venerium castrum, vocat castellum puellarum, versus Albeniam situ, eò quòd maior sit in mulieribus, quàm in viris Venus & ad coitum longè ardentior. Vnde autem id iuxta Physicam rationem accidere possit, cùm certissimum sit fœminas multò frigidioris esse naturæ, quàm viros, vnde & barbas habere non possunt, pudet religiosis auribus, vtpote sermonem minùs honestū ingerere. Quod verò dicit, hircum istum videlicet Venerii castri, aurea cornua habiturum, barbamq; argenteam, sic potest intelligi quòd barbam prolixam, & ad instar anguis contortā habiturus sit, & capillos similiter, ad similitudinem muliercularum calamistratos & longos ad dexteram & sinistram, quasi duo cornua complicatos redimiculis deauratis ac de argenteis astrictos, vt sic quodammodo cornutus appareat. De talibus loquitur Iuvenalis in satyra, quia cùm huiusmodi habitum maris acuta & nuda invectione carperet, inter cætera ait: *Illi supercilium madida fuligine tinctum. Obliqua producit acu, pingantq́; trementes attolens oculos, Reticulumq́; comis auratum ingentibus implet.* Qui cultus muliebris cùm in omnibus viris indignus, & notabilis habeatur, tunc maximè Regem omninò dedecet: qui quantò cæteris eminentior, tantò & vita clarior esse debet, & in omni honestate splendidior. Est enim civitas supra montem posita, in quam oculi omnium respiciunt, ita ut nec fulgor ejus

Iuvenalis.

eius latere possit, nec fumus. Vnde & hircosum Regem istum, id est, luxuriosum ac putidum, tantam dicit ex naribus suis nebulam efflaturum, ut inde tota Insula obumbretur. Sicut enim ex laudabili fama, & claro nomine Regis, tota imperii eius terra serenatur, sic è contrario, ex nebulosa & obscura eius opinione, nebulosa caligine obumbrabitur. Fætet hircus, fætent vitia, fętet & vitiosorū opinio. *Fatere fecistis odorem nostrum coram Pharaone, & servis eius*, aiunt illi. Quod contra de Iosia Rege profectò optimo, & Deo amabili, dicit sermo divinus. *Memoria Iosiæ in compositione odoris, f́cta, Ecclesiaſopere pigmentarij. In omni ore, quasi mel indulcabitur eius memoria, & quasi musica in convivio vini.* *Succedet hircus V.enerij castri, aurea cornua habens.* Est alius sensus in his cornibus aureis, & barba argentea, & quidem satis apertus, ut videlicet simplici interpretatione contenti, intelligamus, in his verbis hircum istum magni auri & argenti copiam habiturum, quod propheta significare voluit, per cornua aurea, & barbam argenteam, ut hirci metaphoram more suo servaret, qui cornua habet & barbam. Et notandum, quanta sit usus, distinctione verborum, ut non barbam auream dixerit, cornua verò argentea, sed è converso cornua aurea, barbam verò argenteam. Quare sic? Nimirū, quia major est animali virtus in cornibus, majorq́; fiducia, quippe quibus pro armis utitur, quàm sit in barba. Et ideò plus ab animali, sua ipsius cornua diliguntur, quàm barba. Sed & cùm majori detrimento & vehementiori dolore, sua cornua ei avelluntur, quàm barba, licèt neutrum ei avelli possit,

sine

Exod. c. *vers. 21.*

Ecclesiac. 49. vers. 1.

sine grandi apporia. Sic profectò aurum à possessoribus suis plus amatur quàm argentum, & cum
maiori damno & acriori plangore, aurum eis avel-
litur, id est, eripitur quam argentum, quamvis
amatoribus pecuniæ neutrum avellatur, sine ingē-
ti tristitia. Sequitur; *Pax erit in tempore suo, & ubertate gleba multiplicabuntur segetes.* Sicut enim bella sequi solent pestilentiæ & fames, & omnium bonorum inopia, sic pacis tempora comitatur rerum
abundantia, & terræ ubertas. Prædictus itaque
hircus Veneriæ voluptatis, quàm bellicæ exercita-
tionis amantior, populo suo istud boni de malo
præstabit, quod pacem in tempore suo servabit,
Vnde gens terræ indigena, fertilitate segetum, terræ ac fructuum perfruatur. Sed sicut pacem rerum
copia, sic rerum affluentiam effusa luxuries sequi
solet, sicut Iuvenalis in satyra plangit, dicens: *Præstabat castas humilis fortuna Latinas quondam, nec
vitiis contingi parva sinebat, Tecta labor, somniq́ue
breves, & vellere Fusco vexata duraq́ue manus, &
proximus urbi Hannibal, & stantes Collina turri
mariti. Nunc longa pacis patimur mala, sævior armis
luxuria incubuit, victumq́ue ulciscitur urbem. Nullum crimen abest, facinusq́ libidinis, ex quo pauper-
tas Romana perit, hinc fluxus ad hostes.* Vnde & hic
cùm dixisset, *pax erit in tempore suo, & ubertate
gleba multiplicabuntur segetes,* quanto luxuriæ contagio è bono pacis, rerumque abundantium deli-
ciis secutura sit ostendit, dicens. *Mulieres incessu
serpentes fient, & omnes gressus earum superbia celebrabuntur. Renovabuntur castra Veneris, nec cessabūt
sagittæ Cupidinis vulneratæ.* Quod dicit quia mulieres

Iuvenalis.

lieres incessu serpentes fient, & omnes earum gressus superbia celebrantur, hoc est, Tantus in eis erit vestrum luxus, & tam longa post se syrmata trahēt, quæ vulgò caudæ vocantur, ut meritò Basiliscis serpentibus assimilentur, qui à media sui parte, id est, superiori ardui incedunt, media autem, postè posteriori videlicet & inferiori serpunt, nec tam ambulant, quàm trahuntur. Vnde & hujusmodi mulieres superbissimo fastu gradientes, à latere sustentari, sive ab ancillulis suis, sive ab asseclis & vernaculis suis opus habent, utpote tanta vestium diffluentia, præpeditæ. Et hoc est, quod ait: *Mulieres incessu serpentes fient, omnes gressus earum superbia celebrantur*, id est, superba ac celebri pompa stipabuntur Vnde & de tali syrmatum tractu, muliebrem poeta luxuriem notans, inter cætera ait: *Incedunt longo verrentes Syrmate terram*. Apud Romanas namq; & Italas mulieres, in tantum superfluus iste ac superbus syrmatum luxus, ab antiquo celeberrimus fuit, ut nunquam cohiberi diu potuerit, vel maritorum indignatione, vel etiam episcoporum excommunicatione; episcopis videlicet superbiæ fastum detestantibus, maritis autem nimiam vestium expensam causantibus; mulierculis verò utrumque obdurata fronte dissimulantibus. Vnde & proprius earum poëta, Juvenalem loquor, in satyra Sexta, de mulierum impudicitiis cùm acuta ac vehementi declamatione plurima perorasset, inter cetera hoc quoque non tacuit, dicens: *Prodiga* Iuvenal. *non sentit pereuntem foemina censum, Ac velut ex-* Satyra 6. *hausta redivivus pullulet arca Nummus, & à pleno semper tollatur acervo, Et nunquam repetunt, quan-*

ti sua gaudia constent. Mulieres incessu serpentes sunt, & omnes gressus earum superbia celebrabuntur. De tali processus superbia filiæ Syon, à Domino arguuntur, per Isaiam dicentem: *pro eo quod elevatæ sunt filiæ Syon, & ambulaverunt extento collo, & nutibus oculorum ibant & plaudebant, ambulabant & pedibus suis composito gradu incedebant: Decalvabit Dominus verticem filiarum Syon.* Quibus verbis diversa vitiorum genera, atq; ipsorum pœna notatur. Nam in eo quod ait, *ambulabant extento collo*, significatur arrogantia. Ac deinde, *Ambulabant*, inquit, *pedibus suis, composito gradu incedebant*, ecce lascivia. Deinde sequitur, pœna cùm subdit: *Decalvabit Dominus verticem filiarum Syon.* hæc est pœna arrogantiæ. *Et Dominus crinem earum nudabit*, hæc est pœna lasciviæ. Et quia hęc initia luxus superfluarum vestium comitari solent, pæna quoque ejus subinfertur: cùm dicitur: *In die illa auferet Dominus ornatum calceamentorum, & lunulas, & torques, & monilia, & armillas, & mitras, & discriminalia, & periscelidas, & olfactoriola & inaures, & annulos, & gemmas in fronte pendentes; & mutatoria, & palliola, & linteamina, & acus, & specula, & sindones, & vittas & therista: & erit pro suavi odore fœtor, & pro zona funiculus, & pro crispanti crine calvitium, & pro fascia pectorali cilicium.* Ecce quàm diligenter vanitatis insignia propheta enumerat, ut hæc, in quibus homines nullam vel admodum parvam culpam inesse putant, quàm districtè à Deo pensentur, ostendat. Possunt quidem hæc, quæ dicta sunt pudicis mulieribus & modestis, ad eruditionem temperantiæ

& humi-

Esaiæ c. 3. Ps. 16.

Ibid.

& humilitatis sufficere. Sed quia sunt indomitæ quædam fœminarum atque rebelles, quæ mordacioribus lupatis cohercendæ sunt, & refrænandæ, ideò hoc sæpiùs exaggerando repetimus. *Mulieres incessu serpentes fient*, summisso videlicet syrmate, limbis dependentibus, imò retrosequentibus caudis, quatenus ad instar vulpium, vestigia sua obducant. Bene profectò, ut postquam pertransierunt, pereat memoria earum, nec sint ampliùs in recordatione in terra viventium. Quæ ut ostendant de illis se esse, de quibus propheta dicit: *non sic impij, non sic, sed tanquam pulvis, quem proijcit ventus à facie terræ, quacunq;* incesserint, quasi tempestatis turbo pulverem concitant, spectaculum de se intuentibus facere cupientes. Est tamen in quo de eis etiam in præsenti vita vindictam sumamus, quia eisdem syrmatibus suis, quibus nebulam pulveris oculis nostris iniiciunt, ad complanandã viam pedibus nostris lutum platearum abstergunt. *Mulieres incessu serpentes fient, & omnes gressus earum superbia celebrabuntur.* Ex quo intuentes laqueo oculorum capti, & zelo Cupidinis lætaliter sauciati, miserabili ardore interiora jecoris depascente feraliter deperibunt. Vnde sequitur: *Renouabuntur Castra Veneris, nec cessabunt sagittæ Cupidinis vulnerare.* Castra Veneris, per Antiphrasim, dicuntur, eò quòd in eis nequaquam castè vivatur. Castra enim dicuntur, à castitate, eò quòd in eis milites castè vivant, quasi castrati. Et notandum, quòd ait: *renouabuntur castra Veneris.* Cùm enim regnantibus bonis, optimisque principibus, fornicationes & adulteria, à severis legibus cohiben-

Psalm. 1. vers. 4.

tur, quasi dissipata videntur castra Veneris, & tela Cupidinis hebetata. Cùm autem sub pessimo principe, qui in eo quod sibi indulget, cæteris indulgendum existimat, ne solus omnium pessimus videatur, impudicitiæ fræna laxantur, tunc castra Veneris renovata videntur, ac tela libidinis exacuata atque limata. Sic Semiramis illa, quondam Assiriorum regina, cum dimidium pænè orbem, hoc est, ab Æthiopia usque ad ulteriorem Indiam, armis suo subjugasset imperio, & illicito atque incestuoso amore filii deperiret, eumq́; tandem effrænata insania ad sui concubitum invitum lacrymantemq́; traxisset, ad excusandum, vel attenuandum turpe & cunctis retrò temporibus inauditum nefandi flagitii scelus, legem in commune omnibus, quibus imperabat gentibus promulgavit, ut mas res filiis, & filii matribus legitimo matrimonio jungerentur. Quod Medi, Persæ, Derbices, Bactriani Hyreani, & omnis illa barbaries, Indorum quoque plurimi, pro lege suscipientes, in usum & consuetudinem converterunt, & per multa secula, usque ad prædicationem Apostolorum irretractabiliter tenuerunt. Sequitur. *Fons amne vertetur in sanguinem, & duo Reges duellum propter Leænam de vado baculi committent.* Vadum baculi, vocat oppidum quoddam in episcopatu Cestriæ, situm versus Walliam, quòd nunc Angli patrio sermone, Stafort appellant, lingua namque Anglorum Staf, baculum sonat, fort, vadum significat. Leænam de vado baculi vocat, fœminam aliquam Leoninæ feritatis, & altæ nobilitatis loci illis dominam, vel inde natam, cuius amore succensi & capti duo Reges,

duellum

duellum committent, vel ipsi inter se pugnantes, vel pro se duos alios singuli videlicet singulos, cōmittens. Est enim duellum, bellum duorum. Erit autem tanta hominum internicio, ut fons derivatus in amne, pro amne sanguine manere videatur Et hoc est quod ait: *Fons amne vertetur in sanguinem, & puo Reges duellum propter Leanam de vada baculi committent*. Reges autem dicuntur, non solùm regali diademate jam insigniti, & sacro chrismate uncti, sed etiam filii Regum, & maxime qui nutriuntur & instituuntur ad regnum, vel qui nati sunt ad regnandum. Sequitur. *Omnis humus luxuriabit, & humanitas fornicari non desinet, ut nec tanta hominum cede à vitiis corrigantur*. De talibus conqueritur Ieremias, & dicit: *percussisti eos, & non doluerunt, attriuisti eos & noluerunt recipere disciplinam*. ipse quoque Dominus: *Interfeci & disperdidi populum meum, & tamen à viis suis non sunt reuersi*. Et iterum. *Subuerti vos, sicut subuertit Dominus Sodomam & Gomorram, & facti estis velut torris raptus de incendio, & nec sic redistis ad me, dicit Dominus*. De talium desperato languore, qui videlicet correpti non corriguntur, flagellati non emendantur, ipsi quoque angeli, quibus hominum cura commissa est, inter se conqueruntur & dicunt: *Curauimus Babylonem, & non est sanata, derelinquamus eam, & eamus unusquisq; in terram suam. quoniam peruenit usq; ad coelum iudicium eius*. *Omnis* ergò *humus luxuriabit*, Metonymicè continens ponit pro contento, hoc est, humum pro habitatoribus ejus, sicut in Psalmo, ubi dicitur: *Et ——— à terra in sanguinibus*, id est, habitato-

Ierem. c. 5. v. 3.

Ierem. c. 15. v. 7. Amos 5. c. 4. Ps. 11.

Ierem. c. 51. v. 9.

Psal. 105. Psalm. 38.

res terres terræ. *Omnis humus luxuriabit, & humanitus fornicari non desinet.* Deinde addit: *Omnia hæc tria secula videbunt*, hoc est, Omnia hæc quæ post restitutionem Britannicæ nationis in patrium solum eventura in insula dixi, trium prædictorum regum temporibus fient, Conani scilicet & filii ejus, quem aprum bellicosum nominavit, & hirci Venerii castri, id est, in castris Veneris militantis. *Omnia hæc tria secula videbunt, donec sepulti Reges in urbe Londoniarum propalabuntur.* Multos novimus & Britonum, & Anglorum Reges Londoniæ fuisse sepultos, à tempore Bruti, qui primus in insula principatum obtinuit, quiq́; ipsam civitatem super Tamensem fluvium ædificavit, Trinovantum, quasi Trojam novam, eam appellans, ea tépestate, qua duo filii Heli sacerdotis de Sylo Osni & Phinees interfecti sunt, à Philistæis, & arca Domini capta; & in hac eadem civitate conditor ipsius Brutus, excedens à sæculo, sepulturam accepit, relictis tribus filiis iuvenibus inclytæ probitatis, & magnæ spei, Locrino, videlicet Cambro & Albanecto. Qui mortuo patre diviserunt inter se regnum ipsius in tres portiones. Locrinus autem, quia primogenitus erat, secundùm consuetudiné Trojanorum, à quibus ducebant originem, dimidiam partem insulæ, cum regio diademate obtinuit, eamque de nomine suo Loegriam voluit appellari. Camber verò illam partem, quæ est ultra Sabrinæ flumen, in sortem suam accepit, ipsaque Cambriam nominavit. Albanectus autem junior illam accepit provinciam, quæ est ultra Hambrum flumen, ad Aquilonares insulæ partes, eamque ex que ex propria nominis sui appellatione, Albaniā nuncupavit. Ipsa est, quæ nunc Scotia appellatur, sicut quæ nunc Cambria dicta est, nunc Wallia dicitur, a quodam Wallone Rege eius. Sic quæ primò Loegria nominata est, nunc ab Anglis possessoribus Anglia nominatur. Quia ergò, ut dicere cœperam, multorum regum, & Britonum & Anglorum corpora constat in prædicta Londoniarū urbe, à tempore Bruti fuisse sepulta: quorum alii Pagani, alii Christiani fuerunt, incertum est, quinam illi fuerint, quorum corpora dicit præstituto tempore propalanda, hoc est, revelanda, & palàm omnibus ostendenda. Verùm quoniam antiqui moris habebant corpora defunctorum Regum, sicut & aliorum igne comburere, & eorum pulverē in cadis aureis & preciosis vasis recondere, non mihi videtur de antiquis Regibus & maximè de Paganis in prædicta urbe sepultis, hoc dictum, sed potiùs de Christianis, qui fuerunt præcipuæ sanctitatis, ut fuit, verbi gratia, Rex Eduardus, vir profectò, cui nec gratia defuit prophetalis, vir magnarum virtutum, magnorumq; patrator signorum: adeò ut de lavatura manuum ejus, oculi cæcorum aspersi & loti lumen reciperent. De quo viderat mirabilem visionem Britoldus Episcopus, eo tempore, quo Dani in Anglia, expulsis Anglorum Regibus, regni gubernacula obtinebant. Is namq; Britoldus, dum nocte quadam, cælestibus lucubraret excubiis, atque animi dolore confectus anxiè de regia stirpe Anglorum jam penè deleta, nimia lassitudine pressus, ut assolet, obdormivit. Et ecce videt Petrum Apostolorum principem, sanctū Eduardum

ardum sacro chrismate consecrare in Regem, dicentemque, cælibem ejus vitam futuram, ipsumq; xxiiii annis, in pace feliciter regnaturum. Respondit rerum veritas cælesti oraculo, & qualis futurus designatus est, & quatenus regnaturus, talis extitit, tam diuq; regnavit. Obiit autem Londoniæ, anno Dominicæ incarnationis MLXVII, & in die sancto Dominicæ apparitionis, ibi in Westmonasterio, quod ipse miro opere ædificaverat, est sepultus. Possumus ergò non absurdè, & de ipso & de cæteris quorundam bonorum Regum corporibus, in prædicta urbe sepultis, suo tempore revelandis, intelligere id dictum. *Omnia hæc tria secula videbunt, donec sepulti Reges in urbe Londoniarum propalabuntur.* Sequitur: *Redibit iterum fames, redibit iterum mortalitas, & de solatione urbium dolebunt cives.* Quare hoc? Vt videlicet, quos rerum affluentia in cœno omnium immunditiarum demerserat, fames, & quæ famem sequi solet, feralis humanæ mortalitatis lues, corripiat & emendet. Et hoc est, quod dicit: *Redibit iterum fames, redibit mortalitas, & desolatione urbium dolebunt cives.* Iterum fugæ, iterum dispersiones, ut civitates & oppida suis habitatoribus evacuata, propriam sui desolationem lugere quodammodo ac deplangere videantur, juxta illud Ieremiæ in threnis: *Viæ Syon lugent, eò quòd non sint, qui veniant ad solennitatem.* Et hoc est, quod Merlinus dicit, desolationem urbium, vel evacuationem, ac desertionem, cives dolituros. Sed sequitur consolatio, de sapiente & optimo Rege, quem eis Dei misericordia dabit, qui dispersum populum in patriam revocabit, & reductus

Ierem.
Thren. c.
1.v.4.

LIBER IIII.

ctos optimis sapientiæ suæ consiliis & sermonibus, tanquam pastor bonus, greges suos, suaq́; animalia pascet. Et hoc est, quod sequitur: *superueniet aper commercii, qui dispersos greges ad amissa pascua reuocabit. Pectus eius cibus erit egentibus, & lingua eius sedabit sitientes. Ex ore ipsius flumina manabunt, quæ arentes hominum fauces rigabunt.* Magnus, ut audio, homo iste erit, & verè magnificus, quippe de quo tam grandia dicuntur, homo bellicosus & fortis, quod nomine apri suo more significat, & nihilominus homo profundi & magni consilii, homo sapientiæ muneribus adornatus, atque ditatus. Non est enim mediocris sapientiæ thesaurus, sicut dicit sermo propheticus. *Diuitiæ salutis sapientia & scientia: timor domini ipse thesaurus eius.* Et alius quidam. *Argentum electum, lingua iusti.* Et iterum. *Beatus homo, qui inuenit sapientiam, & qui affluit prudentia. Melior est acquisitio eius negociatione auri, & argenti primi & purissimi, fructus eius. Preciosior est cunctis opibus, & omnia quæ desiderantur, huic non valent comparari.* Talibus diuitiis hominem istum, de quo nunc sermonem, locupletandum verba, quæ posuimus, satis aptè demonstrant. Ait siquidem: *Pectus eius cibus erit egentibus, & lingua eius sedabit sitientes.* Metononimicè pectᵘ posuit pro sapientia, quæ in pectore continetur, id est, in corde, continens, videlicet, pro contento, hāc eius sapientiam dicit cibum fore & potum egentibus. Et addit: *Ex ore ipsius flumina manabunt, quæ arentes hominum fauces rigabunt.* Arentes hominū fauces, dicit, animas imbrem sapientiæ sitietes. De huiusmodi sapientiæ imbribus, fluminibusq́; ipsa,

Esai. e. 33.
vers. 6.
Proverb.
c. 10. vers.
20.
Ibid. c. 3.
vers. 2.

H 5   Dd

Ecclesiast. Dei sapientia dicit: *Si Dominus magnus voluerit,*
c.39.v.8. *spiritu intelligentiæ replebit illum,* id est, iustum. Et
ipse tanquam imbres mittet eloquia sapientiæ suæ. Col-
laudabunt multi sapientiam eius, & usque in seculum
non delebitur. Non recedet memoria eius, & nomen
eius requiretur à generatione in generationem. Talis
Rex fuit Dauid in populo Dei, vir vtique fortis & sapiens. Talis & Salomon, talis & ipse qui dicebat
Iob.c.29. *Cùm sederem, quasi rex, circumstante exercitu, eram*
vers.25. *tamen mœrentium consolator. Quando procedebam*
ad portam ciuitatis, videbant me iuuenes & abscon-
debantur, & senes assurgentes stabant, vocem suam
cohibebant duces, & lingua eorum gutturi suo adhæ-
rebat. Auris audiens beatificabat me, & oculus vi-
dens testimonium reddebat mihi, eò quòd liberassem
pauperem vociferantem, & pupillum cui non esset ad-
Vers.21. *iutor. Qui me audiebant, expectabant sententiam &*
intenti tacebant ad consilium meum. Expectabant
me sicut pluuiam, & os suum aperiebant, quasi ad
imbrem serotinum. Superueniet aper commercij, qui
dispersos greges ad amissa pascua reuocabit. Pectus
eius cibus erit egentibus, & lingua eius sedabit sitientes, ex ore illius flumina manabunt, quæ arentes hominum fauces rigabunt. Restat in his verbis, tantum
inquirere, cur aper commertii appelletur, nam cætera patent. Commercium dicitur, secundum nominis sui Etymologiam, quasi commutatio mer-
cium. Potest ergo nõ incõuenienter intelligi, quòd
regnum illud empturus sit, vel argenti vel auri pretio, vel terræ alterius commutatione, quòd in eodem regno non longè antehac, semel & iterum accidisse cognoscimus, in filiis Willelmi Nothi, qui
idem

dem regnum debellauit & cepit. Qui moriens noluit regnum relinquere primogenito filio suo Ruberto, eò quòd exosum eum haberet, sed dedit illud Willelmo Rufo, vix multorum precibus relicta Roberto Normannia. Vnde post morté patris, cùm Robertus regnum reclamaret, & bellum fratri inferre pararet, multorum ex Baronibus fauore, & auxilio fretus, qui grauiter ferrent ipsum patris ira exhaeredatum, cùm primogenitus esset, & Caesare dignus, vtpote miles strenuus, & nihilominus homo mansuetus & mitis, frater autem crudelis & feruus, quod nec vultu quidé abscondere posset. Tandem interuenientib. sapientibus viris, pax inter fratres composita est, vt rex ei comitatum Cenomannis acquireret, & Robertus ei regnum Werpiret. Iuratum est ergo vtrinque hoc pactum, & sacramento firmatum. Willelmo autem rege mortuo, cùm Henricus iunior regnum arripuisset absente praefato Roberto seniore fratre eorum, & in Hierosolymitana expeditione, in qua viribus & armis valdé claruit, commorante, cùm rediisset capta Hierosolyma, & pro regno, quo iustè fraudabatur, rediuiua denuò bella fratri intenderet, tandem interuenientibus sapientibus viris, immenso argenti pretio regni Diadema rex redemit. Et de hoc satis dictum, iam sequentia videamus. Sequitur enim: *Exin super turrim Londoniarum procreabitur arbor, quae tribus solummodo ramis contenta, superficiem totius Insulae latitudine foliorum obumbrabit. Huic aduersarius Boreas superueniet, atq; iniquo flatu suo tertium illi ramum eripiet. Duo autem residui locum extirpati occupabunt, donec alter alterum foliorum multitudine*

dine adumbrabit. Deinde locum duorum obtinebit, & volucres exterarum regionum sustentabit. Patri volatilibus nociuus habebitur, nam timore umbræ eius liberos volatus admittent. Multa simul posui, quorum sensus, vt mihi videtur, iste est. Londonia est ciuitas, quam primam omnium ciuitatum, in insula Brutus primus ibi Britonum Rex, super Tamesem fluuium fecit, eámque regni caput esse voluit, atque Metropolim. Turris itaque Londoniæ eminentiā illius regni significat. In turri ergò Londoniæ, vel secundum literam, vel secundum allegoriam, procreabitur arbor, quæ tribus solummodo ramis contenta, superficiem totius Insulæ latitudine foliorum obumbrabit, id est, in turri Londoniæ, secundum vtrunque sensum procreabitur rex, qui tres tantum filios habebit, qui insulam in tres partes sibi diuidentes, totam regni faciem suis principatibus occupabunt. Deinde veniet Boreas, id est, aliquis princeps an Aquilonari parte insulæ, qui vnum ex tribus eripiet, hoc est, interficiet, cuius terram duo residui obtinebunt. Simile quid contigit in filiis Bruti. Nam mortuo Bruto, tres rami eius, id est, tres filii eius inclytæ probitatis iuuenes, regnum inter se diuiserūt, ita vt Locrinus Loegriam, sicut supra diximus, Camber, Cambriam, hoc est, Walliam, Albanectus Albaniam, id est, Scotiam, obtineret. Illis autem concorditer regnantibus, venit inimicus Boreas, id est, Humber Rex Hunorum à Boreali parte, & commisso prælio cum Albanecto, eum interfecit. Cuius terram duo fratres obtinuerunt, sed tota tandem ad Locrinum peruenit. Quod autem hic dicitur, *quia locum extirpati rami*

duo

Liber IIII.

duo residui occupabunt, donec alter alterum filiorum multitudine adumbrabit, hoc est, donec potentior minus potentem magnitudine virtutis suæ, violenter adnihilabit, & locum duorum obtinebit. Porrò quòd addit: quia *volucres exterarum regionum sustentabis, patris verò volatilibus nocivus erit, quia timore vmbræ eius liberos volatus amittent*, sic intelligendum est, quòd indigenæ gentis & populi sui, vt sæpè fit, oppressor, & proscriptor erit, alienigenis verò munificus. Talis fuit in diebus suis Willelmus Rufus Rex Angliæ, de quo sæpiùs suprà fecimus mentionem. Cuius largitas totum pænè excitabat occidentem, ita vt ad eum conflueret omnes Cisalpini milites, quos profusissimè & vltra spem munerabat. Et cum talis in exteros esset, suis semper pessimus & formidabilis erat, divitum expilator, pauperum exterminator, sic largus, vt prodigus, sic magnanimus, vt superbus, sic seuerus, vt sæuus. Sequitur: *Succedet asinus nequitia in fabricatores auri velox, sed in rapacitatem luporum piger*. Asinus animal est stultum, & ignobile, indignis laboribus vel oneribus mancipatum. Fatuum ergò fore significat & inutilem hunc regni successorem, quem asinum nequitiæ vocat. Nequam enim propriè non iniquus dicitur, sed inutilis, nequam, id est, nec quisquam, id est, nullus, inutilis videlicet & infructuosus, & ipsa vita indignus. *Succedet asinus nequitia in fabricatores auri velox, sed in rapacitatem luporum piger*. Fabricatores auri sunt aurifices trapezitæ, quorum multæ sunt imposturæ & fraudes. In quas asinus nequitiæ velox erit, ad vlciscendum, fraudatores videlicet puniendo vel proscribendo, & corum bona diripiendo. At verò *in rapa-*

citatem

citatem luporum, id est, Tyrannorum, *piger*, eorum rapinas dissimulando, & sua dissimulatione fouendo, sicque terram furtis, prædationibus, latrociniis replendo. Deinde, addit nouitates quasdam rerũ, quæ præter consuetudinem, & solitum cursum naturæ, nec tamen contra naturam, in diebus asini nequitiæ fient. Ait siquidem: *In diebus illis ardebunt quercus per nemora, & in ramis tiliarum*, siue (vt in quibusdam libris habetur) oliuarum, *nascentur glandes*. Quod qualiter euenire possit, iuxta naturales rerum causas, & physicas rationes videamus. Multa enim secũdum naturam fieri possunt, quæ non fiunt, & si aliquando fiant, miraculo sunt hominibus, & in admiratione habentur, quia præter consuetum naturæ ordinem euenire videntur. Contingit ergo aliquando tempore æstatis, sole commorante apud nos, in Borealibus signis, vt aliquis planeta calidus & siccus, vt est, verbi gratia, Mars, cum sole sit in eodem signo, ex qua coniunctione duplicatur calor siccitasque æstatis, quæ similiter est calida & sicca, vnde tantus in terras descendit feruor, vt aliquando terra ex tali causa succendatur & ardeat, quod multi in diebus nostris vidisse se perhibent maximè in marescis & paludum locis, vbi omni humore aquarum, ardore solis ebibito & exhausto, terra manet arida & sitiens, & per rimas dehiscens. Quo aer à nimio solis æstu incensus & feruens, dum per nimia subtilitate sua facilè intrat ac penetrat, terramque illam ad instar spongiarũ cauernosam inueniens sese intromittit, suoq motu & calefactu eam incendit, & ardere facit. Poterit ergò fieri in diebus illis, vt tantus sit æstatis ardor,

Liber IIII.

dor, quatenus terra prædicto modo accensa & ardoris, vicina quoque ac proxima nemorum ligna incendat, vt ardeant. Quod vtique illis hominibus, qui tunc erunt, eò maiori miraculo erit, quò insuetum videbitur, & eatenus inauditum. Et hoc est, quod ait: *In diebus illis ardebunt quercus per nemora*, & addit, *& in ramis tiliarum nascentur glandes*. Potest & hoc iuxta naturæ leges fieri, licet fortasse nusquam factum sit. Quemadmodum enim diuersarum arborum surculi, quos vulgò graphias vocant, in alterius generis arboribus inserti coalescunt & crescunt, & sui generis fructus afferunt, sic non video, qua re similiter surculi quercuum mirinicis vel stipitibus aliarum arborum inserti non coalescant, & glandes afferant. Quod ideo nõ tentatur, quia ociosus & superuacaneus esset huiusmodi labor, quòd nulla inde vtilitas laborantibus proueniret. Multa enim iuxta naturã fieri possunt, quæ non fiunt. Erunt ergò in diebus illis homines aliqui otiosi, & curiosi, sicut multa hominum curiositas est, qui id experiri cupientes huiusmodi operi operam dabunt, vt nouitatis amatores & exquisitores, pro nouitatum suarum adinuentione, in admirationem inter homines habeantur. Quod si in ramis oliuarum glandes nascituras, sicut in nõnullis exẽplaribus inuenitur, legere maluerimus, erit & alius sensus præter illum, quem iam diximus literalem, sensus videlicet moralis, vt intelligamus ex oliuarum radicibus glandes nascituras, id est, ex optimis patribus, vt sæpe videmus filios degeneres, & sua radice indignos, vt quotidie fit, processuros. Oliua fuit Dauid, oliua fructifera in domo Dei, sed in ramis eius, id est, in filiis eius, id est, in filiis eius inuentæ sunt glandes, hoc est, fœtus ignobiles atque degeneres. Tales fructus protulit Adonias filius Agith, qui videns patrem suum lecto affixum, sine consensu & conscientia illius, fecit sibi currus & equites, & fuit illi sermo cum Ioab filio Saruiæ principe militiæ, & cum Abyathar sacerdote, qui adiuuabant partes Adoniæ, cum quibus immolatis hostiis, fecit clamare, viuat rex Adonias. Sic Absolon parricida pro oleis oliuarum, quercuum glandes attulit, cùm patrem ex regno expellere affectauit, & vitæ. Et ideò caput eius fugientis in quercu hæsit, & in figuram Iudæ proditoris inter cœlum terramque pependit, vtpote, qui indignus esset, quem vel cœlum reciperet, vel terra sustineret. Salomon quoq; candida, id est, amabilis Domini, post dulces & suaues fructus sapientiæ degenerauit in glandes, quæ est porcorum ac spurcorum, & immundorum spirituum cibus, cum alienigenarũ muliercularum illecebris victus, cum eis & pro eis dæmonibus immolando desipuit. Sequitur. *Sabrinum mare per septem ostia discurret, & fluuio Osca per septem menses feruebit. Pisces illius calore morientur, & ex eis procreabuntur serpentes. Frigebunt Badonis balnea, & salubres aquæ eorum mortem generabunt. Londonia necem xx. millium lugebit, & Tamesis in sanguinem mutabitur.* Istas adhuc rerum nouitates in insula Britanniæ, prædictis diebus, id est, regnante Asino nequitiæ, futuras esse prædicit. Quas licet simul posuerimus, non tamen simul nec subitò tractare debemus, sed per singula capitula singulas quasque distinguere & tractare,

nec

nec debita diligentia defraudare. Repetendum ergò à primo capitulo, & præmisso ordine procedendum. Sabrinum, inquit, *mare per septem ostia discurret*. Ostia fluminum dicuntur, vbi ipsa flumina intrant in mare. Ostia verò maris, sunt portus maris. Ostia maris, sinus maris. Ostia maris, sunt quidam secessus maris, quæ vulgò brachia maris vocantur, per quæ ipsum mare à proprii aluei cursu, aliorsum secedit, ad alias regiones. Porrò ostia maris, alia naturalia sunt, alia factitia, id est, humano labore & industria facta; sicut in pluribus locis antiquitus factum esse cognouimus. Et vt ea, quæ dicimus, ostendamus exemplo: Sequana est fluuius, qui & cursum suum, & nomen suum, vsque ad mare Oceanum seruat. Sed antequam ad illud perueniat, multa flumina minoris famæ & nominis, in se recipit, & recipiendo eis propria nomina aufert. Quibus fluminibus, si naturalis ille lapsus, in Sequanâ, qualicunque labore & opere tolleretur, vt per alios alueos ad illud mare deflecterentur, plura profectò haberet ostia, quàm habet modò. Sic ergò fortassis Sabrino æquori fiet. Est autem mare Sabrinum quidã Oceani sinus, qui Walliam claudit, ipsamq́; in quibusdã locis à Leogria diuidit, quæ nunc Anglia, vt supradictum est, appellatur. Sabrinum autem mare dicitur, à Sabrino fluuio, qui in ipsum decurrit. Porrò Sabrina vocabulũ habet, ab Abren filia Locrini, filii Bruti. Nam regnante Locrino, post mortem patris, Humber rex Hunnorum, cum ingenti classe applicuit in Albaniam, id est, Scotiani, & commisso prælio, cum Albanecto Rege Albaniæ, interfecit eum. Quo audito, Locrinus associato

I   ciato

ciato sibi Cambro, processit illi obuiam, ad vltionem fratris. Ille vero in fugam versus, peruenit ad quoddam flumen, in quod se præcipitauit, & mortuus est. Vnde & ipsum flumen Humbrum vocatur. Rapuerat autem Humber filiam cuiusdam regis Germaniæ Astrildem nomine, quæ nulli foeminarum secunda in pulchritudine videbatur. Quam cùm Locrinus in tantum amare cœpisset, vt eam sibi in vxorem copulare affectaret, repudiata propria sponsa Guendoloena, filia Corinei ducis Cornubiæ, sed timore eiusdem Corinei non auderet, fecit ei fieri quoddam subterraneum infra Londoniam, vbi eam inclusam familiaribus suis custodiendam commisit. Furtiuam autem cum ea Venerem exercens, genuit ex ea filiam, quē mater Abren nominauit. Mortuo autem Corineo, Locrinus Astrildem eduxit, & amota Guendoloena eam in reginam erexit. Vnde Guendoloena furens animi, & muliebri Zelotypia insaniens, adiuit Cornubiam, & collecto propriæ gentis exercitu, commisit prælium cum Locrino viro suo, circa fluuium Sturam. Vbi Locrinus sagitta ictus interit. Tunc illa regni gubernacula sumens, Astrildem riualem suam, & filiam eius Abron, iussit præcipitari in flumē, quod apud Gloceestriam currit, atque ad perpetuandam huius facti memoriam, ipsum flumen Abrinam, quæ nunc adiecta, S. litera Sabrina dicitur, appellauit. Explicito primo capitulo, in quo ait: *Sabrinum mare per septem ostia discurret*, videamus de secundo, quod adiunxit, dicens: *& fluuius Oscæ per septem menses feruebit. Pisces calore ipsius morientur, & ex iis procreabuntur serpentes*. Hæc omnia miraculo erunt

erunt omnibus, qui tunc erunt, & præter naturæ consuetudinem accidere videbuntur, vt flumina terræ, quæ synecdochicè per Oscam fluuium designantur, à parte videlicet totum, per septem menses feruaeant, & in tantum feruaeant, vt ex calore eorum pisces moriantur, cùm æstatis longitudo tribus solummodo mensibus terminetur. Iste est feruior, de quo superiùs diximus, qui tantus erit, vt terra inde succensa etiam vicina & proxima ligna nemorum apprehendat pariter, & incendat. Vnde ait: *In diebus illis ardebunt quercus per nemora.* Porrò consuetudinarium est naturæ, vt ex nimio feruore aquarum, aquæ minuantur, sicut & vrina, & propriam naturæ virtutem amittant & corrumpantur, vt ex earum corruptione pisces indigenæ moriantur. Omnis enim naturæ corruptio, vtentibus vertitur in corruptionem. Quod autem de solo Osca dicit, quia *per septem menses feruebit*, non est putandum, quod & aliæ insulæ flumina non sint similiter feruitura, cum sub eadem cœli plaga omnia habeantur, & pari modo, vel frigori obnoxia sint, vel calori, sed ideo fortassis, de ea tantummodo intulit mentionem, quia & si alia quoque parem sint passura feruorem, non tamen par erit in cæteris piscium mortalitas, aut similis ex mortuis piscibus serpentium procreatio. Est autem Osca fluuius prope Sabrinum mare, super quâ Belinus, fortissimus quondam Britonum Rex, condidit ciuitatem nobilissimam in diebus Assueri & Hester, quæ primò appellata est Caerluse, postea, vrbs Legionum vocabulum trahens à Romanis, quorum legiones ibi, & maximè hybernis temporibus commorari solebant

bant. Erat autem in Glamorglantia Metropolitana olim sedes, ac totius Demetiæ caput, amœno locorum situ, cùm ex vna parte haberet prædictum nobile flumen, ex alia pratis ac nemoribus pollens, taliaque habens palatia, vt Romę æmula videretur. Adueniente autem in insula Saxonica gente Pagana, & indigena Britonum natione deleta, destructa est, & ad nihilum penè redacta, ita vt paruissimi nûc oppiduli pręferre videatur imaginem. Seruat tamē antiquum adhuc vel ex parte nomen, vt Karlinum dicatur, quasi Karlegionum, quatuor literis in medio syncopatis. Kaer enim ciuitas, Britonum lingua vocatur. Quod autem dicit, quia ex mortuis piscib. Oscę serpentes procreabuntur; mirum quidem videbitur his, quib. huiusmodi creationis causa abscondita est & occulta; res tamen incredibilis non est, cùm per similia naturę opera, quę cognita nobis sunt, & in vsu habentur; ea quę recondita sunt coniicere, ac credere debeamus. Quis enim nesciat, quanta ex mortuorum animalium cadaueribus, alterius generis animalia procreantur? Verbi gratia, ex cadaueribus vitulorum & taurorum, nascuntur apes, ex morticinis asinorum, vespę. Non solum autem, sed etiam ex fimo equorū, Scarabęos nasci sub oculis habemus. De mortuis hominum cadaueribus, procreantur vermes: de viuentibus quoque pediculi nascuntur & lendes. Ait ergo: *Sabrinum mare per septem ostia discurret, & fluuius Osca per septem menses feruebit. Pisces calore illius morientur, & ex eis procreabuntur serpentes.* Quę quoniam a nobis prout melius potuimus elaborata sunt, ad sequentia transitum facimus.

Frige-

Frigebunt Badonis balnea, & salubres aquæ eorum mortem generabunt. Bladud Britonum Rex nonus à Bruto, ędificavit urbem in insula, tempore quo Ahab in Israel decem tribubus imperabat, & Iosaphat duabus in Iuda. Vocavit autem Baldud urbem, quam condidit Kaerbatum, nunc vero dicitur, Baldo, fecitq; in illa calida balnea, ad vsus hominum apta ac saluberrima, quę nunquam humano labore calefactari indigeant. Mechanica autem arte ea fecit semel supposito sulphure, & quibusdam aliis, quæ opus iudicauit, præfecitque eis numen Minerue. In cuius æde inextinguibiles posuit ignes, qui nunquam deficiebant in fauillas, sed cùm tabescere incepissent, saxeos vertebantur in globos. Hic ingeniosus admodum fuit, & Nigromantiam primus in regno Britanniæ docuit. Nec à præstigiis suis quieuit, donec paratis sibi alis volare tentauit, fabulam Dædali pro veritate amplexus, & siue mētis trepidatione, siue pondere corporis lapsus, super templū Apollinis infra vrbem Trinouantum, quæ nunc Londonia appellatur cecidit, & in frusta contritus, interiit. Balnea autem, quæ Badon fecit, duplicia sunt: Nam alia communia sunt ad vsus hominum, alia quæ dicuntur balnea Regis. Frigebunt ergo in diebus illis balnea istá, vtrum per se naturaliter, an destruenda ab hominibus violenter, incertum, nisi quod in eo quod addit, & salubres aquæ eorum mortem generabunt, innuitur per se, & nō aliunde corruptum iri: & sic corruptura vtentes, vt pro consuetis beneficiis morbos consequantur, & mortes. Corrupta namque corrumpunt, & quæ priùs dum incorrupta manerēt salutaria erāt, postmodum incipiūt esse mortiferæ. Talia balneorum fomenta ægris mortalibus apta in pluribus terrarū locis, à diuersis olim conditoribus elaborata fuisse scimus, de quibus nihilominus certum habemus, quod licet ex occulta vi sulphuris suppositi & substrati, quòd igneæ constat esse naturæ, multo tempore si aptè natura sine vllo humani laboris adminiculo ferbuerint, post longa tamen sæcula à pristino calore tepuerunt. Sicut verbi gratia, illa quæ apud Neapolim Campaniæ ciuitatem, tempore Augusti Cæsaris, mechanica arte fecit Virgilius, multis mortalium morbis vtilia, quæ iamdudum friguisse asserunt, qui viderunt & nouerunt. Nihil enim in humanis operibus indissolubile, vel æternum, sed mortalium facta simili conditione, necesse est, dissolubilia esse, & morti obnoxia, iuxta illud Horatii: *Debemur morti nos nostraq̃, siue receptus terra, Neptunus classes Aquilonibus arcet. Regiū opus, sterilisq́, diu palus aptaq́, remis, vicinas alit vrbes & graue sentit aratrum. Seu cursum mutauit iniquum frugibus annis, doctus iter melius mortalia facta peribunt*: id est, mortalium facta. Nam & regiū illud op⁹, thermas illas loquor, id est, calida balnea, quæ fecit Carolus Magnus, in loco illo, qui dicitur Aquisgrani, minùs solito iam feruere dicunt incolæ loci, propriis experimentis edocti, quamuis satis adhuc calida satisq́ feruentia. Hæc autem balnea, non tam præfatus Carolus Rex ibi fecit, quàm ab alio quodam Romano olim cœpta perfecit, quod ex nomine ipsius loci satis apparet. Dicitur enim oppidum illud Aquisgrani, à Grano præfato duce, fratre videlicet Agrippæ illius, qui in partibus illis

Horatius.

Colo-

Coloniam ædificauit, vel cepit. Vnde & ex nomine eius Colonia Agrippina denominatur. Frater itaque huius Agrippæ, prædictus scilicet Granus, cùm in præfato loco quosdam fontes calidos, mechanica arte elaborasset, & eos Carolus Magnus post quadringentos ferè posteà annos, dum ibi venatu ceruum prostrasset, inuenisset, occasione accepta, fecit in predicto oppido Aquisgrani, sua opera & impensa, balnea supradicta, humanis vsibus valde accommoda. Calefiunt autem aquæ ad huiusmodi balnea conficienda, ex natura sulphuris suppositi & substrati. Dicitur autem sulphur quasi sulphur, interposita H. Euphoniæ causa. Sulphur autem dicitur, quasi soli πῦρ, id est, ignis terræ. Natura eius in aquis feruentibus sentitur, nec alia res faciliùs accenditur. Est autem putidi odoris, sicut & aquæ inde feruentes. Fulgur quoque sulphureum habet odorem, & vbicunque fulmina cadunt, sulphureo fumant odore. Vnde Virgilius: *Æthereo late circum loca sulphure fumant.* Lucanus quoque: *Æthereoq́ nocens fulmauit sulphure ferrum.* Sulphur fomentum est ignis: Cuius quatuor sunt genera, vnum quod foditur, translucetque, & viret, quo solo Medici vtuntur. Alterum, quod Glifem appellant: vsibus tantum fullonis familiare. Tertium, liquor, cuius vsus ad lanas valet, quibus candorem & mollitiem præstat. Quartum, ad licinia maximè conficienda aptum. Sulphur nascitur in insulis Æoliis, inter Siciliam & Italiam. Est autem Sicilia cauernosa, sulphure ac bitumine strata, ventis pænè tota & ignibus potens, spirituque introrsus cum igni concertante multis sæpè locis fumum, vel vapores,

Virgilius Æn.

pores, vel flammas eructat, vel etiam vento acriùs incumbente, harenarum ac lapidum moles egerit.

Virgil. lib. 3. Æneid. Vnde Virgilius:

Interea fessas ventus cum sole reliquit,
Ignariq́; viæ cyclopum allabimur oris.
Portus ab accessu ventorum immotus, & ingens
Ipse, sed horrificis iuxta sonat Æthna ruinis.
Interdumq́; atram prorumpit ad æthera nubem,
Turbine fumantem piceo, & candente fauilla.
Attollitq́; globos flammarum, & sidera lambit:
Interdum scopulos auulsaq́; viscera montis
Erigit eructans, liquefactaq́; saxa sub auras
Cum gemitu glomerat, fundoq́; exæstuat imo.

Huius Æthnæ, quam Vulcaniam vocant, ad exemplum gehennalium ignium, tam diuturnum incendium, quod Æolidum insularum vndis dicunt nutriri, dum aquarum concursus spiritum secum in profundum rapiens, tamdiu suffocat, donec venis terræ diffusus fomenta ignis accendat. Hinc Scyllæi canes latrare finguntur, dum procul nauigantes vndarum fremore terrentur, quas sorbente voragine collidit æstus. Quinimò ad Prophetiæ ordinem, à quo longiùs, quàm sperauimus, digressi sumus, redeamus. *Frigebunt Badonis balnea, & salubres aquæ eorum mortem generabunt.* Et addit: *Londonia necem* XX. *milium lugebit, & Tamesis in sanguinem mutabitur.* Londoniam metonomicè pro ciuibus eius posuit, continens videlicet pro cōtento. Quæ figura loquendi vsitatissima est, in scripturis & secularibus & diuinis. Significat ergò bellum ferale, futurum in insula, tantamque hominum stragem, vt de solis Londoniæ ciuibus xx. milia sint

sint necanda, & Tamesis fluuius mortuorum cadaueribus redundare, & mutari in sanguinem videatur Sequitur: *Cucullati ad nuptias prouocabuntur, & clamor eorum in montibus Alpium audietur.* Hic, vt verum fatear, coartor è duobus, & quid eligam ignoro, reticere videlicet, an loqui, quod sentio. Nam & silentium pudor indicit, & susceptæ explanationis ordo silere non patitur. Quid igitur faciam? vt verbis beati Iob vtar: *Si locutus fuero, non* Iob. c.16. *quiescit dolor meus, & si tacuero, non ecedet à me.* verf. 6. Date veniam homini, qui & loqui confunditur, & tacere non potest. *Cucullati ad nuptias prouocabuntur, & clamor eorum in montibus Alpium audietur.* O confusionem, ò ignominiam! Volebam capitulum istud de industria præterire, sed quia insigne vaticinium est, & per multorum ora volitans, non est dissimulandi locus, ne furacior quàm veracior interpres inueniar. *Cucullati ad nuptias prouocabitur, & clamore eorum in montibus Alpium audietur.* O verbum erubescendum, potius quàm exponendum. Qui sunt enim Cucullati? Cuculla induti. Sicut enim à trabea, trabeati, à penula penulati, à paludamento, paludati, à toga, togati, à pileo, pileati, ab infulis, infulati, à mitra, mitrati, sic à cucullo, siue à cuculla cucullati dicuntur. Est autem cuculla, monachalis habitus, humilis & abiectus, quē sancti patres abrenunciantibus seculo, ad innocentiæ vel humilitatis indicium, ferre sanxerunt. Antonomasicè ergò, monachos cucullatorum nuncupatione significat, nolens eos proprio monachorū designare vocabulo, cùm de eis turpia & infausta spiritu prophetali in ventura retrò generatione denunciet.

nunciet, dicens: *Cucullati ad nuptias prouocabuntur,*
& cætera. Vides quomodo glorioso ac venerabili
quondam, atque à sanctis patribus instituto monachorum ordini pareat, dum rem turpissimam
& omni confusione plenam, non expresse ac nudè
proloquitur, sed honestioribus verbis ac verecundo sermone significat, illa vtens figura loquendi,
quā Charientismon oratores appellāt. Charientismos
namque est tropus, quo grauia dictu, vel fœda ac
turpia lenioribus verbis, vel quadam circumlocutione sermonum honestius proferuntur, vt est illud verbi gratia, in Genesi, quod Iacob ad Laban
auunculum suum causando expostulat, dicēs: *Nonne pro Rahel seruiui tibi? Quare imposuisti mihi?* Vno
nempe lenissimo atque leuissimo impositionis nomine grauissimam fraudulentæ subreptionis iniuriam sibi factam, substomachando causatur. Sic &
Apostolus in Epistola ad Romanos, rem abominabilem atque fœdissimam, verecunda quadam circumlocutione significat, dicens: *Nam & fœminæ
eorum naturalem vsum immutauerūt in eum vsum,
qui est contra naturam.* Ita & hic quoque rem omni
obprobrio & dedecore plenam, honestioribus verbis palliando cooperit, dicens: *Cucullati ad nuptias
provocabuntur, & clamor eorum in montibus Alpium audietur.* Quibus verbis profectò insinuat cucullatos, quos & ego proprio nominare vocabulo
verecundor, ad tam effrænatam etiam in oculis hominum corporis incontinentiam defluxuros, vt eos
vltra mortales ferre, nec velint nec possint, vel eorum flagitia fornicationes & adulteria execrantes,
vel pro suis vxoribus & filiabus, propinquis & notis hu-

Genes. c.
29 vers.
25.

Paul. ad
Rom. c. 1.
vers. 26.

tis humano furore zelantes. Vnde & infelices illos ac miseros cucullatos ad nuptias prouocabunt, id est, nubere cogent, quatenus deposito ac mutato sancto habitu, quo non sanctè abutuntur vxores accipiant, sintque vnusquisque vna contenti, ab alienisque abstineant, nec per varios vagosque concubitus & amplexus bestiali more lasciuiant. At miselli illi & miserabiles illius sæculi cucullati, siue cõfusionis suæ pudorem, siue necessitatis impositæ violentiam non ferentes, sed aduersus coactionem opprimentium reclamantes, ad Romani Pontificis audientiam appellabunt. Et hoc est, quod addit: *Et clamor eorum in montibus Alpium audietur.* Instar namque Euangelici illius villici, fodere nescientes, mendicare erubescentes, non libenter accipient, sacrum deponere habitum (sub cuius obtentu ecclesiasticis beneficiis gratuitò & absque labore suo pascuntur, impinguantur, dilatantur(vxores accipere, curam domus habere, filios procreare, in sudore vultus sui sibi, & filiis victum elaborare de terra, aut cum eis ostiatim miserabiliter mendicare. Venit mihi nunc in mentem sanctus ille Vitalius, quem pro sola suspicione licet falsa, infamis ac detestabilis vitæ Alexandrini quondam homines ad nuptias prouocabant, sacrumque habitum ac monachale schema deponere, ac mutare cogebant. Hic namque beatus cum esset, de monasterio Abbatis Seridonis in omni virtute ac sanctitate conspicuus, venit Alexandriam volens experimento probare, sanctus Iohannes Eleemosynarius Alexandrinæ Ecclesiæ venerabilis Patriarcha, vtrum facile de alienis hominum conuersationibus iudicaret. Construxit itaque

Lucæ c. 16. vers. 3.

itaque sibi in prædicta ciuitate modicam cellam, iuxta Ecclesiam quandam vbi maneret, ac manibus laboraret. Cœpit autem facere rem hominibus quidem execrabilem, Deo autem & Angelis gratam atque spectabilem. Nam omnes meretrices ciuitatis conscriptas apud se habebat, & vbi singulæ manerent diligenter inquisierat. Ibat autem per singulas, & de labore suo quæsitos tres aut quatuor nūmos, singulis offerebat, dicens: Dona mihi hāc noctem, vt cum alio non forniceris, sed dormias mecum. Itaque intrans vespere officinas eorum, tota nocte in geniculis stabat, & orabat pro eis, spectantibus & trementibus illis. Manè verò egrediens, adiurabat illas, & per ipsius Domini nomen contestabatur, ne opera sua delegerent. Vna autem ex eis cùm eum populo publicasset, dicens, eum virum iustum & sanctum, nihilq́; commune cum meretricibus habere, sed eas à peccato fornicationis tali occasione abstrahere, & totis noctibus pro eis Dei misericordiam exorare, arrepta est à Dæmonio, & diu grauissimè vexata. Vnde & dicebant ei aliqui: O infelix & misera, reddidit tibi Deus quod meruisti, quia mentita es de pessimo illo monacho, dicens eum immunem à crimine, cùm sit omnium flagitiosissimus, & omnibus immunditiis sordens. Multæ autem meretricum illius conuersatione compunctę, à fornicatione cessabant, vel maritos accipientes, vel continenter de cætero viuentes, vel etiam Heremos expetentes. Beatus verò Vitalius interea non cessabat ab opere, quod agebat, ita vt cum tota die in opere manuum laborasset, appropinquante vespera, dicere sibi, audientibus cunctis, qui aderant,

rant, & qui introitum & exitum eius curiosius obseruabant. Domine monache, solue opus tuum, quia domina illa te expectat. Imminebant itaq; illi, & instanter vrgebant, vt mutato habitu vxorem acciperet, cum se continere nō posset, ne per eius abominabilem & detestabilem vitam, nomen Domini blasphemaretur, & sanctus ordo monachorum in infamiam & despectum veniret. Quibus ille quasi iratus, respondebat: Quis vos constituit iudicem super me? Vnum iudicem habemus, ante cuius tribunal stabimus omnes, vt referat vnusquisque digna pro meritis. Pensate de vobis. Vt quid pro me solliciti estis, cum pro peccatis meis rationem reddituri non sitis? Qui vult scandalizari, scandalizetur, quia quod suadetis non faciam, vt vxorem ducam, & curam domus habeam, patiarque malos dies & amaras noctes. Hæc à nobis necessariè in exemplum adducta, hunc in præsenti opusculo teneant locum. Sunt enim prolata in mediũ ad dandam intelligentiam prædicti capituli, quomodo videlicet & quare cucullati ad nuptias prouocabuntur, non pro sola vtique suspicione, aut specie mali, sine culpa videl. & actione peccati, vt beatus quondam ille Vitalius. Alioquin clamor eorum nequaquam in montibus Alpium audietur, nec ad Romanum appellarent Antistitem, quatenus tali suffragio eis liceret, quod monachis nunquam iuxta Canones & decreta Ecclesiastica licet, hoc est, & habitum monachalem cum monasterii beneficiis retentare, & nihilominus ea, pro quibus ad nuptias prouocandi sunt, & quæ dictu turpia sunt, actitare. Nunquid enim prædictus ille sanctus Vitalius, cùm

eum

cum Alexandrini homines pro sola coniectura, & similitudine peccati, sacrum habitum deponere, & vxorem accipere compellebant, ad summi Pontificis audientiam appellabat, & non magis sub omnipotentis Dei oculis, qui omnia intuentur, quæ illi cogebant, vel suadebant, liberè refutabat. Et nolite mirari, tam sanctæ quondam religionis homines, à tanta olim animæ & corporis integritate, in tetam carnis incontinentiam infrænes ac præcipites euasuros, quos iam videmus in diebus nostris, à tanta quondam austeritate vitæ, ad tantam ventris & gutturis intemperantiam, si dicere ausim, quod verum est, defluxisse. Nam sicut ventris intestina ac genitalia membra proxima sunt loco atque vicina, sic gastrimargia & filia eius Luxuria, contubernales sunt, & sibi cohabitant. Et si Hieronymo fides etiam in hac parte adhibenda putatur, venter distentus epulis & potionibus irrigatus, facilè spumat in libidinem, subit ad coitum. Sed hæc Hieronymo relinquamus, cui libera veritatis professio, multorum scabiosam habentium cōscientiam consciuit odia, concitauit inuidiam, quoniam vt quidam sapiens ait: *Veritas odium parit.* Officium parat amicitiam. Nemo tamen, & qui ordinē sacrum in veritate diligat, aut Hieronymo aut alii cuilibet indignandum iustè putabit, si quicunque ille fuerit ordinem amans & laudans, corruptionem eius ac vitia quæ exordinati homines in ordinem per custodiam ordinis, id est, Abbatum in curiam induxerunt, reprehendat acdoleat. Multa quippe fiunt in ordine, quæ non sunt de ordine. Nam quomodo de ordine esse putanda sunt, quæ contra ordinem fiunt?

Terent. in Andr.

fiunt? Nullus quippe ordo, quippiam inordinatum admittit. Alioquin ordo, iam non est ordo. Si qui vero sunt illi, qui aduersus eos, qui exordinationes, quæ in ordine contra ordinem fiunt, iure mouentur, & ex amore fraternitatis atque ipsius ordinis reprehendunt, irrationabiliter indignantur, ipsi se produnt, qui ordinem in veritate non diligant, cuius exterminium ac ruinas dolere ac plangi ab ipsius ordinis amatoribus nolunt. Iam enim per homines gulæ illecebris nimiùm indulgentes, ad hoc in pluribus monasteriis, gloriosus ille quondam ordo, qui primus in Ecclesia fuit, & à quo ipsa Ecclesia coepit in Apostolis, iam, inquam, ad hoc deuenit, vel potius corruit, vt si qui in eis sobrietatis amatores, ac sectatores esse voluerint, Manichæi putentur: parsimonia, hypocrisis appelletur, parcitas, auaritia nominetur, taciturnitas, rusticitati ascribatur: At contrà Gastrimargiam, discretionē appellant, noui Euangelii prædicatores, garrulitatem affabilitatem dicunt, prodigalitatem, libertatem, cachinnationes, ac derisiones, vrbanitates ac cortesias. Sumptuosos equorum fastus, honestatem: preciosos vestium cultus, munditiam. Quis ordinem sanctum in exordio suo, ad tantam dissolutionem & ignauiam crederet ruiturum? O quanta dissimilitudine distant nostri sæculi eucullati, ab illis quibus Ægyptiaca olim deserta florebant, ita vt in eis impletum spiritualiter videretur illud Isaiæ vaticinium: *Lætabitur deserta Esaiæ & inuia, & exultabit solitudo, & florebit quasi lilium. Germinans germinabit, & exultabit lætabunda & laudans. Gloria Libani data ei, decor Carmeli & Saron. Ipsi viderunt gloriam Domini, & decorem*

Dei

Dei nostri. Et cætera, quæ sequuntur in hunc modum. Qui cùm se cæteris temporibus inuicem ex amore Dei, & fraterna caritate reuiserint, cum tanto desiderio Alimoniam spiritus ab inuicem expectabant ac percipiebant, vt corporis escas in vltimis partibus ponentes, imò à memoria penitus excludentes, per integrum plerunque diem, ieiunis ventribus, sed mentibus bene acceptis, atq; optimè pastis permanerent. Sic illi. Nunc autem conuenientibus vobis in vnum, iam non est Dominicam cœnam manducare. Hoc est verbum Domini vel requirere, vel docere. *Paruuli petierunt panem*, ait Ieremias. At nunc temporis panem animarum tam non est qui petat, quam *nō inuenitur, qui frangat*. Proinde, vt dixi, imò Apostolus, conuenientibus vobis in vnum, iam non est Dominicam cœnam manducare. Ad aliud quippe conuenitur, ad commessationes videlicet & potationes, & nugas, & fabulas, ad cachinnos & risus, ita vt inter prandendum quoque non regulare silentium teneatur, non saltem oris grauitas custodiatur, sed quātum fauces excellentioribus cibis oblectantur, tantùm aures prurientes, scurrilibus verbis, risuinque mouentibus inexplebili auiditate pascuntur, iuxta illud Iuuenalis in Satyra: *Hic nullus verbis pudor, aut reuerentia mensa, hic turpes cybeles, & fracta voce loquendi libertas, & crine senex fanaticus albo. Heu quomodo obscuratum est aurum, mutatus est color optimus: dispersi sunt lapides sanctuarij in capite omnium platearum. Filij Sion inclyti & amicti auro primo, quomodo reputati sunt in vasa testea, opus manuum figuli? Sed & lamia*, id est, moniales, vel potius dæmoniales, *nudauerūt mammam*

Paul. 1.
Corinth.
11. vers.
21.
Ierem.
Thren. c.
4. vers.
4.

Iuuenalis.

Ierem.
Thren. c.
4. vers. 1.

...mam, lactauerunt catulos suos. Timent videlicet etiam, propter votum virginitatis, seu castitatis antiquæ legis, maledictionem incurrere, steriles condemnantes, & quæ non reliquerint semen in Syon, & domesticos in Hierusalem. Pro nihilo autem dicunt canticum nouum, quod solis virginibus canere conceditur, & his qui cum mulieribus non sunt coinquinati, beati videlicet eunuchi, qui seipsos castrauerunt propter regnum Dei, quorum infecunditatem, dico autem carnis, non spiritus, Dominus per Isaiam taliter consolatur, dicens: *Non dicat eunuchus, ecce ego aridum lignum, quia hæc dicit Dominus Eunuchis, qui custodierint sabbata mea, & elegerint, quæ ego volui, & tenuerint fœdus meū: Dabo eis in domo mea, & in muris meis locum, & nomen melius à filiis & filiabus, nomē sempiternum dabo eis, quod non peribit, Cucullati qd nuptias prouocabuntur.* Quidni? *Melius est enim nubere, quàm vri,* sicut Paulo videtur. *Cucullati ad nuptias prouocabuntur,* hoc est, vxores accipere compellentur. At illi videntes, quid ex hoc sibi, non solum miseræ confusionis, sed etiam duræ necessitatis immineat, vt videlicet monachalem habitum, qui nuptiis omninò non conuenit, abiiciant, ac per hoc monasticos reditus ac beneficia, quibus gratuitò & absque labore suo pascuntur, amittant, ac de cætero in sudore vultus sui, iuxta illius antiquæ maledictionis elogium, victum sibi & vxori ac filiis de terra conquirant, nuptias pertinaciter refutabunt, & compulsores suos ad summi Pontificis audientiam, appellabūt. Et hoc est quod dicit: *Cucullati ad nuptias prouocabuntur, & clamor eorum in montibus Alpium audietur.*

Esaiæ 6. 56. v. 3.

1. Corinth. c. 7. v. 9.

K EXPLA-

EXPLANATIO-
NVM IN PROPHETIAM
Merlini Ambrosii, Britanni:

LIBER QVINTVS.

TRES fontes in vrbe Wintonia erumpẽt, quorum riuuli insulam in tres portiones secabunt. Qui biberit de vno, diuturniori vita fruetur, nec super venienti languore grauabitur. Qui bibet de altero in desinenti fame peribit, & in facie eius pallor & horror sedebit. Qui bibet de tertio subitanea morte periclitabitur, nec corpus ipsius poterit subire sepulchrum. Tantam ingluuiem vitare volentes, diuersis tegumentis eam occultare nitentur. Quæcunque ergo moles superiecta fuerit, formam alterius corporis recipiet. Terra namque in lapides, lapides in ligna, ligna verò in cineres, cinis in aquam, si superiecta fuerint, vertentur. Ad hæc ex vrbe Canuti nemoris eluminabitur puella, vt medelæ curam adhibeat. Quæ vt omnes artes inierit, solo anhelitu suo fontes nociuos siccabit. Exinde vt sese salubri liquore refecerit, gestabit in dextera sua nemus Calidonis, in sinistra verò murorum Londoniæ propugnacula. Quacunque incedet, passus sulphureos faciet, qui duplici flamma flammabunt. Fumus ille excitabit Ruthenos, & cibum sub marinis conficiet. Lachrymis miserandis manabit ipsa, & clamore horrido replebit insulam.

Inter-

LIBER V.

Interficiet eam ceruus decem ramorum, quorum quatuor aurea diademata gestabunt. Sex verò residui in cornua bubulorum vertentur, quae nefando sonitu tres insulas Britanniae commouebunt.

Vintonia, est vna de nobilissimis ciuitatibus Britanniae, quas condidit Hudibras Britonum Rex, regnante in Iudea Roboam filio Salomonis. Fuit autem iste Hudibras octauus à Bruto. Itaque *in hac vrbe Wintonia tres fontes erumpent*, in diebus asini nequitiae, *quorum riuuli insulam in tres portiones secabunt, Qui bibet*, inquit, *de vno diuturniori vita fruetur, nec superueniente languore grauabitur. Qui bibet de altera indeficienti fame, & in facie eius pallor & horror sedebit. Qui bibet de tertio subita morte periclitabitur, nec corpus eius poterit subire sepulchrū*. Haec verba, quae magnis obscuritatibus inuoluta esse videntur, nimisque recondita, primo diligenter ac pedetentim attentanda sunt & scrutanda, vtrum iuxta literae sonum tale aliquid ex natura, atque in natura fontium, vel aquarum accidere possit. Deinde, si iuxta literam nullus nobis exitus inueniri potuerit, tunc ad allegoricos & mysticos intellectus confugiendum erit, quorum in volucris totā constat huius libri superficiem adopertam. Et quidem de naturis & diuersitate fontium vel aquarum, mira & penè incredibilia referunt historiae, non solum gentilium, sed & nostrorum, quae omnia si velim proferre in medium, antè me tempus, quàm exempla deficient. Proferam tamen pauca de pluribus. Refert Beatus Augustinus, in Epyro esse fontem, in quo faces ardentes si immergas, iuxta naturam omnium fontium & aquarum exstinguuntur. Si verò exrò extinctas, contra naturam omnium fontium & aquarum illicò reattenditur. Dicit & de alio fonte, qui est apud extremos Garamantes, quod sit in die tam frigidus, vt tibi non possit, & ita sub nocte calidus, vt non valeat tangi. Quod vtrunque quis non stupeat, ac miretur, præsertim cùm terra illa, sub ardentissima cœli plaga iaceat, vtpote proxima ac vicina torridæ Zonæ, ita vt indigenæ gens, id est, Garamantes, propter intolerabilem solis ardorem male dicere, perhibeantur solis auctorem? Sed & in Alisma regione perhibet esse fontem, aliàs quidem quietum, cùm siletur. At si desuper vel propè ipsum insonuerint tibiæ, statim exultabundus ad cantum eleuatur, atque in sublime subsaltat, quasi vocali dulcedine delectatus atq; pellectus.

In Dacia est fons, sicut nobis perhibent, qui viderunt, & probauerunt, homines reuerendi & sancti, in quem si pannum immergas, statim lapis efficitur, ita vt si non totum immergere volueris, sola pars immersa in lapide conuertatur, cætera vt pannus fuerat, ante remaneat.

In Sardinia est fons, qui furta detegit: quia cùm is, qui furti accusatur, & inde bibere gratia cognoscendæ veritatis compellitur, si reus fuerit, mox vt biberit, excæcatur. Quod cùm sæpè audissem ab aliis, nec credere possem, quæsiui à fratre Conano illustri quondam in seculo viro, & iudice ipsius Sardiniæ, nunc autem monacho Claræuallis, an ita esset. Qui in veritate ita esse respondit.

In Historia quoque Romanorum de fontibus & stagnis, & fluuiis Hyberniæ mira, & omni admiratione digna leguntur. Dicitur ibi esse fons quidam,
à quo

à quodam stagno semper quinque pedibus distans, quantumcunque illud crescat, & aluei sui metas excat, vel quantumcunque excrescat & reddat. Est ibi & alius fons, cuius potus canum facit haurientem, capillis & pilis in canitiem alteratis. Est & alius in eadem insula, qui visus ab aliquo statim vehementissimos imbres de coelo ruere facit, qui cessare non ante acquiescunt, donec oblatio sancta Deo fuerit immolata. Est & alius, qui cum visus fuerit ab homine sanatiuo, & in sospite diu victuro, quasi laetabundus saliendo & applaudendo assurgit. Cùm ab homine aegrotatiuo, vel in breui morituro perspicitur, subsidit penitus, nec loco mouetur. Est & ibi aqua, in qua si quis corpus suū lauerit, fit leprosum.

Est & ibi stagnum quoddam, in quo ligna immissa, & dimissa, post septem annos inueniuntur, transisse in lapides. Iuxta Gelonium stagnum duo fontes esse perhibentur: de altero quorum si mulier biberit in faecunda, & quae prolem habere non potest, suscipit faecunditatem, & cōcipiendi virtutem: de altero autem, si faecunda hauserit, faecunditatem perdit, & sterilis perseuerat, de caetero.

Quodque ad rem, quam habemus in manibus, magis pertinere videtur, est in Sicilia lacus quidam, in quo est ara, quae vadosa disparat à profundis. Et vadosa quidem salubria sunt atque innocua, profunda autem, pestifera & nociua, ita vt si quis manum immiserit, statim emoriatur, nec amplius cōualescat.

Sic & in Hybernia duo fontes habentur, breui interuallo ab inuicem disparati, tanta autem dissimilitudine à se inuicem differentes, vt alter corū haustus interimat haurientem, alter verò vitam conseruet, vtpote innocuus ac salubris. Cum igitur tantæ diuersitates fontium, stagnorum ac fluminum, non solùm in historiis gentilium, sed & nostrorum legentur, cui iam incredibile videatur, & in Wintonia tale quid fieri posse, quatenus videlicet tres in ea fontes ex intimis & occultis terrarum cataractis, de nouo scaturiant, & erumpant, nullis ante retrò generationibus visi, quorum riui extensi in flumina, insulam Britanniæ in tres diuidant portiones, tantáque ab inuicem dissimilitudine distent, vt qui de vno biberit diuturniori vita fruatur, nec superueniente languore grauetur: qui autem de altero biberit indeficienti fame pereat, & in facie eius pallor & horror sedeat: qui verò de tertio biberit, subita morte periclitetur, ita vt nec corpus ipsius possit subire sepulchrum. Nam nouos quidem fontes ex subterraneis aquarum meatibus de terra erumpere, quos nulla retro viderit ætas, non est nouum, cùm multa hominum millia, in multis terrarum locis, talia sæpè numerosè vidisse testentur. Hæc pro literæ sensu à nobis dicta sufficiant. Ego autem subliterali inuolucro, longe altiorem quendam intellectum, inuolutum esse non dubito. Aquarum nomine in scripturis homines designati, pauci qui dubitant, iuxta illud: *Beatus qui seminat super omnes aquas, immittens pedem bouis & asini.* Quod quidem iuxta literæ sibilum, falsissimum esse quis vel nisi pientissimus facilè non aduertant, cùm sint aquæ multæ & flumina ac torrentes, alueorum suorum metas & terminos frequentissimè excuntes, ita vt sata & segetes suffocent ac necent, terrámque palustrem

Esaias 0.
32. v. 20.

lustrem ac sterilem reddant. Et ideò qui in talibus culturis seminauerint, fructuum expectatione frustrati, non se in hac parte beatos æstiment, sed potius infelices, vtpote qui suam omninò perdiderint & operam & impensam. Sed & in eo quod ait, immittens pedem bouis & asini, contra legis edictum loqui videtur, cùm lex prohibeat in boue & asino simul arandum. Quia ergò iuxta exteriorem literæ sonum, stare non potest, quod dicitur: *Beatus qui seminat super omnes aquas, immittens pedem bouis & asini*, alius nobis quærendus est, in his sapientiæ verbis, intellectus, verus & probabilis, atq; ipsa Dei sapientia dignus. Sunt enim aliæ quædam aquæ, de quibus in Apocalypsi Angelus Dei loquitur, ad Iohannem, dicens: *Aquæ quas vidisti, populi sunt, & gentes, & linguæ*. Et bene humanæ vitæ cursus aquis decurrentibus ac transeuntibus comparatur, quia fluunt ac transeunt vniuersa, quæ hominum sunt, & ætates, & actus, & res, iuxta illud Poëtæ:

Apocal. c.17.v.15.

Debemur morti nos nostraq́; siue receptus
Terra Neptunus classes aquilonibus arcet.
Regis opus sterilisq́; diu palus aptaq́; remis,
Vicinas vrbes alit & graue sentit aratrum.
Seu cursum mutauit iniquum frugibus amnis,
Doctus iter melius mortalia facta peribunt, &c.

Horat. in arte.

Et alius quidam Poëta:
Optima quæq́; dies vita mortalibus ægris
Prima fugit, subeunt morbi, tristisq́; senectus,
Et labor, & duræ rapit inclementia mortis.

Virgil.

Bene, inquam, vita hominum aquis labentibus assimulatur, quia vt sapiens quidam ait: fluit omne

K 4 quod

quod tenemus, neque fluxa habent recursum. Qui iam proni in senium, & quasi silicernia esse conspicimur, vbi est illa, quæ quondam fuit, infantia nostra? Defluxit ac transiit. Vbi est pueritiæ nostræ gratia? Defluxit & transit. Vbi est adolescentiæ flos, vbi iuuentutis decor, vbi virile robur? Omnia defluxerunt, non reuertentur. Vnde sapiēs illa mu-

2. Regum c. 14. v. 14. lier Thecuitis, in libro Regum loquitur, ad Dauid dicens: *Omnes morimur, & quasi aqua dilabimur in terram, quæ non reuertuntur.* Sunt igitur homines aquæ labentes, atq; fluentes, super quas seminanda sunt semina verbi Dei, sicut contulit ipsius sapientia Dei, *beatus,* inquiēs, *qui seminat super omnes aquas.* Viderit enim Deus, quid de seminum prouentu eueniat, nam seminanti perit nihil, nec est quod vereatur debita se mercede frustrandum, dicente Apostolo: *Vnusquisque mercedem accipiet secundum suum laborem.* Illa enim beatitudine est donandus, qua fidelis seruus & prudens quem constituit Dominus super familiam suam, vt det illis in tempore tritici mensuram. Vnde alius quidam sanctorum audet, & dicit: *Qui docti fuerint, fulgebunt vt splendor firmamenti, & qui ad iustitiam erudierint plurimos, quasi stellæ in perpetuas æternitates.* Propterea & sapientia Dei consulit, dicens: *Mitte panem tuum super aquas transeuntes, quia post multa tempora inuenies illum.* Quod si quis & stolidus iuxta literam intelligere velit ac facere, & locutio falsissima est, & actio ipsa stultissima. Quorum sapientiæ Dei neutrum attribui potest, sine grandi blasphemia. Quid enim stultius quàm sedere aliquem super aquas transeuntes, & mittere in eas pa-

nem

nem suum, & ibi expectare, donec panis ipse per omnia orbis terrarum flumina, & maria deportatus, ex alia mundi parte tandem, aliquando redeat ad locum, vbi fuerit missus, vt iterum à mittente inueniatur, & recipiatur? Quò faciliùs Iordanem fluuium denuò conuerti retrorsum, aut mare rubrum iterum diuidi in diuisiones. Sed sunt aliæ aquæ, quas non ego, sed angelus interpretatur, populus & gentes, & linguas, vt ante iam dixi. Super huiusmodi aquas beatus, qui mittit panem suum, cibans eas pane vitæ & intellectus, quia reuera post multa tempora inueniet illum, in resurrectione, videlicet, in nouissimo die, in refectione animarum sanctarum, vbi iusti epulantur, & exultant in conspectu Dei, & delectantur in lætitia, edentes & bibentes super mensam Christi in regno eius, sicut ipse promisit, inebriati ab vbertate domus Dei, & torrente eius voluptatis potati. Proinde cum dixisset Salomon: *Mitte panem tuum super aquas transeuntes, quia post multa tempora inuenies illum*, secutus adiunxit & ait: *Da partes septem, nec non & octo.* Septenarius numerus, qui honorabilis est apud Hebræos, & sanctus, non solum propter septimanam sabbati, sed & propter alia multa & magna, quæ cōtinet sacramenta, ad vetus pertinet Instrumentum, Octonarius autem, qui venerabilis apud nos, & sacratus, propter octauam Dominicæ resurrectionis, ad nouum respicit testamentum. Debet itaque fidelis dispensator & prudens, quem constituit Dominus super familiam suam, vt det illis cibum in tempore tritici mensuram dare aquis trāseuntibus, hoc est, hominibus mortalibus atque labentibus septe-

K 5 nerios

narios atque octonarios panes, id est, vtriusque testamenti paginis instruere populum Dei, vt sit scriba doctus in regno Dei, similis homini negotiatori, qui profert de thesauro suo noua & vetera. Concinunt enim noua veteribus, & vetera nouis. Vnde & duo Cherubin versis vultibus in propitiatorium mutuò se respiciunt, consona voce clamantes: *Sanctus, sanctus, sanctus Dominus Deus exercituum, plena est omnis terra gloria eius.* Porrò duo Cherubin, duo significant testamenta, sicut visum est maioribus nostris, quæ vnum atque idem continent & loquuntur, licet alterum apertè, alterum inuolutè. Sicut nouum fœdus in veteri continetur & clauditur; sic Vetus per Nouum Testamenti scriptura, veteris obscuritatem elucidat, sic illius auctoritas noui fœderis dicta confirmat. Vnde dicitur. Sapientiam antiquorum exquisierūt sancti Euangelistæ, & Prophetarum dictis narrationem suam confirmauerūt. His licet prolixius, quàm speraui, non tamen omninò superfluè, vt puto præmissis, ad euidentiam eorum, quæ nūc de Merlino habemus in manibus, consequens est, vt iam instructiores ad interpretationem literæ veniamus. Quod igitur ait: *tres fontes in vrbe Wintonia erumpent, quorum riuuli insulam in tres portiones secabunt*: quantum intelligi datur, iste est sensus, in prædicta ciuitate Wintonia tres regii nascentur infantes, siue ex supradicto Rege, quem asinum nequitiæ appellauit, siue ex alio, aliisve parentibus, qui cùm adoleuerint, & seruata fontium metaphora, quasi in riuos fuerint dilatati, insulæ dominatum in tres diuident principatus. Tale quid in regno eodem in tempore Britonum, & postea re-

LIBER V.

ex regnantibus Anglis multoties accidisse, certissimum est, his qui eorum historias non ignorant. Deniq; mortuo Bruto, qui primus regnauit in Insula, tres filii eius, Locrinus videlicet, Camber & Albanectus, in tres portiones regnum patris secuerunt, vt superius dixisse me memini, ita vt Locrinus, quia primogenitus erat, Loëgriam cum corona regali acciperet: Camber autem Cambriam, quam nunc Wallia appellatur: Albanectus verò Albaniã, quam nunc Scotiam vocant. Sic postea Locrini nepotes, ex filio suo Mancipio videlicet & Malim, defuncto patre suo Madan, in duas partes, regnum patris inter se diuiserunt. Et quoniã, vt ait Lucanus, *Lucanus. dum terra fretum terramq; lenabit aer, dum longi voluerit pytana labores, neq; diem cælo totidem per signa sequentur, nulla fides regni sociis, omnisq; potestas impatiens consortis erit, nec gentibus vllis credite: nec longè fatorum exempla petantur: fraterno primo maduerunt sanguine muri, nec pretium tanti tellus pontusq; furoris, tunc erat ea quam, dominos commisit asilum.* Orta inter fratres pro regno discordia, Mampricius Malim ad colloquium vocans, quasi pro pace tractanda, inter collocutores eum vt nefandus patricida, ac proditor interfecit. Sed non impunè. Nam quadam die cùm venationem faceret, seccssit à sociis ad quandam conuallem, vbi à multitudine rabiosorum luporum circumdatus, iustas fratri reddidit in ferias, miserrimè deuoratus à lupis, eo tempore, quo Saul in Iudæa regnabat. Sic postea Cunedagius & Marganus consobrini, cùm idem regnum partiti fuissent, cœperunt inter se præclari pro regno, tandemque Cunedagius Marganum in

prouin-

prouincia Cambriæ interfecit. Vnde & ipsa regio vsque hodie Margan appellatur. Sic postea Porrex & Ferrex fratres, regnum illud inter se diuiserunt, sed orta inter eos pro eiusdem regni ambitione discordia, Porrex Ferrerem occidit. Sed non in longum gauisus, violatæ pietatis pœnas exsoluit. Nam mater eorum de morte filii, quem amplius altero diligebat inconsolabiliter dolens, cepit versare animo quomodo mortem eius in alterum vindicaret. Nacta itaque tempus, quo ille dormiret, aggreditur illum cum ancillulis suis, & in plurimas sectiones dilacerauit. Sic postea duo filii Dumuallonis Belinus & Brennius, cum mortuo patre regnum in duas sibi portiones diuisissent, insurrexerunt alter in alterum, feralibus odiis compugnantes. Nec quieuerũt à præliis, donec Belinus fratrem regno expulit. Iste est Brennius, qui paterno expulsus regno, in Galliam nauigauit, ibique accepta filia regis Burgundiæ cum regno eius, assumpsit Senones Gallos secum, Romamque petiuit, obsedit & cepit, in diebus Assueri & Hester. Sic postea duo filii Seueri Regis, Bassianus & Geta, pro eodem regno implacabili discordia inflammati, pugnam inuerunt, in qua interfecto Geta, Bassianus violato iure naturæ, regni monarchiam solus obtinuit. Et hæc omnia à regnatibus adhuc in insula Britonibus euenerunt, vt toties regnum in plures diuideretur hæredes. Non solum autem sed & Britonibus pulsis à patrio solo, atque in nemoribus Waliæ clausis, cùm cepissent regnare Saxones Angli in regno non suo, anno videlicet Dominicæ incarnationis DCLX. in plures tamen Reges diuisa est terra, vnius quondam Coronæ per

Liber. V

sæpe per CCC. & eò ampliùs annos vsque ad tempora Ethelstani, qui monarchiam totius insulæ solus obtinuit. Cepit autem regnare anno Dominicæ incarnationis DCCCXXIIII. Nunc ad Prophetiæ seriem reuertamur. Nemo autem succenseat, si pro vtilitate & eruditione legentium, & maximè eorum, qui historiam vel non legerunt, vel in vsu non habent, susceptæ explanationis occasione tanta de historiis atteximus, vt solennem interpretis modum, & gratas compendiosè breuitatis metas excedere videamur. *Tres in Vrbe Wintonia fontes erumpent, riuuli Insulam in tres portiones secabunt.* Hoc est, vt diximus, in prædicta ciuitate nascentur infantes, qui cum adoleuerint, & quia in fluuios tres iuxta datum de fontibus similitudinem fuerint deriuati, totiús Insulæ regnum, in tres sibi diuident principatus. Verùm magna à se inuicem & morum & actuum dissimilitudine, multaq; diuersitate distabunt. Nam vnus eorum, tanquam vir bonus & sapiens, culterq; iustitiæ & pacis amator, gentē suam cum multa diligentia & æquitate tractabit. Vnde tam ipse quàm populus sibi subiectus profunda pace fruetur, & quasi longiori vita gaudebunt incolumes, ita vt nullo bellorum languore grauati, nullo tumultuum turbine intercepti, Parcarum fila, ante statuas viuendi metas, abrumpere compellantur. Et hoc est, quod ait: *Qui bibet de vno diuturniori vita fruetur, nec superuenienti languore grauabitur.* At verò secundus insipienter vniuersa dilapidans, & quasi in Barathrum quoddam stultæ prodigalitatis effundens, nullamq; in posterum rei familiaris prouidentiam gerens, semper in egestate
manio-

manebit, & tam ipse, quàm sibi coessentes jugi omnium bonorum penuria & fame tabescunt. Sic enim multi per insipientiam & vecordiam suam, de amplissimis possessionibus, ad ignominiosam devenient inopiam. Hoc enim satis apertè significat, quod subiunxit, dicens: *Quidlibet de altero indeficienti fame peribit, & in facie eius pallor & horror sedebit.* Porrò tertius, inimicus pacis, & bellorum amator erit, ita ut populum sibi subiectum subita internicione faciat interire, & communi honore sepulturæ, ut multoties in rebus bellicis accidere solet, in morte carere. Quod manifestè insinuat, cùm dixit: *Qui bibit de tertio, subita morte periclitabitur, nec corpus ipsius poterit habere sepulchrum.* Tanta videlicet erit occisorum multitudo, ut superstites non sufficiant ad corpora mortuorum humanda sequitur. *Tantam ingluviem vitare volentes, diversis tegumentis eam occultare nitentur.* Hæc juxta metaforam fontium semel positorum loquitur. Solent enim fontes, cùm veneno intoxicati, & inde nocivi atque mortiferi fuerint comprobati, iniecta atque accumulata terrarum, lapidumq́; materia oppilari; sicut verbi gratia, in eadem insula Britanniæ legimus accidisse. Cùm enim in urbe Verolamij Vtherpendragon lecto infirmitas affixisset, miserunt Saxones illò legatos in paupere habitis, qui statum curiæ diligenter explorasent. Qui cùm totum esse palatij curiosissimè didicissent, inter cætera compererunt unum, quod proditioni ipsius prædegerunt. Erat prope aulam fons nitidissimæ aquæ, quam potare solitus erat, cùm omnes alios liquores, pro infirmitatis magnitudine abne abhorreret. Fontem igitur nefandi proditores aggressi, infecerunt eum veneno. Vt ergo inde solito bibit, statim extinctus occubuit. Succubuerunt & post eum centum circiter homines, donec fraude comperta cumulum terræ desuper posuerunt. Sicque completa est prophetia Merlini Ambrosii, qua ait ad Vortegirnum. *Interfecto Hengisto coronabitur Aurelius Ambrosius. Pacificabit nationes, restaurabit Ecclesias, sed veneno deficiet. Succedet ei germanus suus Vtherpendragon, cuius dies anticipabuntur veneno. Aderunt tantæ proditioni posteri tui, quos aper Cornubiæ devorabit.* Sic ergò fontes illi superius dicti, secundus videlicet & tertius cùm mortifera eorum ingluvies pestiferaque contagio fuerit patefacta, multis tegumentis eos occultare nitentur, id est, eorum cursum inhibere ad delere dominium. Sed nequicquam, quia omnis eorum conatus in contrarium cedet. Hoc est enim, quod sequitur: *Quacunq; moles superposita fuerit, formam alterius corporis recipiet.* Hoc est quicquid conanimis ac laboris assument, ad obturandos ferales fontium cursus, in contrarium convertetur. Vnde exépli caussa, subiungit. *Terra namq; in lapides, lapides in ligna, ligna in cineres, cinis in aquam, si superiecta fuerint, convertentur.* Hæc juxta literæ superficiem nullo lege naturæ fieri possunt. Et quidem terra in lapides, physica ratione verti possunt, sunt enim lapides ossa terræ. Similiter & ligna per vetustatem carie demolita atque corrupta in cinerem, hoc est, in pulverem convertentur. Pulvis enim aliquando cinis vocatur, vt ibi: *Memento quia cinis es, & in cinerem reverteris*, id est, in pulverem. Porrò

lapides

lapides in ligna, aut cineres in aquam posse converti, nulla naturalis ratio docet. Est itaque metaphorica ac figurata locutio, qua ait: *Tantam in gluviem vitare volentes, diversis tegumentis eam occultare nitentur.* Quacunq; igitur moles superposita fuerit, formam alterius corporis recipiet. Terra namq; in lapides, lapides in ligna, ligna in cineres, cinis in aquam si su; erjecta fuerint, vertentur. Quorum, vt ostendi, verborum hæc interpretatio est. Quibuscunque modis lethales fontium secundi videlicet, tertiique meatus oppilare nitentur, in contrariū ibit, quemadmodum si terra superjecta in lapides convertatur, lapides in ligna, ligna in cinerem, cinis in aquā. Sequitur: *Ad hæc ex vrbe Canuti nemoris eliminabitur puella, ut medelæ curam adhibeat Quæ ut omnes artes inierit, solo anhelitu suo fontes nocuos siccabit.* Antonomasicè urbem istam, non ex propria appellatione, sed ex accidenti, id est, ex nemore adjacenti designat; quod Canutum nemus antiquitus appellatum, nunc alio fortassis nomine vocaturum. Ex hac igitur urbe eliminabitur, id est, educetur puella, multis maleficiorum imbuta generibus, & potenti virtute verborum armata, quatenus tantorum malorum remedio medelam impendat arte sua, noxios fontes obturans & siccans, quod alii nullis rerum machinamentis, nullo prorsus conamine facere queant. Deniq; sequitur: *Quæ ut omnes artes inierit, solo anhelitu suo fontes nocuos siccabit.* Quibus verbis insinuat puellam istam, potenti arte verborum incantationumq; carminibus id acturum. Sic enim Marmaridæ psylli venena serpentum, morsu corporis humanis infusa, anhelitu suo cohibent,

bent, ne per corporis membra latius diffundantur. Habitat autem istud hominum genus in extremis finibus Libyæ, terra serpentibus plena, qui tamen mixta serpentibus, nulla serpentium peste læduntur, adeo ut non sua tantum contenti salute, alienigenam etiam gentem si supervenerit, & serpentiũ virus admiserit, medicaminibus suis peste depulsa, Pristinæ sospitati restituant. Quod & Romuleæ genti quondam contigit experiri, cùm videlicet interfecto Pompejo, Cato Romanum per illas regiones ductitaret exercitum, atq; in id locorum subito incedisset, sicut proprius eorum Poëta Lucanus, luculentis versibus explicat, dicens:

Lucanus.

Finibus extremis Libyæ gens unica torras
Incolit, à sævo serpentum innoxia morsu,
Marmaride psilli per lingua potentibus herbis,
Ipse cruor tutus, nullumq; admittere virus,
Vel cantu cessante potest, natura locorum
Iussit, ut immunes mixti serpentibus essent.
Profuit in mediis sedem posuisse venenis
Pax illis cum morte data est fiducia tanta
Sanguinis, in terram parvus cum cecidit infans,
Ne qua sit externæ veneris mixtura timentes,
Letifica dubios ea plorant aspide partus,
Vtq; Iovis volucer calido cum protulit ovo,
Implumes natos solis convertit adortus.
Qui potuere pati radios & lumine recto
Sustinuere diem, vitæ servantur in usum,
Qui Phœbo cessere, iacent, sic pignora gentis
Psillus habet, si quis tactos non horruit angues,
Si quis donatis lusit serpentibus infans
Nec solùm gens illa sua contenta salute,

L   Ixem-

Excubat hospitibus contraq́; nocentia monstra.
Psillus adest populis, qui tunc Romana secutus,
Castra, simul statui iussit tentoria ductor,
Primum qua valli spacium contendit harenas,
Expurgat cantu, verbisq́; fugantibus angues.
Vltima castrorum medicatus circuit ignis,
Sic nos tuta viris, at si quis peste diurna,
Fata trahit tunc sunt magica miracula gentis,
Psillorumq́; potens & rapti pugna veneni,
Nam primum tacta designat membra saliua,
Qua cohibet virus, retinetq́; in opere pestem.
Plurima tunc voluit spumanti carmina lingua,
Murmure continuo nec dant suspiria cursus.
Sæpe quidem pestis nigris inserta medullis,
Excantata fugit, at si quod tardius audit.
Virus & elicitum visumq́; exire repugnat.
Tunc super incumbens pallentia vulnera lambit,
Ore venena trahens, & siccat dentibus artus,
Extractamq́; tenens gelido de corpore pestem,
Ex cuius virus morsu manauerit anguis.
Iam promptum psillis vel gustu nosse veneni,
Hoc igitur leuior tandem Romana iuuentus,
Auxilio, late squalentibus exstat manus.

Hæc à nobis dicta pro eo, quod dictum est, puellam illam solo anhelitu fontes nociuos siccaturam, in præsenti opusculo hunc teneant locum. Nec mirũ puellam illam quæcunque illa erit, tam potentibus efficacibusq́; artibus imbuendam, cum plenæ sint scripturæ & seculares & nostræ, huiusmodi testimoniis, quæ videlicet de phytonicis, ac magicis, nigromanticisq́; carminibus fœminarum loquuntur, quibus homines vel dementat vel interimunt.

Quæ

LIBER V.

Quæ si omnia velim proferre in medium, ante me dies quàm exempla deficiant. Ponam tamen aliqua pro eruditione legentium. Virgilius in quarto Æ- *Virgilius* neidos Didonem inducit taliter cum sorore sua loquentem.

*Testor cara Deos, & te germana tuumq́,
Dulce caput, magicis in vitam accingier armis.*

Et de alia quadam maga ad eandem sororem suam loquitur, sperans arcano illius carmine, ab impatienti quo ardebat amore solvendam, ipsamq́; amoris flammam, qua miserabiliter depascebatur, in suum Amasium retorquendam.

*Hæc se carminibus promittit solvere mentes,
Quas velit, est aliis duras immittere curas,
Sistere aquam fluviis, & vertere sidera retrò,
Nocturnosq́; ciet manes, migrare videbis
Sub pedibus terram, & descendere montibus
   ornos.*

Sic in Bucolica aliam quandam introducit, quæ à proprio spreta marito, magicis artibus & sacrificio Veneri facto, amoris sui incendium retorquet in conjugem suum, & se contra illum indurat. Ait itaque ad consciam maleficii sui anticillulam suã.

Effer aquam, & molli cinge hæc altaria vitta,   *Virgil.*
Herbenasq́; adole pingues, & mascula thura.   *Eclog. 8.*
*Coniugis his magicis sanos avertere sacris
Experiar sensus, nihil hic nisi carmina desunt.
Ducite ab urbe domum, mea carmina ducite
   Daphnim.*

*Carmina vel cælo possunt deducere Lunam,
Carminibus Circe socios mutavit Vlyssis:*

L 2   *Frigidus*

Frigidus in pratis cantando rumpitur anguis.
Ducite ab urbe domum, mea carmina ducite
    Daphnim.
Terna tibi hæc primum trpilici distincta colore,
Licia circundo, terq́; hæc altaria circum,
Effigiem duco, numero Deus impare gaudet.
Ducite ab urbe domum mea carmina ducite
    Daphni.
Nec te tribus nodis ternos Amarylli colores.
Nec te Amarylli modo & Veneris, dic, carmine
    necto.
Ducite ab urbe domum mea carmina ducite
    Daphnim.
Limus ut, hic durescit & hæc, ut cera liquescit,
Vno eodemq́; igni sic nostro, Daphnis amore.
Ducite ab urbe domum, mea carmina ducite
    Daphni.
Sperge molla, & fragiles incende bitumine lauros.
Daphnis me malus urit, ego hanc in Daphnide
    laurum.
Ducite ab urbe domum, mea carmina ducite
    Daphnim.
Telis amor Daphnim, qualis cum fessa iuvencum,
Per nemora atq́; altos quærendo bucula lucos.
Propter aquæ rivum viridi procumbit in ulua
Perdita, nec seræ meminit decedere nocti.
Talis amor teneat, nec sit mihi cura mederi.
Ducite ab urbe domum, mea carmina ducite Da-
    phnim.
Has olim exuvias mihi perfidus ille reliquit.
Pignora cara sui, quæ nunc ego limine in ipso.
Terra tibi mando debent hæc pignora Daphnim.
                                    Ducite

Ducite ab urbe domum, mea carmina ducite Daphnim.
Has herbas atq; hæc ponto mihi lecta venena,
Ipse dedit Mœris nascuntur plurima ponto.
His ego sæpè lupum fieri & se condere sylvis
Mœrim, sæpè animas imis exire sepulchris,
Atq; satas, alio vidi traducere messes.
Ducite ab urbe domum, mea carmina ducite
Daphnim.
Fer cineres Amaryllis foras, rivoq; fluenti
Tráſq; caput iacet, ne rèspexeris. His ego Daphnim
Aggrediar nihil ille Deos, nil carmina curat.
Ducite ab urbe domum, mea carmina ducite
Daphnim.
Aspice corripuit tremulis altaria flammis.
Sponte sua dum ferre moror, cinis ipse, bonum sit.
Nescio quid certè est, & Hylax in limine latrat.
Credimus, an qui am: ant ij si sibi somnia fingunt
Parcite ab urbe venit mea, parcite carmina
Daphnis.

Legitur in historia Anglorum, quod tempore VIII. Leonis Papæ duæ mulierculæ in strata publica, qua itur Romam uno manerent tugurio, uno imburæ maleficio, quibus nihil bibacius erat, nihilq; putidius. Hæ hospitem, si quando solus superveniret, vel equum, vel suem, vel quodlibet aliud animal videri magicis artibus faciebant, mercatoribusque venum proponebant, nummos inde acceptos abligurientes: Fortè ergo quadam nocte quédam ephebum, qui moribus histrionicis victum sibi exigeret, excipientes hospitio, asinum videri fecerunt, magnum suis emolumentum habentes commodis

L 3   asinum,

asinum, qui transeuntium detineret oculos, mirabili spectaculo gestuum. Quocunque enim modo præcepissent anus, movebatur asinus. Non enim amiserat intelligentiam, etsi amisisset loquelam. Multum itaque quæstum conflaverant vetulæ, undique confluente hominum multitudine, ad spectandas asini ludos. Fama vicinum divitem advocavit, vt quadrupedem non paucubi nummis in suos usus transferret, admonitus, ut si perpetuum vellet habere Histrionem, arceret eum ab aqua. Custos ergò appositus, mandatum sedulò exequebatur. Asinus quando temulentia dominum in gaudium excitasset, convivas iocis suis lætificabat. Sed sicut rerum omnium fastidium est, paulatim dissolutiùs haberi cæpit. Quapropter incautiorem nactus custodiam, abrupto loco effugiens in proximū locum se proiecit, & diutiùs in aqua volutatus, figuram sibi humanam restituit. Custos ab obviis sciscitatus, illumque vestigiis insecutus, interrogat, an vidisset asinum. Refert ille se asinum fuisse, modò hominem, omnemque casum exponit. Miratus famulus ad dominum detulit, dominus ad apostolicum Leonem sanctissimū, Convictæ anus idem fatentur. Dubitantem Papam confirmat Petrus Damianus, vir admodum literatus, non mirum, si hæc fieri possunt, productoque exemplo de Simone Mago, qui Faustinianum in Simonis figura videri fecit, instructiorem, de cætero in talibus reddidit eum.

Vide Guilielmū Malmesburi- Fuit in diebus Gregorii sexti Romani Pontificis, in Anglia fœmina quidam', dives quidem & bene nata, sed in maleficiis fœminarum nulli secunda,

sicut

ſicut vitæ eius exitus declarauit. Erat autem malis *enſem lib.*
imbuta artibus auguriorum non inſcia, gulæ & lu- *2 de geſtis*
xuriæ dedita, nullum flagitiis moderationis aut *Regū Ang.*
temperantiæ fræ num imponeris Hæc cùm quadā *pag. 81.*
die pranderet, corniculam quam in delitiis domus
habebat, vocalius ſolito neſcio quid cornicantem
audiuit, ſtatimque cultellus de manu eius cecidit,
vultus expalluit, altosque gemitus imo de pectore
trahens, hodie, inquit, ad ultimum ſulcum meum
peruenit aratrum; hodie audiam, & accipiam gran-
de incommodum. Cum hoc dicto nuncius miſe-
riarum introiuit. Qui percunctatus à domina, quid
ita vultuoſus veniret; Affero, inquit, tibi ex villa
illa, (& nominauit locum) per auinam domus tuæ
filii tui interitum, cum tota familia tua, quæ ibi
cum filio tuo erat. Quo rumore perculſa & ſaucia,
decubuit, Sentiensque morbum percepere ad vita-
lia, ſuperſtites liberos monachum, & ſancti monia-
lem pernicibus inuitauit epiſtolis. Quos, cum ve-
niſſent, voce ſingultiente alloquitur. Ego filii,
quodam meo miſerabili fato, dæmoniacis ſemper
artibus inſeruiri: ego vitiorum omnium ſentina,
ego illecebrarum magiſtra. Erant tamen inter tot
mala mihi ſpes religionis veſtræ, quæ miſeram pal-
pabat animam meam, licet deſperatam, vosque
proponebam propugnatores aduerſus dæmones &
tutores. Nunc igitur quia ad mortem urgeor & pro-
pinquo, & illos habeo exactores in pœna, quos ha-
bui ſuaſores in culpa, rogo vos, per materna ubera
ſe qua in vobis fides, ſi qua putos, ut mea ſaltem
curetis alleuiare ſupplicia. Et de anima quidē ſen-
tentiam prolatam non reuocabitis, corpus autem
L 4 forſitan

forsitan hoc modo servabitis. Cum mortua fuero, insuite me in corio cervino, & in sarcophago lapideo supinate, operculum ferro & plumbo constringite. Super hæc lapidum tribus cathenis ferreis magnis circumdate. Quinquaginta Clerici psallant noctibus tribus, circa pheretrum meum, & totidē presbyteri tribus similiter diebus missas celebrent, contra feroces dæmonum excursus mitigandos. Ita si tribus diebus corpus meum in sarcophago permanserit illo, quarto infodite me miseram matrem vestram in cemiterio: quanquam vereor, ne diffugiat terra ipsa suo me sinu recipere, quæ toties, immundiciis & maleficiis meis, contaminata est, & corrupta. Mortua est ergò infelix muliercula, & quæ mandaverat omnia per ordinem sunt expleta. Sed, proh nefas! nil lacrimæ profuerunt, nil vota, nil preces. Tanta siquidem erat & mulieris malitia, & dæmonum violentia. Primis enim duabus noctibus, cum chori clericorum circa corpus psallerent, singuli dæmones ostium Ecclesiæ obseratū, duas Cathenas levi negocio confringentes rapuerunt, mediaque operosius elaborata erat illibata. Tertia verò circa gallicinium, strepitu advenientiū dæmonum, omne monasterium à fundamentis moveri visum est. Vnus cæteris & vultu terribilior, & statura procerior, januas majore vi convulsas, in fragmenta deiecit. Diriguerunt omnes, steteruntque comæ, & vox faucibus hæsit. Inclamatoq; nomine, ut surgeret, imperavit. Qua respondente, quod nequiret præ vinculis, solveris inquit, sed malo tuo. Statimque cathenam nullo conamine, ut filum stupeum rupit. Operculum tumbæ depulit

pede,

pede, apprehensamque manu palàm omnibus ab Ecclesia extraxit. Vbi præforibus equus niger superbum hinniens stabat, uncis ferreis per totum tergum protuberantibus. Super quos misera imposita mox ab oculis intuentium cum toto sodalitio disparuit. Audiebantur tamen clamores per quatuor fera miliaria, miserabiliter suppetias orantis. Augustinus quoque in libro, de ciuitate Dei, XVIII. cùm de huiusmodi malignis artibus multa disputasset, tandem sub interrogatione intulit, dicens: *De ista ludificatione dæmonum quid dicemus, nisi de medio Babylonis esse fugiendum. Quantò enim in hac infima potestatem eorum maiorem videmus, tantò tenacius medicatori est inhærendum, per quem de infimis ad superiora transcendimus, ubi nihil habent potestatis. Si enim dixerimus, inquit, ea non esse credenda, non desunt etiam nunc, qui eiusmodi quædam, vel certissimè se audisse, vel etiam expertos esse affirment.* Et addit. *Nam & nos*, inquit, *cùm essemus in Italia, audiebamus talia, quod videlicet quædam stabulariæ mulieres illius terræ solitæ essent viatoribus, quibus vellent vel possent, venenum quoddam in caseo dare, vnde in iumenta illicò vertebantur, & necessaria quæq; portabant, postq; perfuncta opera, iterum ad se redibant. Nec tamen in eis mentem fieri bestialem, sed rationalem humanamq; seruari. Porrò illa onera si vera sunt, portantur à dæmonibus, partim vera corpora, partim iumentorum falsa cernentibus.* Atque in consequentibus dicit idem Augustinus: *Hæc ad nos non quibuscunq; quibus credere indignum iudicarem, sed illis referentibus peruenerunt, quos nullo modo putare, nus fuisse mentitos.* Sicut &

D. Augustinus de ciuit. Dei lib. 18.

L 5 Apuleius

Apuleius de aureo asino.

Apuleius in libris suis sibi accidisse conscripsit, ut accepto veneno asinus & sibi & aliis videretur. Nec tamen naturas dæmones creant, cùm tale aliquid faciunt, sed specietenus quæ à vero Deo sunt, creata, immutant in aliud, ut videantur esse, quod non sunt, humano animo non mutato. Cui nostræ assertioni astipulatus etiam Boëtius, in libro de consolatione Philosophiæ: ubi loquitur, de famosissima illa maga Circe, quòd socios Vlyssis in bestias mutaverit, ita tamen ut licèt humanam formam perdidisse viderentur, humanam tamen rationem & mentem integræ retinerent. Ait enim:

Boëtius de consol. Philosoph.

Naritij ducis & vages Pelago rates, Eurus appulit insula, qua pulchra residens Dea, solis edita semine, miscet hospitibus novis tacta carmina pocula, quos in varios modos, vertit Herbipotens manus. Hunc aprifacies tegit, ille Mermoriscus Leo, dente, crescit & unguibus: hic lupis nuper additus, flere dum parat, ululat: ille tigris us Indica, Tecta mitis obambulet. Sed licet variis malis, Numen Arcadis alitis, obsitum miserans ducem, Pestem solverit hospitis, iam tamen mala remiges ore Pocula traxerant. Iam sues creali glande pabula verterant. Et nihil manet integrum, voce & corpore perditis, sola mens stabilis, super monstra quæ patitur gemit, ò levem nimisum manu. Non potentia gramina. Membra quæ valeant licèt, Corda vertere non valent. Intus est hominum vigor, Arce conditus abdita. Nec venena potentia detrahunt hominem sibi. Dira quæ penitus meant.

Licet autem dixerim, huiusmodi dæmonum præstigias specietenus fieri, sanctis tamen ac spiritualibus viris, & in fide Domini nostri Iesu Christi,

LIBER V.

per omnia confirmatis, tali santasmate, nullo genere queunt illudere: quatenus ea quæ non sunt, faciant apparere, sicut multa probant exempla, quæ in scripturis sanctis facilè ad manum studiosus ac diligens quisque lector poterit invenire. Nam cùm, verbi gratia, Simon Magus Faustiniano maleficis quibusdam succis, quibus faciem suam linierat, suam impressisset imaginem, & ille ad filios suos, clemētem scilicet, Faustum Faustinúmq; rediisset, illi verò vocem quidem patris agnoscerent, sed Simonis vultum, tanquam diaboli perhorrerent, eiulantes & flentes, ad novas in patre fantasticæ delusionis præstigias. Petrus dicebat, se de Simone nihil omninò videre in illo; sed Faustiniani & vocem audire, & vultum videre.

Sic & in Vitis Patrum legitur, quia concupiscēs uxorem proximi sui, volensq; eam sibi in matrimonium copulare, si à viro suo fuisset quacunque occasione dimissa, locutus est ad quendam maleficum offerens ei multa, & si hoc efficere posset in puella illa, ut vir eius ipsius consortium exhorreret, sicq; dimitteret. Quid plura? Mutavit eam magus in equam speciētenus corporis, humana mente & ratione retenta. Quæ tribus diebus ac totidem noctibus in lecto jacuit, absque cibo; omne alimentā præ dolore ac confusione aspernans. Itaque nec panem ut homo, nec fœnum ut iumentum ligabat. Quam parentes loro ligatam, ut tale animal ligari solet, perduxerunt ad Beatum Macharium in heremo latitantem, miserabiliter flentes & eiulantes, quòd tali dæmonum ludibrio filiam perdidissent, obsecrantes hominem Dei, ut fusis ad Deum precibus,

cibus, eam in pristinum reformaret. Fratres quoq; ex cellulis suis ad tale spectaculum confluentes, mirabantur & stupebant, quòd tali dæmonum arte puella in pecudem immutari potuerit. Ad quos Macarius, verè inquit, vos pecudes estis, qui pecudem vos videre pulatis, nam de pecude nihil in ea conspicio, sed virum unum & fœminas duas hic astantes video. Quo dicto, duxit eam in cellulam suam, eamq; benedicto oleo ungens, pristinæ figuræ restituit.

Similiter in monte Cassino, monachi cùm terrã foderent, reppererunt idolum Æneum. Quod cùm ad horam in coquinam projecissent, statim visus est ignis de eo exire, totumque coquinæ ædificium concremare. Turbati itaque cœperunt afferre aquam, ad extinguendum incendium & in ignem jactare. Quorum strepitu beatus Benedictus admonitus, accurrit, ignemq; in discipulorem oculis esse, sed in suis non esse considerans, oratione præmissa, iussit, ut oculos suos signarent, & sic ab eis omne diaboli fantasma depellerent. Fecerunt ergò, quod iussit, & statim impletum est in eis, quod ipse promisit.

Simili modo signa, quæ magi Pharaonis Ioannes & Mambres cum Mose altercantes, per Ægyptiacas incantationes, & arcana quædam verborum, faciebant, vel facere videbantur, virgas videlicet vertere in serpentes, aquas in sanguinem, ranas quoque producere, non in veritate facta, sed fantasticè fieri visa crediderim. Et hoc quidem eatenus, quatenus eos omnipotēs Dei virtus permisit. Quod ex hoc vel maximè patet, quia cùm longè maiora, minora

minora facere nequiuerunt, id est, cyniphes de terra
producere: sed dixerunt, *Digitus Dei est iste*, hoc est,
solus Deus id facere potest.

Quid de Pytonissa illa loquar, quæ nigromanti-
ca arte ad præceptum Saul, animam Samuelis re-
uocauit ab inferis, ut eum sua fata doceret, quòd 1. *Reg.*
videlicet in crastino, in montibus Gelboë mortem 28.
obiturus esset, & ad inferos descensurus. Verùm
quia tantæ auctoritatis scripturæ fidē derogare nō
possumus, ex alio latere incredibile omninò videtur in anima tanti viri, dico autem Samuelis, tantum pythonicis licuisse carminibus, aliam potiùs
quamcunque animam, vel certè dæmonem nigro-
manticis incantationibus advocatum, in specie Samuelis apparuisse, nostri credidere majores. Talis
fuit & Pythonissa illa in actibus Apostolorum, quæ
tantum Dominis suis diuinando præstabat quæstum. Quæ prosecuta Paulum clamabat: *Homines*
isti serui Dei excelsi sunt, qui annuntiant vobis viam *Actor.*
salutis. Et conuersus Paulus ad eam, Pythonem spiri- 16.
tum, qui in ea erat increpans, præcepit vt exiret ab ea.
Et factum est ita.

Verùm si mutationes corporalium rerum, quæ
magicis artibus in diuersa corpora, variasq; figuras
fieri videntur, specietenus magis, quàm in veritate
fiant, sicut beatus asserit Augustinus, quid dicemus
de incantationibus, vel carminibus illis, quæ non
solo visu, & aspectu fantastico corpora mutant, sed
ea per laruales quasdam effigies, quas vultulos, vel
inanias seu in anulos vulgus appellant, vel diutur-
nis incurabilibusq́ue languoribus vexant, vel etiam
necant? Quod etiam de illis, quæ in cordibus hominum

minum tantum diriſſimæ poteſtatis exercent, vt ea in libidines, & amores mulierum, aut virorum infanire faciant, ac miſerabiliter deperire. Sicut verbi gratia, legitur in vita magni Baſilij, quia ſenator quidam Proterius nomine, cùm filiam ſuam Deo in monaſterio quodam fœminarum cōſecrare diſponeret, inuidens inimicus, vnum de ſeruis ſuis incendit ad puellæ amorem.

Qui non auſus paſſionem ſuam aperire, alloquitur magum quendam, & quid pateretur, aperuit, multum ei promittens auri, ſi eius auxilio concupitis fruceretur amplexibus. Cui ille: O homo, inquit, ego in id non præualeo. Sed ſi vis, mitto te ad meū procuratorem diabolum, & ipſe tuam perficiet voluntatem, ſi tamen ſcripto abrenūcia veris Chriſto. Quod cùm infelix ſe facturum promiſiſſet, ait maleficus: Si in hoc paratus ex literis, cooperator tibi fiam. Et fecit Epiſtolam, quam miſit diabolo, in hæc verba. Quoniam quidem, mi domine, oportet me feſtinare, & quos potuero à Chriſto abſtrahere, & ad te attrahere, vt multiplicetur pars tua, miſi tibi hunc cum literis meis cupiditate in puellam exarſum, poſtulans, vt ſuo per te deſiderio potiatur, vt & in iſto glorier, & cum omni alacritate cong regem placitores tuos. Dauſq; illi Epiſtolam, dixit: adc,& tali hora ſta ſuper monumentum gentilis, & exalta cartā in aëre, & ſtatim aderunt, qui te ad diabolum ducant. Et factum eſt ita. Acceptis igitur literis, diabolus ait: Credis in me? Et ille, Credo. Abnegas Chriſtum? Abnego, inquit. Tunc diabolus: Perfidi eſtis vos Chriſtiani, quia cùm opus me habetis, venitis ad me, & conſecuti per me deſiderium veſtrū,

negatis

negatis me, & reditis ad Christum, qui vos recipit, quia clementissimus est & benignus. Sed fac mihi manuscriptam Christi tui, & baptismatis abrenunciationem, & voluntariam mihi in sæcula professionem, & quod mecum sis in die iudicii, & in tormentis æternis, & statim desiderium tuum adimpleo. Qui dispositum propria manu scriptum dedit ei. Tunc corruptor animarum, statim misit spiritus fornicationum, qui puellam in amorem iuvenis incenderet. Quæ mox proiciens se in terram, cœpit clamare ad patrem, Miserere mihi, miserere, quia dirè torqueor, propter illum puerum nostrum, Miserere visceribus tuis, & ostende in me unigenitam tuam patris affectum, & coniunge me puero, quem amo. Alioquin videbis me post modicum morientem morte miserabili, & sermonem dabis pro me Domino in die iudicii. Pater lachrymans, & eiulans clamabat: Heu mihi peccatori, quid convenit miseræ filiæ meæ? Quis thesaurum meum furatus est? Quis dulce lumen oculorum meorum extinxit? Ego te cœlesti volebam nubere Christo, & per te salvari sperabam, tu autem in amorem lascivietatū insanisti? Sine me, sicut disposui, desponsare te Christo, nec ducas senectutem meam, cum tribulatione ad inferos, neque nobilitatem natalium tuorum confusione operias. Sed in ventum verba fundebat, illa miserabiliter eiulante ac clamante, præsentem sibi iamiamq; impendere interitum. Pater ergò in magna defectione positus, & immensitate tristitiæ absorptus penè, consilio amicorum tradidit eam iuveni, cum omni substantia tua, dicens filiæ suæ: Vale filia verè misera, quia multum plangere habes

habes in novissimo, quando nihil proficies. Iniquo ergo coniugio facto, & diabolica facinorositate completa, post modicum designatus est puer à quibusdam, non introire Ecclesiam, nec sacris appropinquare mysteriis, & dicunt, miserae coniugi eius: Scis quia vir tuus, quem tibi elegisti, non est Christianus, sed alienus à fide? Quo audito, illa inconsolabili tristitia consternata, prostravit se in terram, discerpens se ungulis, & percutiens pectus suum, ac clamans: Nemo non obediens patri, salvus fuit unquā. Quis annunciabit patri meo confusionem meam? Quod audiens erratissimus vir eius, accurrit ad eū, contestans haec vera non esse. Tunc illa: Si vis satisfacere miserae animae meae, crastina eamus ad Ecclesiam, & coram me sacris cōmunica mysteriis, & ita satisfacta ero. Tunc ille coactus, omnem illi exposuit sui perditionis historiam. Quae continui muliebri infirmitate deposita, cucurrit ad discipulum Christi Basilium, clamans & dicens: Miserere mei, miserere servae Dei, quae cum Daemonibus caussam egi, quia patrem meum non obaudivi. Et cum ei cuncta narrasset, sanctus Dei vocans puerū, sciscitatus est ab eo, si ita esset. Tunc ille: sancte Dei, etiam si siluero, opera mea ita esse clamabunt. Et per ordinem ei cuncta narravit. Cui sanctus: Vis reverti ad Dominum Deum nostrum? Ad quem puer, volo; sed non valeo, quia scripto abnegavi Christum. Dicit ei: Non sit tibi curae, quia benignus est Deus noster, & recipiet poenitentem, compatiens malitiis nostris. Et adjecit: Credis salvari? Cui ille, Credo Domine, adjuva incredulitatem meam. Tunc apprehendens manum eius & faciens

Christi

LIBER V.

Christi signum in ipso, reclusit eum in uno loco interioris periboli, & dans ei regulam, collaborabat ei per tres dies. Post quos intravit ad eum, dicens: Quomodo est tibi fili? Et ille. In magna sum defectione, sancte Dei, non fero clamores eorum, & terrores & jaculationes eorum & lapidationes. Tenent enim manus quantam meam, & caussantur dicentes. Tu venisti ad nos, non nos ad te. Cui sanctus: Noli timere fili: tantùm crede. Dansq; ei modicam escam fecit super eum Christi signaculum, & orans reclusit eum. Et post paucos dies, rediit ad eum, & dixit: Quomodo habes fili? Et ille à longè, inquit, pater sancte, clamores eorum audio & minas, sed nõ video eos. Et iterum dans ei escam, claudensq; ostium, abiit. Quadragesimo autem die rediit, & ait: Quomodo habes frater? Cui ille Bene habeo, sancte Dei, quia vidi te hodie in visu pugnantem pro me, & vincentem diabolum. Tunc sanctus eduxit, & induxit in dormitorium suum. Manè autem convocavit clerum & populum & monasteria, & ait eis: Filioli mei gratias omnes agite Domino, quia ecce debet pastor bonus ouem perditam in humeris suis ad Ecclesiam reportare. Propterea & nos debemus vigiliam facere nocte. Itaque per totam noctem pro eo oraverunt, cum lachrymis clamantes, Kyrieleyson. Manè autem sanctus cum omni populo, accepit puerum per dexteram manum eius ducens in Ecclesiam. Et ecce diabolus comprehendens puerum, conabatur rapere illum de manu sancti ita, ut & ipsum cum multa violentia, cum puero traheret. Clamat autem puer. Sancte Dei adiuua me. Conversus ergò ad diabolum sanctus, dixit: Improbissi-

M me anime animarum corruptor, non sufficit tibi perditio, & eorum qui sub te sunt, nisi perdas Dei plesma? Cui diabolus: Præiudicas me, Basili, non abii ego ad e, sed ipse venit ad me, abnegavitq; Christum, & professus est mihi, & ecce manuscriptam habeo, & in die iudicii ad communem iudicem eum duco. Populus autem hæc audiebat orans, & clamans: Kyrieleyson. Basilius autem dixit: Benedictus Dominus, non deflectet populus hic manus de altitudine cœli, donec reddas manuscriptam. Et conversus ad populum, dixit: Erigite manus vestras in cœlum, clamātes cum lacrymis, Christe, Kyrieleyson. Et stante populo in horam multam, extensis manibus in cœlum, ecce manuscripta pueri per aërem delata, & ab omnibus visa, venit in manus magni Basilii. Quam suscipiēs lætus, & gratias agens Deo, coram populo, dixit ad puerum: Cognoscis literulas has frater? Qui ait: etiam sancte Dei. Et disrumpens eam sanctus Basilius, duxit eum ad Ecclesiam, & sacro mysterio Christi communicavit eum.

Mihi quoque nuper matrona quædam dives & nobiles, & cuiusdam Comitis uxor, cùm de huiusmodi malignis artibus secretò loqueremur, indicavit, quòd fœmina quædam illustris & potens in sæculo, sed æmula eius ipsa, ut vulgò loquimur, invultuasset, magnisq; aliquandiu affecisset doloribus. Et conquæsiturus eam, sicut consequens erat, quomodo à tantis malis tandem liberata fuisset, prævenit interrogationem meam, adiiciens presbyterum quendā in terra sua esse, qui dicta carmina magicorum, vel divinis ministeriis, vel contraria quædam per carmina æquè potentia, imò validiora

LIBER V.

lidiora resolveret, quemadmodum venena serpentum serpentinæ confectiones expellunt.

Novi & ego virum quendam nobilem ac potentem, quem presbyter quidam, qui feraliter eum exosum habebat, licèt odium suum palàm facere non auderet, cùm similiter invultuasset, tantisque doloribus eum diutissimè per temporum intervalla torsisset, ut pænè quotidie morti proximus videretur, maleficus ille tandem, vel timore divini iudicii tactus, vel ex satiato odio milior factus, confessus est decano suo viro honestæ personæ, facinus execrandum, larualem effigiem, id est, vultulum, quem ad illius exitium de cera plasmaverat, & sacrilegis mysteriis consecraverat, imò execraverat, illi ostendens. Quem venerabilis ille decanus confringere non est ausus, ne ille pro quo Manulus ille factus fuerat, ilicò moreretur, sicut est vulgi opinio, sed penes se diu integrum reservavit. Hæc mihi ipse decanus, cùm in ordine nostro monachus fuisset, in omni sanctitate probatus, omnia per ordinem enarravit. Maleficio ergò cessante, quod in manulo illo antè fiebat, statim convaluit homo ille dives & potens, de longa infirmitate sua, & adhuc hodie vivit.

Vidi & ego in Flandria, cùm puerulus, adhuc essem, apud Insulam, unde oriundus fui, fœminā quandam maleficam, quæ in maleficio suo comprehensa atque convicta, adiudicata est morti. Quæ cùm extra oppidum ad locum supplicii duceretur, ut in tugurio quodam ligata & clausa, supposito igne viva arderet, confessa est scelera sua, sicut consuetudinis est damnandorum, & quod homines

mines quosdam illius oppidi, malis suis artibus occidisset. Tempus illud fuit, quo Comes Theodoricus ab Insulanis hominibus, Gandensibus quoq; atque Brugensibus, advocatus erat à terra sua in Flandriam, tanquam legitimus Flandriæ hæres, repudiato Comite Willelmo Normanno, qui nihil in Flandria hæreditarii iuris habebat. Itaque cùm Comes Theodoricus Insulam primum intraret, malefica illa muliercula, nolens eum in Flandria principari, occurrit ei, quasi Furia infernalis, ad pontem supra fluvium, quem transiturus erat, habens in manu sua, nescio quas incantationis suæ species, quas clandestinè descendentes subtus pontem ad fluvium cœpit cum ipsius aqua fluminis iacere cōtra Comitem transiturum, trans caput suum, iuxta illud Virgilii, quod superiùs commemoravi:

Fer cineres, Amarylli foras, rivoq́; fluenti,
Trásq́; caput iace, ne respexeris. His ego Daphnim
Aggrediar, &c.

Deprehensa itaq; & convicta veritatem confessa, igni tradita est & cremata. Talibus ergò carminibus & arcanis, imbuta *puella ex urbe Canuti nemoris evocabitur, quæ omnibus arcibus peragratis, solo anhelitu suo nocuos fontes siccabit,* id est, pessimos illos principes, de medio tollet, de quibus dictum est. *Qui bibit de altero, indeficienti fame peribit, & in facie eius pallor & horror solebit. Qui bibet de tertio subita morte periclitabitur, nec corpus ipsius poterit subire sepulchrum. Tantam ingluviem vitare volentes, diversis tegumentis eam occultare nitentur. Quæcunq́; ergo moles superposita fuerit, formam alterius corporis recipiet. Terra namq́; in lapides, lapides in li-*

Theodoricus hic cognomēto Alsatius Comes Flandriæ vixit circa annum Christi 1150.

Virgil. in Pharmaceutrici.

gna, ligna in cinerem, cinis in aquam, si superiecta fuerint, vertentur. Ad hæc ex urbe Canuti nemoris eliminabitur puella, vt medela curam adhibeat. Quia ut omnes artes inierit, *solo anhelitu suo fontes noxuos siccabit.* Hæc quoniam à nobis explanata sunt, prout meliùs probabiliusq́; potuimus, sequentia videamus. Sequitur enim: *Exinde, ut sese salubri liquore refecerit, gestabit in dextera sua nemus Calidonis, in sinistra verò murorum Londonia propugnacula.* Quibus verbis intelligi datur, quòd in matrimonio copulata optimo principi, de quo superiùs dictum est, quilibet de uno, diuturniore vita fruetur, &c. *nemus Calidonis gestabit in dextera sua, à sinistra autem murorum Londonia propugnacula,* hoc est, utriusque terræ ominium in manu habebit. Sinecdochicè enim, per Londoniam, significat provinciam Mertiorum, cuius Metropolis, Londonia est, & per nemus Calidonis, terram ultra Humbrum fluvium ubi est nemus Calidonis. Et hanc quidem in dextera habebit, illam in sinistra, pluris hanc habens quàm illam; sicut dexteram sinistræ præferimus, plusque diligimus. Sic enim Iacob, oculis quidem extra caligans, sed *Genes.* interiùs prophetiæ spiritu videns, cùm posuisset Io- 48. seph filios suos, Manassen videlicet, ad dexteram patris, Effraim ad sinistram, ut benediceret eis cancellatis manibus suis, sinistram posuit super Manassen, dexteram verò super Effraim. Quod cùm vidisset Ioseph, & graviter accepisset, ait ad patrem: *Non ita convenit, pater, quia hic primogenitus est, pone dexteram tuam super caput eius. Qui renuens, ait: scio, fili mi, scio. Et iste quidem erit in populos, &*

M 3 *multi-*

multiplicabitur, sed frater eius iunior maior illo erit. Sic ergò puella Nemus Calidonis in dextera sua gestabit, in sinistra autem murorum Londoniæ propugnacula. Sed quia *non potest*, ut scriptura loquitur *Æthyops mutare pellem suam*, nihil ei proderit salubris liquor quem potabit, ad exuendas malitias suas. Vnde sequitur: *Quacunque incedet passus sulphureos faciet, qui duplici flamma fumabunt.* Sulphur putidi est odoris, unde & aquæ ferventes ex sulphure ad usus balneorum putent. Significat ergò puellam istam quacunque processerit, putidos passus facere, & foeda post se relinquere ubique vestigia. *Quacunque incedet passus sulphureos faciet, qui duplici flamma fumabunt*, id est, ex utroque principatu suo, quos per Nemus Callidonis signavit, & per propugnacula murorum Londoniæ, quorum alterum gestabit in dextera, alium in sinistra. Sequitur: *Fumus ille excitabit Ruthenos, & cibum sub marinis conficiet.* Rutheni sunt Flandricæ, de quibus ait Lucanus: *Soluuntur flavi longa statione Rutheni.* Dicitur autem Rutheni, à rutito crine. Et ut certissimè scias, Ruthenos esse Flandrenses, lege in tristoria Britonū, quia Iulius Cæsar, cùm devicta Gallia, & subiecta Romanis, esset in littore Ruthe novum, vidit Britanniam, quæ ibi inter Wissant & Dorobellum angusto freti dividitur æstu, quæsivit quænam insula esset? & audivit, Britanniam esse. Ruthenos itaque *excitabit fumus ille sulphureus putidusq;*, & ad hoc commovebit, ut Britanniam armis, & bello lacessant. In quo navali conflictu hinc inde commisso, multi in mare demersi, esca marinis bestiis fient. Hoc est enim quod ait:

Ierem. c. 13. ver. 23.

Lucanus.

Liber V.

ait: *Fumus ille Ruthenos excitabit, & cibum submarinis conficiet.* Quod autem Rutheni superiorem manum in illa bellorum alea sunt habituri, Britonibus peſſundatis & devictis, inſinuant lacrymæ miſerandæ puellæ illius, quæ ſulphuris ſui fumo Ruthenos contra ſe concitabit, ad detrimentum ſui ipſius, & propriæ gentis exitium. Sequitur enim: *Lacrymis miſerandis madebit ipſa, & clamore horrido replebit Inſulam*: Infortunium videlicet ſuum pariter & ſuorum, fœmineo ululatu deplangens. Quæ & ipſa quo fine multanda ſit, & tantæ cladi ſuorum inferias reditura, ſequens liber oſtendet. Nam iſte jam claudendus eſt, ne aliorum quantitatem ac modum nimis excedat.

FINIS LIBRI QVINTI.

EXPLA-

EXPLANATIO-
NVM IN PROPHETIAM
Merlini Ambrosii, Britanni:

LIBER SEXTVS.

**Nterficiet** *eam cervus decē ramorū, quorum quatuor aurea Diademata Gestabunt. Sex verò residui in Cornua bubalorum vertentur, qua nefando sonitu tres insulas Britanniæ commovebunt, &c.* Eleganti metaphora ad interficiendam mulierem veneficam cervus adducitur, cùm, sicut nobis tradiderunt, qui de aliis scripsere naturis, cervorum natura sit serpentes absumere, & venenosas devorare bestiolas. Cæterùm per cervum, qui impetu cursus sui, facilè spinosa quæque in demnis transilit, & illæsus, & excelsa montium iuga conscendit, figuratur aliquis vir manus ac præpotens, ardua atque ingentia rerum molimina aggressurus, sive fuerit ille Ruthenorum princeps, quos adversus Britanniam excitabit sulphureus ille puellæ fumus, sicut præcedentia designarunt, sive alius aliquis, quem textus literæ non declarat. Sic enim præcedentia habent; *quacunque incedet passus sulphureus faciet, qui duplici flamma fumabunt. Fumus ille excitabit Ruthenos, & cibum sub marinis conficiet, lacrymis miserandis madebit ipsa, & clamore horrido replebit insulam.* Quibus statim adiungit: *Interficiet eum cervus decem*

cem ramorum, quorum quatuor, quatuor aurea diademata gestabunt. Sex verò residui in cornua bubalorum vertentur, quæ infando sonitu tres insulas Britanniæ commovebunt. Cornua in scripturis regna significant, vt ibi; *Erexit Dominus nobis cornu salutis, in domo David pueri sui.* Significat enim regnum illud, quod Dominus reprobato Saul, debet puero suo David, & seminj eius post ipsum. Nam & in Zacharia Propheta quatuor cornua, quæ vidit, & in Daniele cornua quatuor hirci, quatuor regna angelus interpretatur. Ait itaque: *Interficiet eam cervus decem ramorum, quorum quatuor aurea diademata gestabunt. Sex verò residui in cornua bubalorum vertetur, quæ nefando sonitu tres insulas Britanniæ commovebunt.* In his verbis duplex interrogatio mihi circumcurrit, verisimilis vtraq;, vtraq; probabilis. Possumus namq; per decem ramos cervi huius, vel decē intelligere principatus suæ ditioni subiectos, quorum quatuor, quatuor erunt regna, quod per aurea diademata qui gestabunt insinuatur, vel certe decem liberos, quos habebit, quorum quatuor erunt reges, vel simul in diversis regnis, vel in eodem regno succedentes, sicut quatuor illi filii rugientes, de quibus superiùs dictum est. *Evigilabunt catuli rugientis, & postpositis nemoribus infra mœnia civitatum venabuntur. Stragem non minimam ex obsistentibus facient, & linguis taurorum abscident. Colla rugientium onerabunt eatenus, & avita tempora renovabunt. Exinde primo in quartum, de quarto in tertium, de tertio in secundum, rotabitur pollex in oleo.* Sic ergo quatuor prædicti Rami succedent in eodem regno, aurea diademata gesta-

Luc. c 1.
vers. 69.

Zachar. c.
1. vers. 13.
Dan. c. 8.

M 5 bunt.

bunt, sive ut dictum est diversa regni habebunt. Sex verò reliqui quid? Audi quod sequitur: *Sex verò residui in cornua bubalorum vertentur, qua infando sonitu tres insulas Britanniæ commovebunt.* Per cornua bubalina, quæ horrido sonitu strepuntia bellis, & multo terrore concutiunt audientes, significat residuos sex prædicti cervi ramos, magno multis terrori, futuros, magnoq; strepitu & tumultum, tres insulas Britanniæ commoturos. Insula dicitur, quasi in salo posita, hoc est, in mari. Vnde propriè insula appellatur, quæ vndique mari circumcingitur. Tres tamen insulæ Britanniæ hoc in loco, vocantur tres eius provinciæ, id est, Scotia, Cambria, Cornubia, sicut ea quæ subiiciuntur, insinuant; licèt duæ earum non ex omni parte sui marino circuitu ambiantur. Tres enim provincias istas in pnincipio, cum habitari cœpisset insula, diviserunt inter se filii Bruti, & Corineus quidam de commilitonibus eius. Nam mortuo Brito, qui Cornubiam dum adhuc viveret, Corineo Locrinus primogenitus eius Loëgriam, cum corona regno optinuit. Duo autem fratres eius, Camber videlicet Cambiam, & Albanactus Albaniam possederunt. Tres igitur provinciæ, id est, Scotia, Cambria, Cornubia, infando sonitu cornuum bubalinorum commovebuntur, ad bella iunctis viribus, ad invadendam Wintoniam atque delendam; & hoc causâ periurii sicut sequentia docent. quod Wintonienses cum prædictis vicinis suis factum prævaricabuntur, atque dissolvent. Et hoc est quod subditur. *Excitabitur Daneum nemus*, id est, Scotia, à parte videlicet significans totum, vel metonomicè con-

Insula

tento posito pro continente. *Excitabitur Daneum nemus, & in humanam vocem clamabit.* Tantus inquit, strepitus & tumultus hominum erit, vt & ipsa nemora videantur humanæ & articulatis vocibus conclamare, & se mutuò ac vicinos suos hinc Cambrenses, inde Cornubienses coniuncto umbone convocare, & cohortari ad pugnam contra periuram & perfidam gentem. Et hoc est quod ait. *Excitabitur Daneum nemus, & in humanam vocem clamabit: Accede Cambria & iunge lateri tuo Cornubiam, & dic Wintoniæ, absorbebit te tellus. Transfer sedem pastoris, ubi naves applicant, & cætera membra caput sequantur.* Quod est dicere; Festinate Cambri, & Corineis in societatem assumptis, agite ut Wintonia ad solum usque redacta, quasi à tellure obsorpta videatur; ita ut pastor eius episcopatus sedem transferat illic, ubi naves applicant, populusq; tantæ cladi superstes, pastorem suum subsequatur. Multi sunt Britanniæ portus, quò naves applicant, de transmarinis partibus undique venientes, sed omnibus ferè frequentior est portus Hamonis apud Hamoniam, quæ non solùm frequens navium commeatus, sed etiam Hamonis nomen insigne reddit atque famosum. Hic enim Hamo Claudij Cæsaris dux, ab Arturo Britonum Rege ibi occisus, locum ipsum suo nomine insignivit. Ad hunc itaque locum possumus proclivius intelligere, episcopalem Wintoniæ thronum, in tempore prædictæ necessitatis, cum residuo populo transferendum, tum propter loci ipsius munitionem, tum etiam propter vicinitatem. Non enim multum à Wintonia distat: *Accede Cambria, & iunge lateri*

tuo Cornubiam, & dic Wintoniæ: abſorbebit te tellus.
Transfert ſedem paſtoris, vbi naues applicant, & cætera membra caput ſequantur. Deinde ſubdit cau-
ſam, cur tantæ nobilitatis civitas, merito excidenda
ſit atque delenda. Sequitur enim: Feſtinat namque
dies, qua cives ob cœlus periurij peribunt. Candor lanarum nocuit, & tinctura ipſarum diverſitas.Va per-
ítura genti, quia urbes inclyta propter eam ruet. La-
mentatio eſt ita prophetæ, plangentis civitatem
nobilem, propter civium periurium ruituram.
Quod autem ait: Candor lanarum nocuit, & tinctura ipſarum diverſitas, vel iuxta literam, ſimplici interpretatione contenti, ſuperbiam eorum intelligere poſſumus, quæ maximè in tincturis veſtium,
& vario cultu notari ſolet, vel certè altior eſt in his
verbis, & ad periurii fraudem magis pertinens, quē
tacere non debeo. Candor enim lanarum ovium,
quas ſimplicia animalia eſſe nemo, qui ambigat,
ſimplicitatem animi puritatemq́; deſignat. Qui
quaſi tincturis inficitur, cùm à ſimplicitate & puri-
tate naturæ, in duplicitatem doloſq́; mutatur. Qui
ergò pacis aliquod iuramentum facit, quaſi Candorem lanæ prætendit. Qui Candor quaſi tincturis
inficitur, cùm ſacramentum iuramenti fraudulen-
ta doloſitate periurij maculatur. Hoc eſt, ergò, quod
ait: Candor lanarum nocuit, & tinctura ipſarum diverſitas. Et addit: Gaudebunt naves in argumentatione tanta, & vnum ex duobus fiet. Hoc eſt, eùm
paſtoralis Wintoniæ ſedes cum ciuibus ſuis traſla-
ta fuerit, vbi naues applicant, gaudebunt incolæ loci illius tanto ciuium incremento, & ex duobus populis anus fiet. Reædificabit eam Ericius ratus oneratus

Liber VI.

ratus pomis, ad quorum odorem diuersorum nemorum conuolabunt volucres. Adijciet palatium ingens, & sexcentis turribus vallabit illud. Inuidebit ergo Londoniæ,& muros suos triplici iter augebit. Circuibit eam vndique Tamesis fluuius, & rumor operis transcendet Alpes. Occultabit intra eam Henricus poma sua, & subterraneas vias machinabitur. Ericius est Erinaceus. bestiola quædam quadrupes, spinarum aculeis obsita, astuta nimis ac prouida, incola syluarum ac nemorum. Quæ cum se deprehensam ac fossam ab homine, vel cane, vel alia qualibet bestia, quam timori habeat, senserit, claudit se vndique spinis suis, cum capite simul ac pedibus, & quasi glomus in terra iacet immobilis. Quam cum canes sagaci nare bestiolam esse deprehenderint, & odoro anhelitum circum latrare cœperint vndique, nihilominus latratus eorum artificiosa calliditate deludit, dum nihil sui visibile, præter spinas canum obtutibus præstat, nullaque proprij motus iudicia patitur deprehendi. Si autem manu hominis capiatur, nihilominus inter spinarum aculeos clausus, & sine motu aliquo, callida dissimulatione latet, quasi corpus inanimatum. Si autem proijciatur in aquam, statim explicat se & euoluit, atque instar piscium natat. Autumni tempore, cum de arboribus poma deciderunt, volutat corpus suum in medio vbi copium pomorum aspexerit. Quæ spinis suis infixa, oneratus per subterraneas quasdam vias, in antrum sub terra absconditum portat, & sicut formica in messe, ita Ericius in autumno, parat sibi & congregat, quod per totum comedat annum, sollerti prouidentia sua, stultorum hominum imprudentiam,

arguens

Proverb. arguens & condemnans. Sicut erat exemplum for-
c.6.v.6. micarum pigrum Salomon mittit dicens: *Vade ad*
formicam ò piger, & considera vias eius, & disce sa-
pientiam. Quæ cum non habeat ducem, nec præcepto-
rem, nec principem parat æstate cibum sibi, & con-
Virgil. 4. *gregat in messe quod comedat.* De qua Virgilius in
l. Æneid. quarto Æneidos, comparationem faciens, providentiam eius commemorat, dicens:

   Ac velut ingentem formicæ farris acervum,
   Comportant hyemis memores, tectoq́ reponunt.
   It nigrum campis agmen, prædamq́ per herbam
   Convectant calle angusto: pars grandia trudunt.
   Obnixæ frumenta humeris, pars agmina cogunt
   Castigantq́ vias: opere omnis semita fervet.

Sic & Ericius cùm non habeat eruditorem alium,
quàm naturam, parat in autumno cibum sibi, non
in unum & alterum diem, sed totum prorsus in annum. Sed & in hoc admiranda eius astutia, quia
cum onustris pomis ad speleum tendit, horrido
stridore incedendo personat. Quo nemorum aves
ad odorem pomorum vndiq́; advolantes, ipsumq́;
investare ac deprædatum ire nitentes, longius ab-
sterrentur. Propter has ergo, quas diximus, & si quæ
sunt aliæ, quæ nos latent Ericij proprietates atque
astutiæ, Ericio comparatur, & Ericius appellatur, is
qui Wintoniam à Kambris & Scotis Cornubiensi-
bus destructam, reædificaturus est, atque in antiquũ
reformaturus, imo verò in melius opus & multò
nobilius sublimaturus, sicut ipsa verborum series
manifestè declarat. Nam ut cætera taceamus, palatium tale, tamque magnificum abiiciet, id est, novum & quod ibi antè non fuit efficiet, ipsumq́ue

sexcen-

LIBER VI.

sexcentis turribus circumvallabit, ita ut operis magnificentia, ipsam quoque Londoniam primum, & maximam civitatum Britanniæ urbem, ad æmulationem provocet, atque invidiam, adeò ut eam muros suos triplicare faciat, & Tamesem fluvium per circuitum amplissimæ civitatis multa opera & impensa deducere, dum se à Wintonia ædificiorū magnitudine vinci æquanimiter ferre non valeat. Tanta denique murorum ac turrium magnificentia, tanta fluminis ipsius circumductione, ac munitione Wintoniam superare nitetur, ut tanti operis rumor Alpium quoque iuga transiliens, Romā usque perveniat; ita ut ipsa audiens, superatam ædificiis Britannorum se cedem credere possit, cuius palatia universa orbis terrarum ædificia atque domus despicere, ante solebant. His dictis ad prophetiæ literam redeamus, cuius involucrum iam satis puto omnibus evolutum. Ait itaque: *Reædificabit eam*, id est, Wintoniam, *Ericius*, id est, vir quidā Ericio pro similitudinem conferendus; *Ericius dico oneratus pomis, ad quorum odorem diversorum nemorum convolabunt volucres.* Illuc enim pergunt stipendarii milites vagi & inopes libenter, & id genus hominum, ubi ciborum copiam esse, & victualium abundantiam nôrunt. *Adiiciet palatium*, ubi videlicet antè non extitit, *& sexcentibus turribus vallabit illud. Invidebit ergò Londonia, & muros suos tripliciter augebit. Circuibit eum undiq; Tamesis fluvius, & rumor operis transcendet Alpes. Occultabit intra eam Hericius poma sua, & subterraneas vias machinabitur.* Quibus verbis datur intelligi, quod Londonia quoque & provincia eius de potestate & dominio

dominio Ericiferit, illique sua poma scilicet sup thesauros & victualia sua congregabit. *In tempore illo loquentur lapides, & mare quo ad Galliam navigatur, infra breve spacium contrahetur. In utraq, ripa homo ab homine audietur, & solidum insula dilatabitur. Revelabuntur occulta sub marinorum, & Gallia præ timore tremebit.* Statuas lapideas, vel æreas, sive ex alia qualibet insensibili materia factas, multoties in scripturis divinis & sæcularium libris, expresse & articulatis vocibus fuisse locutas, & legimus & audivimus, & in delubris dæmoniorum, & in Christi Ecclesiis. Sed illas instinctu dæmonico, istas motu quidam divino: Quæ si velim commemorare omnia, generabit sine dubio copia congesta fastidium. Verumtamen unum de innumeris, dicam, verbi caussa: quòd in eadem insula Britanniæ accidisse, in diebus Beati Dunstani Cantuarensis Archiepiscopi, gestis illius historiæ tradunt. Cùm enim Cleri provinciæ illius adversus prædictum Dunstanum agitarent conflictus, proceribus regni clericorum partem defendentibus. Syndo apud Wintoniam congregata, Dominica imago expressè & apertè locuta, clericos confutavit atque confudit. Qui tamen cœlesti oraculo cùm sedari non possent, concilium callidè indictum est. Vbi quodā in cænaculo confedentibus clericis, cum totius Angliæ primoribus, & multa in Dunstanum convicia iaculantibus, totum repente solarium cum assibus trabibusq; diffiluit & concidit. Omnibusque ad terram elisis, & aliis examinatis, aliis magnis languoribus addictis, solum Dunstanus super unam trabem, quæ superstes erat probè evasit.

Sed

...ed & arcanis magorū prædigiis, lapides vel alias ...es inanimatas, humana verba & articulares pro...uliſſe voces, ſæpè legimus, ſæpè audimus. Nam & ...n libro beati Clementis, qui Petri Apoſtoli & audi...or extitit & ſucceſſor, inuenimus de Simone Ma...o, quòd lapides loqui faceret, quandocunque ...oluiſſet. Poterit ergò & in regno Britanniæ in die...us prædicti Ericii tale aliquid fieri, quod ideo mi...rum erit, quia nouum. Sequitur autem res non mi...nus nova, minuſvè miranda. Cùm enim dixiſſet, *in tempore illo loquentur lapides*, ſubiunxit & ait, *& mare quo ad Galliam nauigatur, intra breue ſpaciū contrahetur. In utraq; ripa audietur homo ab homine, & ſolidum inſula dilatabitur. Reuelabuntur occulta ſubmarinorum, & Gallia præ timore tremebit.* Multi ſunt Britanniæ portus, quibus à Britannia in Galliam nauigatur. Et alibi quidem anguſtiore freto à ſe inuicem utraque terra diuiditur, alibi ſpatio latiore. Porrò mare in aliquo ſinu ſuo vel freto multò amplius ſolito anguſtare poſſe, ſine humano labore licèt immenſo ſiue vi ipſius naturæ, & experimentorum exempla docent, & ratio. Nam & Nabuchodonoſor non primum dico, ſed ſecundum, hoc eſt, non patrem ſed filium, & poſtea Alexandrum Macedonem, in obſidione Tyri, quæ in corde maris poſita erat, talia ſummis conatibus attentaſſe, ac feciſſe, hiſtoriæ tradunt. Iniectis namque ingentibus arenarum molibus & ſaxorum, nec non & arborum, cum ramis & frondibus, tandem vicere naturam, & ut ait Hieronymus: de inſula penè inſulam fecerunt. De ciuitate autem Tungris, quæ olim una de nobilioribus Europæ ciuitatibus fuit,

N parum

parum Româ inferior, tradunt incolæ, sicut ab antecessoribus suis acceperunt, & literis mandaverunt, quia antequam ab Hunnis fuisset eversa, quidam Oceani sinus usque ad mœnia civitatis veniebat, qui nunc ab eodem loco à xxx. ferè milibus distat, sive interiectis ventorum violentia, magnis arenarum dunis, vel fossatis ingentibus, ad prohibendū maris accessum, sollerti accolarum industria factis, vel certè ipso freto, in alia aluei sui parte effuso latiùs, vel diffuso. Hæc est natura Oceani, sicut & dulcium fluviorum: quia quantò magis in aliqua parte proprii alvei restringuntur, tantò diffusiùs in aliis dilatantur. *In tempore illo loquentur lapides, & mare quo ad Galliam navigatur, intra breve spacio contrahetur. In utraq; ripa audietur homo ab homine, & solidum insula dilatabitur,* utpote occupans terram prius ab Oceano occupatam, tunc autem marinis fluentis latissimè destitutam. Deinde addit: *Revelabuntur occulta submarinorum*, hoc est, quæ priùs sub mari occultebantur, humanis obtutibus in accessa. *Et Gallia,* inquit, *præ timore tremebit,* invasionem videlicet atque irruptiones Britonum formidans. *Post hæc ex Calaterio nemore procedet ardea, quæ insulam per biennium circumvolabit. Nocturno clamore convocabit volatilia, & omne genus volucrum associabit sibi. In culturas mortaliū irruent, & omnia grana messiū devorabunt. Sequetur fames populum, atq; dira mortalitas famem. At cùm calamitas tanta cessaverit, adibit testabilis ales vallem Galabes, atq; eam in excelsum montem levabit. In cacumine quoq; ipsius plantabit quercum, atq; in ramos indificacit. Tria ova procreabuntur in nido,*

ex qui-

LIBER VI.

ex quibus vulpes, lupus, & ursus egredientur. Devorabit vulpes matrem, & asininum caput gestabit.
Monstro igitur assumpto fratres suos terrebit, ipsosq́;
in Neustriam fugabit. At ipse excitabit aprum den-
tem in illam, & navigio revecti, cum vulpe con-
gredietur. Qui cum certamen inierit, finget se defunctam, & aprum in pietatem movebit. Mox adibit ipse cadaver, & dum superstabit, anteuelabit in o-
culos eius & faciem. At ipsa non oblita prateriti doli,
mordebit sinistrum pedem ipsius, totumq́; ex corpore
avellet. Saltu quoq; facto eripiet dexteram aurem ab
ea, & caudam & infra cavernas montium delitebit.
Aper ergò illusus requiret ursum & lupum, ut ei amissa membra restituant. Qui ut caussam inierint, promittent & duos pedes & aures & caudam & eius
porcina membra component. Adquiescit ipse, & pro-
missam restaurationem expectabit. Iterum descendet
vulpes de montibus, & sese in lupum mutabit. Et
quasi colloquium habitura cum apro, adibit illum &
callide ipsum illum totum devorabit. Exin transuer-
tet se in aprum, & quasi sine membris expectabit Germanos. Sed & ipsos, postquam advenerint, subito dente interficiet, atq́; capite Leonis coronabitur. Multa
simul posuimus, quæ tamen simul tractari non poterunt, sed distinctè per membra & partes. Igitur à
capite revoluentes, singula membra per ordinem
prosequamur. Ait itaque: *Post hac ex Calaterio nemore procedet ardea, quæ insulam per biennium circumvolabit.* Colaterium, nemus in finibus Albaniæ est, non longè ab oppido Aclud, quod olim
sermone Britannico Kaerbraue vocabatur, id est,
civitas Ebrauci, quam videlicet condidit Ebraucus

N 2 quintus

quintus à Bruto, Britanniæ dominator. Hinc ergò procedet *ardea, quæ infulam Britanniæ circumuolabit, nocturnoq; clamore convocabit volatilia, & omne genus volucrum affociabit fibi. In culturas mortalium irruent, & omnia grana meffium devocabunt. Sequitur fames populum, atq; dira mortalitas famē*

Ardea. Ardea eſt ales, in auſpiciis ſemper infauſtus. Horrēdum nempe ſonat, talique ſonitu horrenda & infauſta denunciat. Dicitur autem ardea, ſecundum Ethimologiam nominis ſui, quaſi ardua, eò quòd ardua petat. Pluviarum nempe impatiens, ubi imbres imminere præſenſerit, ad ſublimia volat, ubi nullam pluviarum patiatur iniuriam. Per ardeam ergò deſignatur deteſtabilis aliquis tyrannus, ardua aggreſſurus & ingentia moliturus, qui pyratica levitate inſulam per biennium circum navigando, & nocturnis infeſtationibus irrumpendo, *omne volucrum genus convocabit, & affociabit fibi*, hoc eſt, homines leves, eraticosque latrones, *qui in culturas mortalium irruent, & omnia devorabunt*. Ex qua prædatione & depopulatione, *ſequetur fames, & dira mortalitas famem*. Sicut enim ex vaſtatione ſequitur fames, ſic ex fame mortalitas. *At cùm calamitas tanta teſſaverit, adibit deteſtabilis ales vallem Galabes*, quæ eſt in finibus Cambriæ, *atq; eam in excelſum montem levabit*, hoc eſt, in excelſum aggerem & ſublimem. *In cacumine quoq; ipſius plātabit quercum*, id eſt, turrim, ex quercinis roboribus ædificabit. Servat alitis metaphoram. *Tria ova*

Vulpes. *procreabuntur in nido ex quibus vulpes, lupus, & urſus egredientur.* Vulpes eſt animal fætidum, & putidi odoris, in antris ſemper habitans & ſpecubus,

animal

nimal dolosum, astutum, versutum, tortuosum. Nam quotiens à spelço suo egreditur, recta nunquã itinera tenet, sed tortuosis semper ac flexuosis anfractibus, vestigia sua propria cauda confundens & dissipans, ne eius incessus valeat deprehendi. Multæ sunt & aliæ huius animantis fraudes, diligenti indagatione digestæ ab his, qui de animalium tractavere naturis. Vulpes ergo nomine quàm ales ille detestabilis procreabit, intellige filium ex illo nasciturum, vulpi ita consimilem, ut vulpis appellationem meritò censeatur. Lupi autem vocabulo *Lupus* puto designari fratrem eius, Cambriæ fore Regem, quo eò quòd Cambria terra nemorosa sit, & nemoribus plena, in quibus Lupis habitatio est, & luporum copia invenitur. Denique cùm Edgarus fortissimus Angliæ Rex, cum tanta pace populum suum gubernare disponeret, ut etiam rapaces bestias à finibus patriæ quasque procul arceret, imposuit Walovo Cambriæ Regi tributum. ccc. luporum per singulos annos sibi prendendum. Quod ille per aliquod annos solicita satis obedientia solvit, donec tandem renunciaret, præscriptum numerum iam non posse reperiri in sylvis, & nemoribus suis. Porrò ursi appellatione datur intelligi, tertium fratrem in Albania regnaturum, pro eo quòd provincia illa eminentissimis collibus ac rupibus sit plena. In rupibus nempe & collibus ursos commorari, & nasci, pauci qui dubitant. Itaque tres isti fratres, id est, vulpes, ursus, & lupus, ex detestabili alite procreati, paternum inter se dividunt principatum. Sed quoniam, ut dicit poëta: *Nulla fides regni socijs, omnisá potestas, Impatiens consortis erit;* & quoniã

Vrsus

Lucanus lib. 1.

fraterno

Ibid. fraterno primi maduerunt sanguine muri, vulpe quoque primò matrem suam interficiet, tum deinde fratres suos à patriis finibus in Neustriam dolo magis, quàm bello fugabit, & revectas cum ingenti navigio, & fortissimis Gallorum suppetiis, cùm certamen cum illis inierit, seque viderit bello imparem, vulpina eius fraude primò quidem decipiet, pòst etiam cum suis auxiliariis interficiet. Hi per anticipationem prælibatis ad dandam intelligentiam eorum, quæ posita sunt, ad literæ seriem redeamus. *Devorabit*, inquit, *vulpes matrem suam*, vel impio & parricidali scelere videlicet perimendo, vel forte, ut sæpè sit, de angustiis materni uteri, in lucem prodeundo. Nam & Brutus ille primus Britanniæ dominator, sicut divinus quidam prædixerat, patrem suum peremit, & matrem; sed matrem nascendo, patrem verò casu, cùm xiv. esset annorum, dum cervos cum patre sequeretur. Emissa namque in cervum sagitta, patrem sub ipso ictu concito equo currentem percussit atque peremit. *Devorabit vulpes matrem suam, & asininum caput gestabit.*

Asinus. Asinus animal est stultum, ac stolidum, indisciplinatum quoque & nequam. Et ut ait poeta:
Cato lib. 2.

Stultitiam simulare loco, prudentia summa est.
Vulpes stultitiam asininam, & indisciplinatam nequitiam in Germanos, contra naturæ iura simulas, ac prætendens illos, quasi prodigioso monstro, contra naturam assumpto, *terrebit, ipsosq́, in Neustriam fugabit. At illi excitabunt in illam aprum dentosum, & navigio revecti cum vulpe congredientur.* Hic manifestè declarat, lupum & ursum & aprum non bestias fore, sed homines, quia non bestiæ solent

portui

ortari navigiis, sed homines. Sed neque vulpem illam vulpem fore, sed hominem, quia adversus vulpem tanti hominum exercitus congrega , vel præliari non solent. *Lupus ergò & ursus excitabunt aprum dentosum, in vulpem sororem suam, & navi- io revecti in insulam cum illa congredientur. Qua- cum certamen inierit, finget se defunctam, & aprum in pietatem movebit. Mox adibit ipse cadaver, dumq́; superstabit, anhelabit in oculos eius & facies. At illa non oblita præteriti doli mordebit sinistrum pedẽ eius, totamq́; ex corpore evellet. Saltu quoque facta, eripiet ei dexteram aurem & caudam, & infra cavernas montium delitebit.* Cæptam vulpis metaphoram more suo prosequitur, & eleganti figura verborum astutias illius insinuat. Quarum & ista una est, ut Solinus refert, quod interdum ad deceptionem avi- um, cruentato corpore, quasi à bestiis interfecta, ia- cet in pulvere resupina. Quo viso advolant undique aves, quasi ad cadaver extinctum, ut eam particula- tim discerpant, & devorent, quasi in ultionem alia- rum animantium, quas ipsa discerpere, ac devorare solebat. Vulpis tamen fraudes minimè ignorantes, nequaquam propius accedere audent, nisi mortis eius prius veritate comperta. Circumvolant ergò vulpem, & quasi cum timore pedetentim adpropi- ant, & subinde retrocedunt, & rursus accedunt, sa- gaci adoratu anhelantes in faciem eius, experiri pro certo volentes utrum vivat, an sit cadaver extinctũ: & hoc tamdiu agunt, donec vna earum, perruptior cæteris atque infelicior incautius accedens subitò rapiatur à vulpe, dilaceranda vngulis, & dentibus devoranda. Sic ergò & ista, de qua loquimur, vulpes

Solinus

N 4 factura

factura est, quia ubi *certamen* cum fratribus & apro dentoso *inierit*, & se imparem, vel numero, vel virtute conspexerit, sibiq; magis dolo, quàm bello vtēdum esse viderit: tunc, inquit, *finget se defunctā, & aprum in pietatem movebit*, hoc est, desperantem se rebus, & quasi bello diffidentem simulabit, solamq; fratrum misericordiam implorātem, & subiectionem imperpetuum promittentem. Quæres, sicut est cor humanum, *parcere subiectis & debellare superbos*, aliorumq; miseriis, ad pietatem moveri, aprum quoque ad misericordiam flectere, ut pacem inter ipsam & germanos eius, secundum iura naturæ, componat. Itaque cum explorandæ veritatis caussa illam incautius cum suis adierit, illa ingenitæ fraudis nequaquam oblita, dispositis fortasse, ut fieri solet in talibus locis opportunis insidiis, *mordebit sinistrum pedem ipsius, totoq; ex corpore vellet, saltu quoq; facto eripiet dextram aurem, & caudam, & infra cavernas montium delitebit.* Per dexteram & sinistram in scripturis temporalia bona & æterna signantur, iuxta illud: *Longitudo dierum in dextera eius, & in sinistra illius divitiæ & gloria.* Porrò pedes totum corpus portant & sustinent. Itaque per sinistrum pedem apri, quem mordens vulpes fraudis artifex evellet à corpore, intellige aliquem de procuratoribus apri, qui negocia eius multis in rebus mundanis procurans ac sufferens, ipsum quodammodo instar pedis portare videbitur, dum à talibus cum curis securum reddet ac liberum. Sed hunc tam necessariū sibi amicum, tamq; fidelem, eripiet ei vulpes capiendo eum, & quasi ab eius corpore evellendo. Neque hoc contenta *saltu facto, eripiet*

Proverb.
c.3.v.16.

piet ei dexteram aurem & caudam, id est, consiliariũ eius dextrum, id est, bona & utilia consulentem, & caudam eius, hoc est, exercitum sub sequētem. Quibus omnibus fraudulentius quidem, quàm fortius perpetratis, *infra cavernas montium delitebit*, id est, in castella & munitiones sese recipiet. Aper *igitur illusus, requiret ursum & lupum, ut ei amissa membra restituant*, id est, captivos suos. Quod & illi se facturos esse promittent. Et hoc est, quod subdit: *Qui ut caussam inierint, promittent ei duos pedes, & aures, & caudam, & ex eis porcina membra component*, id est, ea quæ amisit, ei restituent. *Adquiescet ipse, promissamq́, restaurationem expectabit. Iterum descendet vulpes de mõtibus, & sese in lupum mutabit. Et quasi colloquiũ habitura cum apro, adibit illum, & callide totũ ipsum devorabit.* Quę scena doli, tali modo fieri poterit, consequenter, ut vulpes, aliquos de domesticis ac familiaribus lupi pecunia, vel alio modo corruptos, mittat ex persona lupi ad aprum, ut ad colloquium lupo occurrat. Qui insidiarum ignarus, cùm pro lupo in vulpem inciderit, mox à vulpe cũ suis omnibus perimatur, ut non sit, qui renunciet. Hoc enim significat, quod ait, quia *totum aprum callide devorabit.* Qua proditione peracta, per eosdem familiares lupi, sed proditores, antequam cõperta sit fraus perpetrata in aprum, poterit fratres suos lupum, quasi ad colloquendum cum apro vocare, ex persona similiter & nomine apri: *Qui domesticis suis & familiaribus nequaquam increduli, cùm vulpi pro apro occurrerint, pari cum apro involuentur ærumna, à vulpe necati.* Hoc est enim quod ait: *Exin,* id est, octiso apro *transvertet sese in*

aprum,

aprum, & quasi sine membris, expectabit germanos. Sed & ipsos postquam advenerint, subito dente interficiet, & capite Leonis coronabitur, id est, assumpta ferocitate Leonis, qui est, rex bestiarum, & ad nullius pavebit occursum, ita etiam neminem resistere posse confidens, coronam regni, quasi Leo capiti suo imponet. *In diebus eius nascetur serpens qui nec mortalium imminebit. Longitudine sua circuibit Lodoniam, & quosque prætereuntes devorabit. Bos montanus caput lupi assumet dentesque suos in fabrica Sabrinæ dealbabit. Associabit sibi greges Albania & Cambria, qui Famesim potabunt. Vocabit asinus hircum prolixa barba, & formam ipsius mutuabit. Indignabitur ergò montanus, vocatoque lupo cornutus taurus in ipsos fiet. Vt autem sevitiæ indulserit, devorabit carnes eorum, sed in cacumine Vriani cremabitur. Favilla rogi mutabuntur in cygnos, qui in sicco, quasi in flumine natabunt. Devorabunt pisces in piscibus, & homines in hominibus deglutient. Superveniente verò senectute efficientur submarini luces, atque submarinas insidias machinabuntur. Submergent navalia, & argentum non minimum congregabunt.* Multa simul compegimus, quæ explananda per membra distinguere nos oportet ex more per ordinem, & diligenti scrutinio singulorum investigare indagine. Itaque à capite replicanda sunt cuncta, quæ diximus, & per ordinem omnia pertractanda. *In diebus*, inquit, *eius nascetur serpens.* In diebus cuius? In diebus proculdubio vulpis, quæ intersectis sua fraude fratribus suis, una cum apro dentoso, qui cum eis de transmarinis partibus in auxilium eis veniet, capite Leonis coronabitur: *in diebus*, inquam, *eius*, id est,

ipsa

ipsa regnante, *nascetur serpens*, id est, serpentina nequitia & virulenta, ad multorum interitum, sicut sequentia docent, infectus, *qui multorum neci imminebit. Nam longitudine caudæ suæ*, hoc est, sequentis exercitus multitudine amplissimam illam Londoniæ civitatem per Cyrum Hostili obsidione vallabit, *& quosq; prætereuntes devorabit*, ut exsaciandæ eius boracitati inclusi hostes non sufficiant, nisi & extra positos quosq; & prætereuntes, per publicum iter occidat. Sequitur: *Bos montanus caput lupi assumet, dentesq; suos in fabrica Sabrinæ dealbabit. Associabit sibi greges Albaniæ, & Cambriæ, qui Tamesem potando siccabunt*. Quantum ex verbis istis, partim quidem figuratis, partim satis apertis datur intelligi, Albaniæ Regem insinuat, quòd assumpto sibi capite lupi, id est, adiuncto sibi Cambriæ Rege adversus Londoniam sit ducturus exercitum. Bovem nempe montanum, sicut sequentia verba declarat, Albaniæ Regem vocat: bovem propter eius gravitatem seu traditatem, montanum quia montibus plena est, ut suprà iam dixi, tota regio illa. Caput autem lupi, Cambriæ Regem appellat. Cambria enim, ut antè commemoravi plena nemoribus est, & sylvis, in quibus luporum habitatio est. Est autem figurata locutio, quam Græci metonomiam vocant, qua contentum, pro continente, vel continens ponitur pro contente. *Bos ergò montanus, caput lupi assumet*, id est, Cambriæ principem associabit sibi, *& dentes suas in fabrica Sabrinæ dealbabit*, id est, exacuet & limabit. Fabricam Sabrinæ, vocat Cambriæ munitiones. Est enim Sabrina fluvius in finibus Cambriæ, à qua dicitur mare Sabrinum. Ibi ergò bos montanus dentes suos dealbabit, pigritiæ videlicet suæ & animi hebitudinem Cambrorum acritudine exacuendo, & propriæ tarditatis eruginem, illorum alacritate obradendo. *Bos montanus caput lupi assumet, dentesq́; suos in fabrica Sabrinæ dealbabit. Associabit sibi greges Albaniæ & Cambriæ*, id est, vtriusq; terræ populos, *& Tamesem potando siccabunt.* Hoc hyperbolicè dicitur, quasi dicat: Tantos exercitus ex Albania & Cambria, aduersus Londoniam dimicantes secum habebunt, ut Tamesim fluuium epotando siccaturi videantur. Tale quid loquitur & Iuuenalis in Satyra nona, de Xerxe Rege Persarum atq; Medorum, filio autem Darii, cuius secundo anno regni eius, reædificatum est templum Domini in Hierusalem, in manu Zorobabel & Iosedech, sacerdotis magni. Hic enim Xerxes tantos exercitus, tantumq́; nauium stolum duxit in Græciam, volens eam suo subiugare imperio, ut nõ solùm mare, quasi solidum substratum, nauibus videretur, sed etiam super terrã & super montes ipsos nauium vela oppansa te videre putares, omnesq́; Græciæ omnes & fluuios, tantaq́; Persarum atque Medorum multitudine epotatos defecisse & esse siccatos. Ait itaque Iuuenalis: *Creditur olim velificatos* athos, hoc est, velis nauium suppositus & opertus. Est autem athos, mons Græciæ altissimus. *Creditur olim velificatus Athos, & quicquid Græcia mendax audet in historia: cõstratum classibus tristem, suppositumq́; rotis solidum mare, credimus altos defecisse omnes, potataq́; flumina Medo.* Tale est ergo & hoc, quod hic additur: *Associabit sibi bos* videlicet *montanus, greges Albaniæ* & Cambriæ, *qui Tame-*

sem

Iuuenal. Sat. 9.

sem potando siccabunt. Sequitur: *Vocabit asinus hircum prolixæ barbæ, & formam ipsius mutuabit. Indignabitur ergò montanus, vocatoq́ lupo, cornutus taurus in ipsos fiet. Vt autem sævitiæ indulserit, devorabit carnes eorum & ossa, sed in cucumine Vriani cremabitur.* Asinus est animal stolidum, & indisciplinatum, vilissimis operibus ac laboribus mancipatum. Hircus autem pecus est luxuriosum ac putens. Stultum ergo ac stolidum significat illum fore, qui hircum prolixæ barbæ associabit sibi, adversus bovem montanum, id est, Albaniæ Regem, de quo antè iam dixerat: *Bos montanus caput lupi assumet, dentesq́ suos in fabrica Sabrinæ dealbabit. Associabit sibi greges Albaniæ & Cambriæ, qui Tamesem potabunt.* Itaque adversus bovem istum montanum, vocabit asinus hircũ prolixæ barbæ, & formam ipsius mutuabit hircum se esse simulãs. Quæ res in bellis frequenter accidit, cùm aliquis nolens vel timens agnosci ab hostibus suis, formam cuiuslibet alterius militis mutuat sibi, ut cùm arma illius assumit & induit. Sic quondam Achab Rex Israël, associato sibi Iosaphat Rege Iudæ, cùm ascẽdisset in Ramoth, Galaad ad præliandum, contra Benadab Regem Syriæ, mutavit habitum suum & armę, ne agnosceretur à Syris. Sed nil ei profuit dissimulatio ista, cùm nihilominùs Dei perurgente iudicio, inter scapulas & pulmonem, iacta incertũ sagitta lætaliter vulneratus, atque in campum Iezrael deportatus, iustas Naboth inferies solvit, ut iuxta vaticinium Eliæ ibi lingerent canes sanguinem eius, ubi linxerant sanguinem Naboth, cuius vineam concupierat, & ob hoc eum subornata falsitatis *2. Paralip. cap. 18.*

citatis calumnia, morti tradiderat. Sic afino, de quo nunc nobis sermo habetur in manibus, nihil omnino conducit, quòd hirci, quem sibi in auxilium invitabit, formam mutuabit. Quoniam quidem Leo montanus, in taurum cornutum conversus, hoc est, ex mansuetudine bovis in tauri ferocitatem alteratus, *ubi sævitia indulserit, eorum,* hoc est, asini & hirci *carnes devorabit & ossa.* Quod duplici modo intelligi potest, ut vel ipsos occisurus sit, vel eorum exercitus ex integro perempturus, ossa videlicet & carnes, hoc est, fortes & debiles, potentes & pauperes, nobiles atque ignobiles. Et hoc est, quod ait *Vocabit asinus hircum prolixa barba, & formā ipsius mutuabit. Indignabitur ergò montanus, vocato q. hupo,* hoc est, Cambrorum Rege *cornutus taurus in ipsos sit. Vt autem servitia indulserit, devorabit carnes eorum & ossa.* Sed quia nemo ferè mortalium fortunæ ludibria evadere potest, tandem & ipse post tantas manubias victoriæ, post tanta bellorum adorea, *in monte Vriani cremabitur;* sicut quondam Vortegirnus Britanniæ regno privatus, & in castello quodam, quod consilio divinorum suorum, supra montem quendam in finibus Cambriæ fecerat, ab Aurelio Ambrosio obsessus, tandem admotis machinis, & igne supposito concrematus est, & combustus. Sequitur: *Favilla cogi eius mutabuntur in cygnos, qui in sicco, quasi in flumine natabunt. Devorabunt pisces in piscibus, & homines in hominibus deglutient.* Favillæ de incendio procreantur. Itaque per favillas cogi illius, qui in monte Vriani cremabitur, significat posteros eius, quos dicit in cygnos mutandos, & in sicco, quasi in flumine nataturos.

Cygnus.

Cygnus, est ales fluvialis, & apud nautas in auspiciis *Cygnus* faustus. Nam ex eius conspectu prosperum sibi cursum per marina discrimina suspicantur, ideo quòd nunquã se mergat in aquas. Vnde Æmilius Poëta:

Cygnus in auspiciis semper latissimus ales,
Hunc optant nautæ, quia se non mergit in undas;

Is aliquando aquas incolit, aliquando degit in terra. Nam tota æstate, & tepidis quibusque temporibus, fluviis innatat. Hyema autem congelantibus aquis egreditur, & in terra aliter frugum seminibus. Itaque quod ait: *Favilla regi illius, mutabuntur in cygnos, qui in sicco, quasi in flumine natabunt*, significat, quia posteri eius nunc quidem in mari degentes, pyratica infestatione obvios quosque spoliabunt, vel necabunt, sicut sequentia docent, nunc verò terrestribus præliis patriam infestabunt. Vnde sequitur: *Devorabunt pisces in piscibus, & homines in hominibus deglutient*. Quia enim contra naturã cygnorum est, devotare pisces, non enim pisce, sed herbis aluntur; aut frugibus, ideò cum dixisset: *Devorabunt pisces in piscibus*, adiunxit *& homines in hominibus deglutient*. Quibus verbis apertè ostendit, quòd non de cygnis avibus, sed sub figura cygnorum de hominibus laqueretur; qui tanta sævitia grassabũtur in homines, ut nec mulieribus prægnantibus parcant: trucidantes simul matres cum filiis nec dum natis. Hoc est enim quod ait, *quia homines in hominibus deglutient*. Tale quid & superiùs dixerat: *ventres matrum truncabuntur, & infantes abortivi erunt*. Caduallo enim Britonum rex, qui se superiactabat ad exterminium Angloru & Saxonum natum, volens omne genus eorum eliminare

PROPHETIAE MERLINI

Lucanus lib. 1.

liminare à finibus suis & ad imum delere, nulli autem sexui parcebat, sicut & Lucanus de tyrannide & sævitia Marii loquens, inter cætera dicit:

Proh fata quis ille.
Quis fuit ille dicis Marius quo mœnia victor
Corripuit, quando nulli sua profuit ætas?
Non senis extremum piguit vergentibus annis
Præcipitare diem, nec primo limine vitæ,
Infantum nuper malorum abrumpo fata.
Iam commixta iacent in condita mortua vivis.
Corpora corporibus, &c.

Devorabunt pisces in piscibus, & homines in hominibus deglutient. Et quia scriptum est, & vulgari proverbio, atque veraci usque quaque detritum; non mutabit Æthiops pellem suam, sicut & Horatius dicit: *quo semel est imbuta recens servabit odorem, testa diu*, à bellorum rapie prædarumque rapina atq; humanarum mortium, quibus artibus à primæva ætate & teneris adhuc annis imbuti fuerint, & instructi, nec in extrema ætate cessabunt, sed in superveniente senio à patrio solo exules, cum iam in terra solitas exercere malitias, & civilia bella non poterunt, extremum sibi refugii nidum in mari constituent; pyraticam vitam de cætero exercentes, opportunis in locis marinis viatoribus sive institoribus insidias molientes, eorum navalia submergentes, ipsosque suis opibus spoliantes, atque necantes. Vnde sequitur: *Superveniete verò senectute sub marini luces efficientur, atque submarinas insidias machinabuntur. Submergent naualia, & argentum, non minimum congregabunt.* Submarini enim luces sunt marini quidam pisces, qui rapaci piscium captura,

Horatius.

suam assiduè urgent ingluviem, æquoreos pisces cum piscibus devoratis, & intra eorum viscera occultis deglutientes. *Fluctuabit iterum Tamesis convocatisq; fluminibus ultra metas alvei procedet. Vrbes vicinas occupabit, oppositosq; montes subvertet. Adhibebit sibi fontem Galabes, dolo & nequitia repleti. Orientur ex eo seditiones, provocantes Venodolos ad prælia.* Convenient nemorum robora, & cū saxis Ge Wiscorum congredientur. *Advolabit cervus cum milvis, & corpora peremptorum devorabit.* Metonomicè per Tamesim fluvium Mertiorum populum significat, quorum Londonia metropolis civitas est. *Qui convocatis fluminibus,* hoc est, appenditiis suis sibi consociatis, propriis fluminibus non contenti, *Alveum suum,* id est, terminos suos *exibunt*, &vicinas civitates violento bellorū impetu occupabant, *oppositosq; montes subvertent,* hoc est, magnos quoque & in sublimi positos, sibi autem oppositos atque adversantes humiliabunt, & ad ima deponent. *Adhibebunt etiam sibi fontem Galaes, dolo & nequitia repleti.* Fons Galaes, in finibus Cambriæ est, quem &sibi adiicient Londonienses, id est, terram illam ubi est fons Galaes, & populum eius dolo & nequitia repletum, suæ adiicient ditioni, sed malo suo, atque ad suum ipsorum exitium. Siquidem *orientur ex eo seditiones,* id est, pro eo, *provocantes venodolos,* id est, Walenses *ad prælia. Convenient nemorum robora.* Nemorum robora vocat Walensium principes, eò quòd Walia tota consita sit nemoribus. *Convenient nemorum robora, & cum saxis Geuuissorum congredientur.* Geuuissei, sunt illi Britanniæ populi, quorum quondam

dam comes fuit Vorlegirnus ille, qui interfecto a-
pud Londoniam Constante Britonum Rege adole-
scente, à Pictis domesticis & stipendiariis militibus
suis, cum non esset qui ei (dico autem Vorlegirno)
resistere posset, coronam regni violenter arripuit.
Et cum à finitimis suis Pictis videlicet & Scotis,
gravissimis irruptionibus urgeretur, Saxones ad sui
suppetias invitavit in insulam. Geuuissei ergo isti
Londoniensibus & Mertiis ferventes auxilium Venodolos, id est, Walenses, contra sese concitabunt
ad arma. Et hoc est, quod ait. *Convenient nemorū
robora, & cum saxis Geuuisseorum congredientur,*
hoc est, cum fortissimis Geuuisseorum populis, &
ad omnem laborum tolerantiam ad instar saxorū
durissimis. *Advolabit corvus cum Milvis, & corpora peremptorum devorabit.* Quasi dicat: Tanta erit
hominum cædes, ut corvi & milvi undique con-
gregentur, ad devoranda cadavera occisorum. Sequitur, *Super muros Claudiocestriæ nidificabit bubo,
& in nido eius procreabitur asinus. Educabit illum
serpens Malverniæ, & in plures dolos commovebit.
Sumpto diademate transcendet excelsa, & horrido
recanatu populum patriæ terrebit.* Claudiocestria à
Claudio Cæsare nomen accepit, quam addidit A-
viragus Britonum Rex, gener autem ipsius Claudii,
in loco illo ubi Geuuissam Claudii filiam, duxit
uxorem, atque ad memoriam & honorem eius
Bubo Claudiocestriam nominavit. Bubo autem avis feralis est & foeda, atque in auspiciis semper infausta.
Nam ubicunque apparuerit, significat vastitatem
Ovidius. loco affuturam & luctum, Vnde & Ovidius. *foedaq́;
volucris, venturi nuntia luctus. Infelix bubo dirum*

LIBER VI.

mortalibus omen. Cui nomen inditum est, à sono vocis, iuxta figuram quam Onomatopœiam vocant. Sicuti est hoc nomen grus huius gruis, sicuti est clangor tubarum, & tinnitus. Vnde est illud in poëta: *Stipulam crepitantibus urere flammis.* Et illud Apostoli, *Ero quassas sonans, aut cymbalum tinniens.* Sic & ibi. *Et stridebunt cardines templi.* Ad hunc tropum quidam pertinere volunt, fremitus leonum, balatus pecorum, mugitus boum, & similia. Est quoque bubo ales nocturnus, qui ad similitudinem noctuarum nocte vigilat, dormit in die, quique oculos grandes habent, caligines tenebrarum amat, splendorem solis horrescit, mirumq́; in modum contra cœterarum ferè omnium avium animaliumq́ue naturam, claritate diei cæcatur, noctis autem tenebris illuminatur. Tales sæculi huius sunt homines versuti, & astuti in malo, in bono autem stulti ac stolidi, & ut prophetico sermone utar, *sapientes ut faciant mala, bene autem facere nescientes,* ad male agendum acuti atque subtiles, ad bene agendum retusi atque hebetes. Iuxta istas igitur, quas enumeravimus, & si quæ sunt aliæ bubonis proprietates, abhominabiles & perversæ: pensa de principe illo, quem bubonis appellatione censendum putavit, non ob aliud sanè, quàm propter affinitatem & similitudinem multam, quam cum bubone habebit. Puta ergò illum patriæ vastatorem ac totius desolationis & luctus auctorem, ac nuncium fore, ad facinora perpetranda versutum & callidum, ad bona autem facienda insipientem, ac stultum. Itaque iuxta metaphoram bubonis, qui in foraminibus & cavernis turrium & murorum conversari

1. Corinth.
13. vers. 1.
Amos. c. 8.
vers. 3.

Ierem. 4.
vers. 22.

versari solet, & per diem abscōditur, dicit Merlinus, *quòd super muros Claudiocestriæ nidificabit bubo, & in nido suo procreabitur asinus*, hoc est, filius stultus & indisciplinatus, & honore regio prorsus indignus. Et ne violentam aut exortam existimes, super hoc capitulo interpretationem nostram, scias hodieq; humanæ locutionis usu, ubique frequentari, ut de filiis, & maxime de stolidis & ignavis, dicatur, hic illius ovum est, & ille posuit istum. Similem deniq; loquendi metaphoram, & in prophetis nostris, & maximè apud Isaiam sæpè reperies. Itaque *bubo super muros Claudiocestriæ nidificabit, & in nido eius procreabitur asinus*, id est, nascetur ex eo filius stultus, nec Cæsare dignus. Qui cùm apud Malerniam à serpente, id est, à serpentino educatore fuerit enutritus, omnibusque malitiis & dolis imbutus, coronam regni sibi assumet, & excelsa, id est, ardua quæque transcendens, *horrido recanatu populum patriæ terrebit*, strepitu videlicet ac tumultu bellorum, ingentem indigenæ genti metum incutiens. Sequitur: *In diebus eius titubabunt montes Pacaij, & provincia nemoribus suis spoliabuntur*. Terræmotum significat, quo in diebus prædicti asini montes Pacaii titubabunt; quòd utique tantò magis mirum videbitur, quantò magis ibi inusitatum. Nam arenosa & solida loca, his motibus non sunt obnoxia, quibus subiacent cavernosa. Vnde & Sicilia, quia tota ferè cava est, & sulphure ac bitumine strata, ventis & ignibus penè sui patet ubique spiritu intus, eum concertante. Inde est, quòd multis sæpè locis, fumum & vapores seu etiam flammas eructat, vel etiam vento acriùs incumbente arenarum lapidūque mo-

que moles egerit, sicut ostendit Virgilius. 3. Ænei- *Virgil. 8.*
dos, dicens. *Æn.*

Interea fossus ventus cum sole reliquit,
Ignariq́; via Cyclopum allabimur oris,
Portus ab accessu ventorum immotus & ingens
Ipse, sed horrificis iuxtà sonat Æthna ruinis.
Interdumq́; atram prorumpit ad æthera nubem.
Turbine fumantem piceo, & candente favilla,
Attollitq́; globos flammarum & sidera lambit.
Interdum scopulos convulsaq́; sidera montis,
Erigit eructans, liquefactaq́; saxa sub auras,
Cum gemitu glomerat; fundoq́; exæstuat imo.

Ad exemplum autem gehennalium ignium, in his montibus Æthnæ, tam diuturnum durat incendium, quòd Æolidum insularum undis dicunt nutriri, dum aquarum concursus spiritum secum rapiens, in profundum tamdiu suffocat, donec venis terræ diffusus, fomenta ignis accendat. Hinc Syllæi canes latrare finguntur, dum procul navigantes undarum fremore terrentur, quas sorbente Voragine collidit æstus. Terræ autem motum fieri dicunt in locis cavernosis, vento instar spongiæ eorum visceribus incluso, qui terram horrido fremore percurrens, & evadere nitens, vario murmure concutit, & se tremendo vel dehiscendo cogit effundi. Vn- *Lucanus.*
de Lucanus: *Terra dehiscente tremuerunt montibus alpes.* In solidis & hoc est in terra tremor, quod in nube tonitruum, hoc hiatus, quod fulmen. Cum ergò in prædictis diebus in Britannia titubabunt montes Pacaii, id est, tremebūt, ideò prodigiosum videbitur, quia inusitatum. *In diebus eius titubabūt montes Pacaij.* Et addidit, & *provincia nemoribus suis*

O 3 *spolia-*

spoliabuntur. Superveniet namq; vermis ignei anhelitus, qui misso vapore comburet arbores. Sunt quidē vermes sicuti erucæ, & maximæ formicæ, qui aliquādo corrupto cæli tractu, ita arbores quas arripuerint, & quibus adhæserint, ab imo usque ad summum igneo vapore corrumpunt, ut perustæ videātur, & omni foliorum pulcritudine spoliatæ. Vnde

Virgil. Virgilius: *Corrupto cæli tractu miseranda venit, satisq; lues.* Sed quomodo iuxta literam vermis aliquis provincias suis nemoribus spoliabit, & igneo vapore suo comburet arbores, id est, ita consumet. Atque corrumpet, ut combustis arboribus, vel gelu vel incendio similes videantur, cùm vermium nullus, ulli saltem arbori, tantam per se sufficiat inferre perniciem, si fuerit solus, nisi multi simul affuerint vermes, vel eiusdem generis, vel diversi. Sed dicat aliquis, vermem positum esse, pro vermibus, singularem videlicet numerum pro plurali. Quam figuram Græci syllepsim vocant, quę quidem figura, & apud sæculi oratores, & in divinis quoque codicibus frequentissima est: quando videlicet, vel unus prō multis, vel multa pro uno ponuntur. Vnū,

Psalm. 77. verbi gratia pro multis ponitur, ut in psalmo, ubi
vers. 4. 7. dicitur. *Misit in eos Cynomiā & comedit eos, & ranā*
Psalm. 2. *& disperdidit eos.* Contraversum pro uno multi, ut ibi. *Astiterunt Reges terra & principes convenerunt in unum, adversus Dominum & adversus Christum eius.* Reges enim pro Herode, Principes enim pro Pilato positos, Apostoli intellexerunt, sicut in actibus Apostolorum ostenditur, ubi credentes cum
Actor. 4. Apostolis unanimiter levaverunt vocem ad Domi-
vers. 24. num & dixerunt, *Domine qui dixisti per os David pueri*

ueri tui. Quare fremuerunt gentes & populi meditati sunt inania. Astiterunt Reges terræ & principes convertunt in unū adversus Dominū & adversus Christū eius. Convenerūt in civitate ista adversus sanctū puerum tuū Iesum, quem unxisti, Herodes & Pilatus, &c. Similiter & hic singularē numerū, pro plurali, hoc est, vermem pro vermibus positum puta, si tamen id iuxta literam accipiendum esse putaveris. Enimverò quod non de verme, sed potius sub vermis figura de homine id loquatur manifestè aperit, cùm subiungit. *Egredientur ex eo septem leones, capitibus hircorum turpati.* Similiter & hæc verba, quod de leonibus bestiis hircorum capitibus deturpatis, sed magis de hominibus leonina rabie truculentis, atque ad similitudinem hircorum luxuriæ foetore putentibus dicat, ostendit satis apertè, quod sequitur. Additur enim. *Foetore narium corrumpent mulieres, & proprias, communes facient. Nesciet pater filium suum, quia more pecudum lascivient.* Quia ergo in nullis historiarum annalibus aut scripturis aliquibus invenitur, nec iuxta naturæ leges fieri potest, ut leones aut hircorum capitibus deturpentur, aut foetore narium mulieres corrumpant adulterino concubitu, & de propriis communes faciant, & bestiali modo omnibus prostitutas, ut proprium filium pater ignoret, iuxta illud Poetæ, *Cui pepulus pater est, non habet ille patrem,* intelligamus septem leones istos fratres homines fore, atrocissimos ut leones, nihilominus, quasi hircos emissarios, luxuria petulantes atque foetentes. Quod autem ait, quia *foetore narium suarum corrumpent mulieres,* iuxta metaphoram hircorum more suo id loquitur, quo-

Martialis

rum anrum anhelitus tanta est vis, ut eo hausto à capris, capræ accendantur ad coitum. Nec mirum cùm & equas quasdam in Cappadocia, ex solo equorum marium, & maximè admissariorum, odore concipere, Solinus affirmet. Similiter & de perdicibus dicit, quòd eos libido sic agitet, ut si ventus à masculo flaverit, solo impræg̃ne odore. *Egredientur ergò ex præfato verme. VII. leones isti, hircorum capitibus turpati, qui fœtore nariũ mulieres corrumpent.* Quod autem ait, de verme illo, quod *provincias nemoribus spoliabit, & emisso igneo vapore arbores comburet* hunc mihi sensum videtur habere, ut videlicet ad aperiendum sibi per innumera sylvarum loca, & ad viam expediendam, ipse, uti sæpè sit nemora excidet atque comburet. Sequitur. *Superveniet ergò gigas nequitiæ, qui oculorum acumine terrebit universos exurget in illum draco Wigorniæ, & eum exterminare conabitur. Facto autem congressu, superabitur draco, & nequitia victoris opprimetur. Ascendet nã́que draconem, & exuta veste insidebit nudus. Feret illum ad sublimia draco, erectáq; cauda verberabit nudum. Resumpto iterum vigore gigas, fauces illius cum gladio cõfringet Implicabitur sub cauda sua draco, & venenatus interibit.* Gigantes, sicut vastitate corporata. & nimia aspectus subtilitate, cæteris hominibus præstant, ita ut longinquas, & à communi hominum visu longè remotas terrarum regiones, cum omni facilitate prospiciant, atque perlustrent. Vnde & gigantem istum nequitiæ, hoc est, aliquem quem more suo non nominant, sed antonomasicè, per accidẽtia sua designat, gigantea proceritatis arduum & immanem, nequitiæ quoque & malignitatis

LIBER VI.

tis artificem superventurum dicit, & universos oculorum acumine territurū, dum videlicet à prospectu eius effugere, vel latitare nullo genere prævalebunt. Sic Varro refert virum queadam Strabonem nomine, visu oculorum tantum potuisse, ut ultra centum. xxx. & quinque miliaria prospiceret, solitumque exeunte à Carthagine, contra Romanos classi Punica numerum navium manifestissimè ex Lilybetana specula computare. Vnde & magno timori Carthaginēsibus eius excubiæ erāt, eò quòd propter illum, nullo repentino aut furtivo adventu Romanos circumvenire aut imparatos invenire valent. *Superveniet gigas nequitiæ, qui oculorum acumine terrebit universos.* Quos universos, Septem videlicet leones hircorum capitibus turpatos, qui ex verme provintiæ arbores comburēte nascentur, quique fætore narium mulieres corrumpēt, & proprias facient esse communes. Hæc olim consuetudo apud multos barbararum gentium populos fuit, & maximè apud Garamantes in Affrica commanētes, ut nullo inter se legitimo matrimonio iungerentur, sed bestiali more coirent, ita ut solæ matres natos agnoscerent. Ad hanc itaque bestialem communemq́ lasciviam, reducent patriam gentem su pradicti leones, capitibus hircōrum turpati. *Super hos ergo veniet gigas nequitiæ, & universos* videlicet cum suis auxiliis *acumine terrebit oculorum. Exurget in illum draco Vigorniæ, & eum exterminare conabitur.* Vigornia est quædam Britanniæ civitas, super Sabrinam sita. Inde ergo draco procedet qui gigantem nequitiæ *exterminare conabitur*, id est, à finibus expellere. Draco à verbo Δέρκω in Græco dicitur,

Varro. Vide Plin. lib. 7. cap. 21. Strabonē l. 6. Satellicum lib. 9. Enn. 4. Valer. Max. lib. 1. c. 8. Strabonē hunc Lynceum vocat. Vide & Ælianū lib. lib. 11. de Var. hist.

Draco.

dicitur, id est, à videndo, eò quòd cæteris animantibus acutiùs videat. Similiter & fera alia, quæ Dorcas appellatur. Draco serpens maior est cunctis animantibus, sine pedibus, in speluncis requiescit, & in aërem sustollitur. Sunt enim quidam draconum alati, & in aërem volant. Vnde *Isidorus*, *Draco* inquit, *maior cunctorum serpentium, cunctorum animalium super terram. Qui sæpe à speluncis abstractus, fertur in aërem, concitaturq́ aër propter eum.* Est autem cristatus, ore paruo; & arctis fistulis, per quas trahit spiritum, & linguam exerit. Vim autem non in dentibus, sed in cauda habet. Innoxius est autem à venenis, sed ideò illi ad mortem inferendam venena necessaria non sunt, quia si quem ligauerit occidit, à quo nec elephantem tutum facit tam vasti corporis sui magnitudo. Nam circa semitas delitescens, per quas elephantes solito gradiuntur, crura eorum spiris innodat & illigat, síc q́ suffocatos interimit. Draco caudæ verbere potiùs nocet quàm ictu. Draco marinus aculeum in brachiis habet, ad caudam spectantem. *Exurget in illum draco Vigorniæ, & eum exterminare conabitur.* Draco dicitur propter similitudines quasdam, quas cum dracone habebit. Talis draco sub eadem locutionis figura fuit, Pharao ille Rex Ægypti, sicut in Propheta legitur, draco *magnus, qui cubabat in medio fluminum & dicebat, mea sunt flumina, & ego feci ea. Exurget in illum Draco Vigorniæ, & eum exterminare conabitur. Facto autem congressu superabitur draco, & nequitia victoris & gigantis opprimetur. Ascendet namq́; draconem, hoc est, dracone sibi subiiciet, & exuta veste insidebit nudus.* Hæc iuxta metaphoram

Isidorus.

Ezechiel. cap. 29. v. 3.

Liber VI.

...in draconis loquitur. Sunt enim huiusmodi dra[co]nes alati, & per aërem volantes flammivomi, qui [...]neo flatu appropinquantia exurunt. *Feret illum [ad] sublimia draco*, aliquandiu prævalere visus, & [a]d libitu suo gigantem opprimere, & penè iam [su]perasse. *Feret ad sublimia draco, erecta cauda ver[be]rabit nudum.* Iuxta hoc proprietatem draconis di[ctu]m, qui ut supra diximus, cauda magis verberat, [q]uàm feriat ictu. Sed cùm iam Draco penè obti[n]uisse gigantem, ac superasse visus sibi fuerit, & vi[ct]oriam assecutus, subito gigas resumptis viribus [&] revocata audacia, gladio draconem interimet. Et [h]oc est quod subiungit. *Resumpto iterum vigore Gi[g]as, fauces illius*, draconis videlicet *cum gladio con[t]inget. Implicabitur tandem sub cauda sua draco, & [v]enenatus interibit.* Venenum enim, ut supra di[ct]um est, in cauda, non in dentibus habet. Quod [a]utem ait, *implicabitur tandem sub cauda sua draco, [&] venenatus interibit*, possumus intelligere, vel [iu]xta metaphoram draconis dictum, sicut & alia, [v]el certè caudam eius accipere, exercitum subse[q]uentem, inter quos, ut in rebus bellicis sæpè acci[d]it, cadens opprimetur. Sequitur. *Succedet Tolone[s]ius aper & dira tyrannide opprimet populum.* Tolo[n]esium litus est, vnde à maiori Britannia, in Armo[r]icum regnum navigatur. Inde ergò post mortem [d]raconis procedet aper, id est, vir bellicosus & ferus, [q]ui ei succedet, quique dira tyrannide opprimet [p]opulum. Veruntamen non impunè. Sequitur [e]nim. *Eliminabit Claudiocestria leonem*, id est, vi[r]um fortem atque ferocem, & leonem per similitu[d]inem *eliminabit, Claudiocestria leonem, qui diver-*
sis præ-

sis prælijs inquietabit sævientem, hoc est, Tolonesiũ aprum, dira tyrannide populum opprimentem. Claudiocestria ipsa est, de qua superius dictum est: *Super muros Claudiocestriæ, nidificabit bubo, & in nido eius procreabitur asinus.* De qua quoniam suprà diximus, quis eam condiderit, & à quo nomen acceperit, sequentia videamus. *Eliminabit*, inquit, *Claudiocestria leonem, qui diversis prælijs inquietabit sævientem. Conculcabit eum sub pedibus suis, apertisq́ue faucibus terrebit*, hoc est, comminuet. Hoc semel simplicem lectorem admonemus, per totum huius libri contextum, nominibus bestiarum, serpentium, vel alitum, verbi gratia, aprorum luporum, vulpium, leonum, boum, taurorum, hircorũ, asinorum, ericiorum, draconum, colubrorum, ardearum, bubonum, & huiusmodi, non bestias, aut serpentes, aut alites, designari, sed figuratis horum appellationibus Reges ac Principes, vel tyrannos, prophetico loquendo more significari. Nec ob aliud sanè, quàm propter similitudines quasdam, quas cum his communes habuerint, sive habebũt, quorum nuncupatione censentur. Hoc igitur semel admonuisse sufficiat, ad dandam diligentiam eorum, quæ per omnem prophetiæ huius seriem, talibus figurarum involucris adumbrantur. Sequitur: *Cum regno tandem litigabit leo, & terga nobilium transcendet.* Cum prædictus leo Claudiocestriæ Tolonesium aprum diversis præliis inquietaverit, eumq́ue sub pedibus suis conculcaverit, tanta victoria elevatus in superbiam & elatus, nec propria mensura contentus, etiam cum regno litigabit, hoc est, pro regno, ut & regni potestatẽ arripiat, regnumq́ue

obtineat

obtineat. *Cum regno tandem litigabit*, hoc est, cum regio exercitu, pro regni principatu, pugnabit; *& terga nobilium transcendet*, id est, suæ voluntati subiiciet. Sed non in longum libera super equitabit tyrannide, sed fortunæ rotatu de summis ad ima descendet, iuxta illud Lucani: *Lucanus*

Invida fatorum series summisq́, negatum.
Stare diu, immensosq́, graves, sub pondere lapsus,
In se magna ruunt latis hunc numina rebus
Crescendi posuere modum.

Sequitur ergo: *Superveniet Taurus litigio, & leonem dextero pede percutiet. Expellet eum per regni diversoria, sed cornua sua in muros Exoniæ confringet.* Taurus qui litigio superveniet, leonemq́; dextro pede percutiet percussumq́ue per diversoria regni expellet, vel ipse Rex erit, cuius regnum Claudiocestriæ invasurus est, & terga nobilium transcensurus, vel aliquis de amicis eius, qui leonem prælio superabit, eumq́e per regni diverticula effugabit. Dextrum autem pedem eius, qui leonem interficiet, dextrum cornu exercitus bellici, possumus convenienter accipere, iuxta hoc, quod in arte militari & rebus bellicis, à dextris & à sinistris, atq; in medio acies disponuntur ad pugnam. Proclivius autem ipsum Regem tauri nomine designatum existimo, maximè propter cornua quæ in scripturis regna significant, ut ibi. *Et erexit cornu salutis nobis, in domo David pueri sui*: Nam & quatuor cornua, quæ alius Zacharias propheta vidit, quatuor regna angelus interpretatus est, & in Daniele similiter. *Superveniet ergo taurus litigio, & leonem dextro pede percutiet. Expellet eum per regni diversoria via, sed cornua sua in muros Exoniæ confringet*, id est ibi regnum cum vita amittet. Vnde sequitur: *Vindicabit leonem vulpes Caerdubali, & totum*, id est, taurum *suis dentibus consumet*. Quibus verbis datur intelligi, quòd taurus Exoniam obsidens urbem, dum quasi cornibus suis, id est, agminibus suis, muros frangere fuerit aggressus, subitò eius cornua confringentur, & totus, hoc est, ipse cum suo exercitu à vulpe Caerdubali consumetur. Vulpem more suo appellat, id est, dolosum aliquem vulpinis fraudibus imbutum, qui in ultionem leonis à tauro percussi, & expulsi, ipsum taurum cum suis interimet. Caerdubalus autem nomen est loci, unde vulpes ista procedet. Exonia verò civitas est, quam Willelmus dux Normannorum, de victis Anglis & Haroldo eorum Rege perempto, dum quasi rebellem sibi obsideret, accidit ibi quiddā miraculo pariter & memoria dignum. Quidam enim cæteris præruptior, atq; omnibus impudentior muros ascendēs, inguina sua nudavit, & ad despectum Ducis & totius exercitus, immūdos crepitus per posteriora facere cœpit. Quo viso Willelmus accensis animis, & tam impudenti irritatione permotus, armate vos, inquit, viri, & viriliter incessite muros, quia tradidit illos Deus in manus nostras. Homines sunt enim irreverentes, & ideò Dei auxilio destituti. Quibus dictis, cùm se armare cœpissent, statim murus civitatis (mirabile visu) corruit, & oppidum sine lancea & arcu populo victori aperuit. *Vindicabit Leonem vulpes Caerdubali, & totum suis dentibus consumet*. Sequitur: *Contingent eam Lindecolinus coluber, præsentiam suam draconibus multis, horribili sibilo*

LIBER VI.

philo testabitur. Congredientur deinde dracones, & alter alterum dilaniabit. Opprimet alatus, carentem alis, & ungues in genas venenatas configet: Ad certamen convenient alij, & alius alium interficiet. Succedet quintus interfectus; residuosq́; diversis machinationibus confringet. Transcendens dorsum Vnius cum gladio, & caput à corpore separabit. Exuta veste ascendet alium, & dexteram cauda levamq́; iniiciet. Superabit eum nudus, cum nihil indutus proficiet. Cæteros tormentabit à dorso & in rotunditatem regni compellent. Multa simul quasi in pila compegimus, quorum summa ista est, quia in diversis nominibus, generibusque serpentum, & eorum commemoratione, quæ inter se gerent prœliorum & cædium, dirissima hominum ad alterutrum bella mortesque significant. Veruntamen singula quæq; capitula, brevi saltem & succincta interpretatione, iuxta consuetudinem retractemus. *Circumcinget,* inquit, *eam:* haud dubium, quin vulpem Caerdubali, quæ in ultionem leonis in muros Exoniæ tauro cornua sua confringet, ac totum suis dentibus consumet. *Continget ergò hanc vulpem,* id est, mordebit sive percutiet *Lindicolinus coluber,* hoc est, à Lindicolensi civitate procedens. Coluber, secundùm nominis Etymologiam dicitur, eò quòd umbras colat, vel quòd in lubricos tractus, flexibus sinuosis labatur. Nam & lubricum dicitur, quicquid labitur, dum tenetur, ut anguilla, muræula & serpens. Ita ergò lubricum fore Lindicolinum istum, quicunque ille fuerit, qui vulpem continget, hoc est, mordebit & feriet. Talis coluber fuit Achaz Rex Iuda. De cuius morte, cùm lætarentur hostes

eius Philistæi, factus est sermo Domini, in manu
Isaiæ dicens ad eos: *Ne læteris Philistea omnis tu, quoniam comminuta virga percussoris tui. De radice colubri egredietur regulus, & semen eius absorbens volucrem* colubrum Achaz appellans: regulum autem Ezechiam filium eius. Et quia coluber est serpentis species, hoc generaliter sciendum est, serpentes ideo dici, quia occultis accessibus serpentes, non apertis incedunt passibus, sed minutissimis nisibus repūt. Illa autem, quæ quatuor pedibus utuntur, ut puta, lacerti & stelliones, non serpētes, sed reptilia nominantur. Et omnes quidem serpentes, reptilia sunt, quia ventre & pectore reptant, sed non omnia reptilia sunt serpentes. *Continget eam Lindicolinus coluber, præsentiamq́ suam draconibus multis horribili sibilo testabitur.* Convocant enim sese mutuò, & in unum congregant serpentes, sive ad dimicandum sive ad aliud quid agēdum, non lituorum stridore, seu clamore tubarum, sed sibilo oris. *Congredientur deniq́ dracones, & alter alterum dilaniabit. Opprimet alatus carentem alis,* id est, sublimes, & quasi ad alta volantes, infimos, & velut in terra raptantes. *Opprimet alatus carentem alis, & ungues in genas venenatas configet.* Ad instar videlicet rapacium avium, quæ ungues in genas figunt volucrū, quas capiunt. *Ad certamen convenient alij,* subaudi post-primos, *& alius alium interficiet. Succedet quintus interfectis, & residuos diversis machinationibus cōfringet.* Hæc verba mihi hunc sensum habere vidētur, Peremptis quatuor de maioribus, Principibusq́ serpentum, id est, illorum, qui prædicturum serpentum appellatione censentur, succedet quintus,

qui

*Esaia c. 14.
vers. 29.*

qui residuos diversis machinationibus confringet. Vnde sequitur. *Transcendet dorsum unius cum gladio, & caput à corpore separabit.* Transcendet dorsum unius, hoc est, unum illorum sibi substernet, cuius caput gladio amputabit. *Exusta veste ascendet aliū, & dexteram cauda lævamq́ inijciet. Superabit eum nudus, cùm nihil indutus proficiet.* Iuxta proprietatem quandã serpentis hæc loquitur. Serpens enim, ut aiūt, cum vestitum hominem audacter invadat, nudum veretur, atque ad nocendū ei appropinquare non audet. Cæterum queadmodū sub metaphora serpentum & draconum, de hominibus, nullo dubitante sermo est, serpentibus draconibusq́ue similibus, iuxta illud Beati Hiob: *frater fui draconum, & socius struthionum,* certum habemus & in oculis positum, quod multi ab hostibus spoliati proprijs rebus atque nudati, sive etiam bonis suis incendio datis, acrius elaborant quacunque arte, quibuscunq́; machinationibus, quocunque modo, ad se vindicandos de adversariis suis, ita ut etiam eos frequenter opprimant, vel occidant, in quos nihil antea potuerunt, dum vestiti erant: hoc est, possessionibus suis, & exterioribus bonis induti, & nihil damni ab hominibus passi. Vnde superius ait, de gigante nequitiæ, qui cum dracone Vigorniæ pugnabit, quod tunc demum adversus draconem prævalebit, eiusque fauces gladio confringet, cùm exusta veste sua haud dubium, quin ab igne draconis, nudus draconem ascenderet, nudusq́ue dorso eius insederit. Hoc est, ergo, quod & hîc dicit. *Exusta veste ascendet alium, & dexteram cauda lævamq́ inijciet.* Hoc est, utraque manu, utroque brachio, id est, cum to-

Iob. c. 3⟨0⟩
vers. 29

P to posse suo in illum insurget, & caudam eius, id est, se quipedes eius apprehendet. *Superabit eum nudus, cum nihil indutus proficiet.* Sequitur. *Cæteros tormentabit à dorso, & in rotunditatem regni compellet.* Quod est dicere: Cæteros terga nudantes, & in fugam coactos insequetur, tormentis pluribus eos afficiendo, & per gyrum regni à facie sua fugere compellendo. Sequitur. *Superveniet leo ingens & immani feritate tremendus. Ter quinque portiones in unum reducet & solus populum possidebit.* Fortissimus utique leo iste erit, & immani feritate rugiet, qui tot portiones, id est, quindecim provincias, quindecim regibus principibusve subiectas, ad unam potestatem regni reducet, quatenus solus & ipse omnibus dominetur. Sequitur. *Splendebit gigas candore niveo, ac candidum populum germinabit.* Qui prius leo, nunc gigas, sed non ille gigas nequitiæ, de quo superius ait, *Superveniet gigas nequitiæ, qui oculorum acumine terrebit universos.* Hic enim gigas candore niveo, id est, veneranda canitie honorandus populum non terrebit, sed benigna mansuetudine gubernabit, & cum omni pace & tranquillitate tractabit. Et hoc est, quod dicit, *quia candidum populum germinabit,* leonina videlicet feritate deposita, & niveo candore assumpto. Niveum enim candorem, quo splendebit, possumus intelligere, non solùm exteriorem corporis, sed etiam interiorem mentis canitiem, & venerabilem canitiem, de qua dicitur. Est enim senectus venerabilis, & non diuturna, neque numero annorum computata. Cani sunt autem sensus hominis, & ætas senectutis vita immaculata. Niveus enim candor

in senin scripturis puritatem animo, benignitatem significat, sicut de Apostolis dicitur. *Qui sunt isti, qui ut nubes volant, & quasi columba ad fenestras suas? Candidiores nive, nitidiores lacte, rubicundiores ebore antiquo.* Vnde & candidati dici solent, sacro baptismate nenovati. Sicut & apud Romanos candidi, sive candidati dicebantur patres conscripti, qui videlicet benigno ac paterno affectu cæteris præsidebāt. Supradictus itaque vir splendens candore niveo, *candidum populum germinabit,* id est, subiectos sibi, proprio exemplo ad suæ mansuetudinis & bonitatis similitudinem informabit, iuxta illud. *Qualis princeps, tales & ministri eius.* Multa enim sive boni seu mali æmulatio, ex bono vel pessimo Rege populo venit. Vnde iterum Salomon dicit: Princeps qui libenter audit verba, *omnes ministros habet impios.* Et quid mirum, cum etiam in pecoribus istud videre sit: quia sicut ex convictu & consortio eorū, quæ incolumitate gaudent, alia quoque proficiūt, sic ex contagio infirmantium, universus grex interdum contaminatur. Vnde Iuvenalis in secunda satyra dicit. *Dedit hanc contagio labem, & dabit in plures, sicut grex totus in agris unius scabie cadit, & porrigine porci: uuaq́; conspecta livorem ducit ab uua.* Sic egregius Poetarum in Bucolicis: *Et mala vicini pecoris contagia lædunt.* Et alius quidam: *contagia vites, Hoc etiam pecori, sæpe nocere solent. Dum spectant oculi læsos, læduntur & ipsi: Multaq́; corporibus transitione nocent.* Ideo & sapientia dicit: *Qui tangit picem, inquinabitur ab ea;* Item, *noli esse amicus homini iracundo, neq; ambules cum viro furioso, ne*

Esaiæ c. 60. vers. 8.
Thren. 4. vers. 7.

Qualis rex, talis grex.

Proverb. c. 29. vers. 12.

Iuvenalis sat. 2.

Virgil. Eclog. 1.
Ovid. L. 2. remed.
Ecclis. c. 13. vers. 1.
Proverb. 9. 2. v. 24.
Prou. c. 13. vers. 20.

metus. Et rursum: *Qui cum sapientibus graditur, sapiens erit, amicus verò stultorum efficietur similis.* Vnde & additur: *cum sancto sanctus eris, & cum perverso, perverteris.* Et Apostolus: *si is qui frater nominatur, est fornicator, aut avarus, aut idolis serviens, aut maledicus, aut ebriosus aut rapax: cum eiusmodi nec cibum sumere.* Vides quomodo omnes tam saeculi sapientes, quàm divini auctores, uno ore conclament, malorum consortia pestifera esse, & ideò devitanda, sicut è regione, bonorū proficua, & idcircò sectanda. Vnde & praedictus princeps niveo splendore splendens, candidum populum germinabit, id est, suae bonitati & mansuetudini conformando, cum omni pace & tranquillitate tractabit. Verum sicut in bello alitur virtus, sic plerunque in ocio & pace resolvitur. Nam & Hannibalem illum insuperabilem Romanorum hostem, & ad omnem laborum tolerantiam omni adamante duriorem, Campaniae tandem fomenta solverunt, gulaeque & intemperantia, & nimia deliciarum luxuria, ac frequens balnearum usus, tandem eius fortitudinem molliverunt. Vnde & hîc sequitur: *Deliciae principes eneruabunt, & subditi in belluas commutabuntur*, non utique forma corporum, sed conformitate animorum. Sequitur: *Orietur in illis*, id est, inter illos, ac de illis, *Leo, humano cruore turgidus*, hoc est, humanum sanguinem sitiens, & humanis caedibus gaudens. *Supponetur ei in segete falcifer, qui dum laborabit, opprimetur ab illo.* Quantum litera haec sonare videtur, iste est in his verbis sensus, quod adversarius quidam leonis huius & hostis, dum segetes secare conabitur, ac metere laborabit, sic ut in
guerrā

Psalm. 17.
vers. 27.
1 Corinth.
5. vers. 12.

guerris & bellis fieri solet, interemptus à leone, opprimetur ab eo, id est, affligetur. Sequitur. *Sedabit illos Eboracensis aurigæ*, id est, lites eorum dirimet, & bella cessare faciet. Sedabit illos Eboracensis auriga, id est, Eboracensium rector, aut princeps. Est enim translatio, ab auriga, gubernatore videlicet curruum, ad rectorem hominum, quemadmodũ & in libro regum, cùm tolleret Dominus Eliam per turbinem in cælum, Eliseus clamabit dicens: *Pater mi, pater mi, currus Israël & auriga meus. Sedabit illos Eboracensis auriga, expulsóq́; Domino, in currum, quem ducet, ascendet, & abstracto gladio minabitur orienti, & rotarum sua vestigia replebit sanguine.* Ita ergò leonem & falciferum in segete sedabit Eboracensis auriga, id est, Eboracensium princeps, id est, à bellis adversus alterutrum cessare faciet, ut altero eorum à curru suo, id est, à principatu suo expellat, & in currum eius ipse ascendat, hoc est, dominium eius & potestatem arripiat, sicque evaginato gladio orienti minetur, id est, Orientalibus Britanniæ incolis bellum indicat, *& vestigia rotarum suarum multo adversantium sibi sanguine repleat. Fiet deinde piscis in aquore, qui sibilo serpentis revocatus coibit cum illo.* Muræna ut audio fiet, per significationem tamen, non per proprietatem. Est autem muræna piscis, qui Latinè, Lampreda vocatur. Muræna verò Græcè dicitur, eò quòd se in multiplices circulos complicet. Hæc animam habet, non in capite, sed in cauda. Quod inde probatur, quia capite conquassato, vix potest interimi, percussa vero cauda, statim exanimatur & moritur. Dicitur autem Muræna genus esse serpentis, eò quòd cöeat cum serpente.

4. Reg. 6.
13. v. 14.

Muræna

P 3 Sed

Sed qualiter fiat, precium operæ est videre. Serpens itaque accensus ad coitum, Muræna euocat, siue masculus fœminam, siue fœmina marem. Muræna audito sibilo serpentis, ascedit ad superficiem aquæ. Viso autem serpente, propter eius venenum naturaliter expauescit, nec appropinquare, aut cum eo cómisceri ausa, redit super aquas, & sese abscondit à serpentis aspectu. Serpens autem libidine stimulatus iterum sibilat, & Murænam reuocat ad conspectum. Illa iterum conspecto pauet & refugit. Et hoc tamdiu fit, donec serpens libidinis ultra ardorem non ferens, quasi obsides pacis & innocentiæ suæ illi offert, euomens venenum suum, quòd tamen post coitum resumit atque resorbet, quia siue veneno serpens viuere nequit. Muræna itaque facta securior accedit, & cum serpente miscetur. Vnde & multi, Muranæ, id est, Lampredæ esum, quasi serpentis exhorrent. Piscatores autem huius mysterii non ignari, sibilos simulant serpentinos, quibus muranas ad se euocant & capiunt. His itaque diligenti examinatione præmissis, ad literam redeamus, cuius latebrosa obscuritas iam ex magna parte procesfit in lucem. Ait ergo. *Fiet deinde piscis in æquore, qui sibilo serpentis reuocatus coibit cum illo.* Quibus verbis iste mihi sensus, & alius nullus videtur inesse, quòd videlicet Eboracensis auriga, post tantam de orientalibus Britannis sanguinis effusionem, cùm exul à terra, quasi pisces in æquore factus fuerit, id est, pirata marinus, sibilo serpentis id est, blanditiis serpentinæ alicuius mulieris reuocabitur ad terram, & eam caussa pacis, ut sæpè fit, in coniugem accepturus. Qualis autem inde sit processura progenies, ostendit

ostendit, dicens. *Nascentur inde tres tauri fulgurantes*, id est, quasi fulgura dimicantes, bellorumque tonitruis cuncta terrentes. *Nascentur inde tres tauri fulgurantes, qui consumptis pascuis convertentur in arbores*, hoc est, qui consumptis frugibus vel depopulatione vel fame, ad fructus arborum convertentur. Quod autem bellica vastatione tanta famis inopia futura sit, sequentia docent. *Tres namque tauri fulgurantes*, hoc est, tres germani ex æquoreo pisce & serpente gemiti, pro principatu regni dirissimis inter se prœliis concertabunt, sicut sequentia monstrant. Sequitur enim. *Gestabit primus flagellum imperij, & à postgenito suo dorsum suum divertet, Nitetur ipse ei flagellum eripere, sed ab ultimo corripietur. Avertent mutuò à sese facies, donec venenatum scyphum proiecerint.* Quod dicit plurimum gestaturum flagellum imperii, sed à postgenito diversurum significat primogenitum regem fore, sed secundum fratrem suum à se abiecturum. Vnde & ille nitetur ei flagellum, id est, sceptrum eripere, sed tertius sibi frater impedimento erit, ne conatus suos ad effectum perducere possit. Avertent autem à sese facies, donec scyphum venenatum proiecerint, hoc est, donec poculum fellis & amaritudinis, quo inebriati fuerint, à cordibus suis abiecerint. De quali potione dicit sermo propheticus: *Vva eorum, una fellis, & botrus amarissimus. Fel draconum vinum eorum, & venenum aspidum insanabile.* Sequitur. *Succedet eis colonus Albania, cui à dorso imminebit serpens. Vacabit ille telluremsubvertere, ut patriæ segetibus candeant, Laborabit serpens venenum diffundere, ne herba in segetes perveniant. Lethali clade*

Deuteron.
c. 32. v. 32.

P 4   *deficiet*

deficiet populus, & moenia urbiū desolabuntur. Colonū Albaniæ vocat Albanię Principē: colonū ideo, quia pacis & quietis amator, agriculturæ magis quā bellorum tumultibus operā dabit. Sic & Augustus Cæsar cum interfectis interfectoribus avunculi sui, Iulii videl. Cęsaris, & triumphatis regibus multis de Orientis partibus, Romam victor rediissent, præcepit, ut per universum mundū Romano subiectū imperio, omnes arma sua converterēt in vomeres, ad arandā terrā, & lanceas in falces, ad secandas segetū messes, iuxta vaticiniū Isaiæ. Ita & hic colonus Albanię, hoc est, Scotię, quantū in se erit, vacabit, tellurē subvertere, arando videl. & agricolādo, ut patriæ segetibus candeant, sed adversabitur ei serpens malitiosus sc. aliquis inimicus eius, serpentino veneno inficiens & infectus imminebit ei à dorso venena diffundēs, i.e. malignitate sua efficiēs, ne herbæ in messes proveniāt, devastando videl. omnia & secādo, ut in bellis, & in guerris accidere solet. Vnde & feralis fames, & fame dira mortalitas, & urbiū desolatio cōsequetur. Et hoc est, quod dicit: *Lethali clade deficiet populus, & moenia urbiū desolabūtur,* suis videl. habitatoribus destituta. Sequitur: *dabitur in remediū urbs Claudij, quæ alumnā flagellatis interponet. Staterā namq̃, medicina gestabit, & in brevi renouabitur insula.* Vrbē Claudii vocat Claudiocestriam, quā ut supra cōmemoravimus, condidit Aruiragus Britonū rex, gener autē Claudii Cęsaris. Vnde & eam ad honorē ipsius Claudii, Claudiocestriā nominavit. Quæ licet quōdā civitas fuerit, nūc tamen oppidū est haud ignobile tantū. Dabitur in remediū tam lethali videl. hominū cladi urbs Claudii, quæ alumnā flagellatis interpo-

Isaiæ c. 2. vers. 4.

LIBER VI.

erponet. *Stateram namq, medicinæ gestabit, & in brevi renovabitur insula.* Quibus verbis hoc datur intelligi, quòd puella quædam apud Claudiocestriã nata, vel alita, per matrimoniũ, flagellatis, i. e. bello & fame afflictis, interponetur, ut sæpè fit, ut sit mediatrix quædam & sequestra pacis inter dissidẽtes, quẽadmodũ olim Sabinæ mulieres fuerunt inter maritos & patres suos. Vnde & Lucanus, mortẽ Iuliæ filiæ, Iulii Cæsaris, uxoris autẽ Pompeii luculẽtis versibus lamẽtatur, dicens: quia si superstes esset media, inter virum & patrem suum eos depositis armis, ad concordiam revocasset, quemadmodũ Sabinæ mulieres, maritos suos & patres. Ait enim. *Dividitur ferro regnũ, populiq, potẽtis, quã mare, quã terras, quã totũ possidet orbẽ, non capit fortuna duos, nam fœdera vincli sanguinis, & diro ferales omine tædas abstulit, ad manes Parcarũ Iulia sæva intẽpesta manu, quod si tibi fata dedissent, maiores in luce moras, tu sola furentem inde virum poteras, atq, hinc revocare parentem, armatasq, manus excusso iungere ferro, ut generos soceris media iũxere Sabinæ, morte tua discussa fides, bellumq, movere permissum ducibus, &c.* Dabitur urbs Claudii in remedium, quæ alumnam flagellatis interponet, confœderandæ uidelicet pacis intuitu. *Stateram namq, medicinæ gestabit:* Hoc ad similitudinẽ medicorum dicit, qui stateras suas & pensas habent semper, utpote, qui medicinales suas ex dietis rebus conficiunt in pondere & numero & mensura. *Stateram namq, medicinæ gestabit, & in brevi renovabitur insula,* id est, ad pristinum statum revertetur, reformata pace omnia reformabuntur in pristinum. *Deinde duo sequentur sceptra, quibus cornutus dra-*

tus draco ministrabit. His verbis innuitur, post prædictam insulæ renovationem, per alumnam Claudiocestriæ, duos solos in insula fore sceptrigeros, quorum regno finietur & mundus, sicut ex sequētium textu colligitur. *Deinde duo sequentur sceptra,* id est, assequentur, *quibus draco cornutus ministrabit,* id est, subiectus erit. Cornutum draconem more suo appellat tyrannum aliquem huiusmodi draconi, non tam corpore, quàm mente conformem. Porrò cornutus draco, græcè dicitur Cerasta, quadragemina habens cornicula, quorum tentatione, veluti illectas aves capit ac perimit. Ostendunt enim hęc sola volucribus, nam reliqua corporis arenis cō tegunt, nec ullum sui præbent indicium, nisi ex ea parte, qua invitatis dolo avibus parant interitum. *Deinde duo sequentur sceptra, quibus Cornutus draco ministrabit,* id est, serviet. *Adveniet alter in ferro, & volantem equitabit serpentem. Nudato corpore insidebit dorso, & dexteram cauda iniiciet. Clamore ipsius excitabuntur maria, & timorem secundo iniicient. Secundus itaque sociabitur leoni, sed exorta lite congressum facient. Mutuis cladibus succumbent mutuò, sed feritas Beluæ prævalebit, &c.* Dixerat duos sceptra secuturos, quibus leo ministrabit, hoc est, subiacebit. Deinde subiecit. *Adveniet alter in ferro,* id est, in armis, *& volantem equitabit serpentem.* Alterum dicit duorum illorum, qui sceptrum regni assecuturi sunt, qui veniet ferro succinctus ad bellum, adversus serpentem alatum, hoc est, malitiosum aliquem tyrannum, serpentina nequitia intoxicatum, superbum & elatum & quasi in sublime volantem, *cuius tamen dorsum ille conscendet,* hoc est, su

LIBER VI.

est, superabit, *Sibiq́ṣ subijciet & dorso eius insidebit nudus*, prius fortassis ab illo suis rebus vel possessionibus spoliatus. *Clamore ipsius* vel victoris, vel victi *excitabuntur maria*, id est, maritimæ & viciniæ gentes, *& timorem seculo inijcient*. id est, illius seculi nationibus. *Secundus itaq́ṣ sociabitur leoni*. Secundum dicit, qui post primum sceptrum regni gestabit, qui sociabitur leoni, id est alicui viro forti, & imperterribili. Sed postea orta inter eos discordia, & rupto fœdere pacis, congredientur ad pugnam, & mutuis cladibus hinc inde succumbent, leone tamen prævalente, & pena victoriæ. Sequitur. *Superveniet quidam in tympano & cythara, & mulcebit leonis sævitiam*. Pacificabuntur igitur nationes regni, *& leonem ad stateram provocabunt. Locata sede ad pensas sedebit, sed palmas in Albaniam extendet. Tristabuntur ergo aquilonares provinciæ, & ostia templorum reserabuntur. Signifer Cornubiam Cauda sua circumcinget. Resistet ei miles in curru, qui populum illum in aprum mutabit. Vastabit igitur aper provincias, & in profundo Sabrina occultabit caput, &c.* Nunc à capite ea, quæ posuimus replicanda. *Superveniet* inquit, *quidam in tympano & cythara, & mulcebit leonis sævitiam. Pacificabuntur igitur nationes regni, & leonem ad stateram provocabunt. Locata sede ad pensas sedebit*. Talis tympanistria, talis cytharœdus, hic erit, qui dulcedine tympani aut cytharæ tantum poterit, qualis fuit Amphion ille Thebanæ conditor urbis. de quo fabulæ tradunt Poëtarum, quod cytharæ sono & musica dulcedine saxa loco moverit, & ad se attraxerit, atque in opus ædificii coire fecerit. Quod iuxta literam nullo modo do par est, ita gestum videri, sed vir sapiens, cùm esset & eloquens verborum elegantia, ac blanda suavitate affatus, sylvestres homines & rupium incolas, atque in cultis moribus rudes, ad civitatem condendam, & ad iure vivendum simul, iuxta legum rationabilium disciplinam pellexerit. Vnde

Horatius. Horatius:

> Sylvestres homines sacer interpresq́; Deorum,
> Cædibus & sœdo victus deterruit Orpheus.
> Dictus ob hoc lenire tygres rabidosq́; leones.
> Dictus & Amphyon, Thebanæ conditor urbis,
> Saxa movere sono testudinis & prece blanda,
> Ducere quo vellet, fuit hæc sapientia quondam
> Publica privatis secernere sacra profanis.
> Concubitus prohibere vagos, dare iura maritis,

Talis ergò, ut dictum est, credendus fore is, qui in tympano & cythara superveniens, *leonis sævitiā mitigabit*, regni nationes pacificabit, quin & *ipsum leonem ad stateram provocabit*, hoc est, ad examen iudicii, *ut locuta sede ad pensas sedeat*, ut pensata eius caussa iudicium eius audiat. Veruntamen *in Albaniam*, inquit, *palmas extendet leo*, videlicet Albaniam infestando. *Tristabuntur ergò aquilonares provinciæ*, id est, Scoti & Cambri, & *ostia templorum reserabuntur*, vel ab hostibus, etiam ipsa templa violantibus, vel à civibus illuc ad Dei auxilium implorandum concurrentibus. *Signifer lupus conducet turmas*, hoc est, Cambriæ Rex in illo exercitu signifer erit, & *Cornubiam cauda sua circumcinget*, id est,

Liber VI.

id est, sequente exercitu suo. *Resistet ei miles in curru,* id est, cursor expeditus & agilis, qui exemplo fortitudinis suæ, *populum illum,* id est, Corineos, in *in apri feritatem mutabit. Vastabit igitur aper provincias, sed in profundo Sabrinæ occultabit caput,* in Sabrinam videlicet fluvium, vel in Sabrinum mare submersus.

FINIS LIBRI SEXTI.

EXPLA-

EXPLANATIO-
NVM IN PROPHETIAM
Merlini Ambrosii, Britanni:

LIBER SEPTIMVS.

Liber ulti-
mus hic est.

PROPHETIAS Merlini Ambrosii, de rebus non solùm præteritis, id est, quæ ante nos in regno Britanniæ evenerunt, seu etiam his, quæ nostris temporibus, ibidem iuxta eius vaticinia acciderunt, vel nunc quoque accidunt: Verùm & de illis, quæ post nos, usque ad imminentem mundi consummationem, in eadem terra eventura prophetavit prioribus libris, prout meliùs probabiliusque potui interpretando persecutus sum: Non uni formiter tamen, sed variis, ac diversis modis, pro temporum ratione. Siquidem ea, quæ ad nostra usque tempora decurrerunt, iuxta historiarum fidem, & rerum eventus, fidelis quantum existimo ego, explanatione de tenebris in ducem eduxi. Porro de illis, quæ post nos ventura sunt, quoniam historiæ non futura prophetant, sed quæ facta sunt, enarrant, & aliud est historicum esse, aliud vatem, historiarum seriem secutus non sum, sed iuxta propheticæ locutionis tropos, & verborum significationes atque figuras, nec non etiam secundum rerum ipsarum naturas & proprietates, à quibus similitudines ducit, & quarum nominibus eos appellat, quos ex propria ap-

pellatione

pellatione eos non nominat, quodque amplius est, iuxta idioma & modum loquendi, quem cum tenere per totum operis sui contextum, sollerti indagatione percepi, dictorum eius investigare intelligentiam vacavi, nihil absonum, nihil absurdum, nihil extortum, nihil denique à consueta & usitata verborum translatione peregrinum, de proprio corde confingens, sicut studiosus quisque lector, ac diligens satis advertere poterit, dum modò benivola mente ad legendum, ac deinde iudicandum accedat, nec cum invidia tabescente iter sibi habendum dignum existimet. Iam verò in hoc extremo novissimoque libello, quē nunc exordior, mihi, prout potuero explanare, incumbit, novissimas & extremas eiusdem Merlini prophetias, de signis scilicet, quæ imminente mundi termino futura prædixit, iuxta ipsius Domini in Evangelio verba, tam in terris, quàm hominibus terrarum incolis, quàm in dementis, in aëre videlicet & ventorum rabie & mari, nec non etiam in cœlo & sole & Luna, cæterisque planetis & stellis, quin etiam de resurrectione humani pulveris, in qua tota virtus fidei Christianæ consistit, & ad quam tota spes & consolatio fidelium pendet. His ad maiorem eorum quæ sequuntur, quasi procemii loco præmissis, ad literam accedemus. Sequitur ergò. *Amplexabitur homo leonem in humo, & fulgor auri oculos intuentium excæcabit. Candebit argentum in circuitu, & diversa torcularia vexabit. Imposito vino inebriabuntur mortales, postpositoq; cœlo in terram respicient. Ab eis vultus avertent sidera, & solitum cursum confundent. Arebunt segetes his indignantibus, & humor convexi*

Lucæ. c. 22.
vers. 25.

nega-

negabitur. *Radices & rami vices mutabunt, novi-*
tasq́; rei erit miraculo, &c. Multa simul posuimus
quæ tamen non simul tractanda sunt, nec mole-
brevitate coarctanda, sed ad capita revolvenda, atque capitulatim, id est, per singula capitula diligenter explananda. Itaque quòd ait: *amplexabitur ho-*
mo leonem in vino, vini temulentiam ebrietatemq́;
describit, quæ potores & bibulos inter pocula, in
animosos facit & audaces, ut ipsis leonibus fortio-
res sibi videantur, nec eorum vereri amplexum,

Horatius id est, congressum, iuxta illud Horatii:
lib. 1. Epist. *Quid non ebrietas designat? operta retudit,*
ad Tor- *Spes iubet esse ratas: ire prælia tradit inermes:*
quatum. *Sollicitis animis onus eximit, ac docet artes.*
  Fœcundi calices quem non fecére disertum?
  Contracta quem non in paupertate solutum?

Possumus & simplici interpretatione, verba hæc,
amplexabitur homo leonem in auro, ita accipere, ut
quia leones & id genus in vasis aureis & argenteis
cælaturæ opere fieri solent, sic iuxta literam dictum
accipiamus. *Amplexabitur homo leonem in auro, &*
fulgor auri oculos intuentium excæcabit. Sicut nimius
splendor solet hebetare aspectum, sic auri fulgor,
intemperans ardor habendi, interiores mentis ocu-
Matth. 5. los cæcat, ut non videant solem, non istum, *qui ori-*
c. 45. v. *tur super bonos & malos,* Sed illum dico solem, qui
  fecit hunc solem, de quo dicitur in psalmo: *Sicut*
Psalm. 57. *cera, quæ fluit, auferentur: supercecidit ignis, & non*
vers. 9. *viderunt solem. Candebit argentum in circuitu, &*
diversa torcularia vexabit. Materiam poculorum,
facturamq́ue describit, ut videlicet cum argentea
sint, argentea foris appareant, per circuitum, dea-
rata

LIBER VII.

rata autem interius, ut vini sapor gustum, & auri fulgor oblectet aspectum. *Candebit argentum in circuitu, & diversa torcularia vexabit*, hoc est, diversa vini genera, de diversis torcularibus expressa requiret, quatenus unum tandem de plurimis eligatur, omnibus non immerito preferendum. *Imposito vino inebriabuntur mortales, postpositoq́ cœlo in terram respicient.* Sic se homines securitati & carnis illecebris dabunt, donec subitò superveniat mundi ruina, & omnes involuat, sicut scriptum est, *tunc repentinus eis superveniet interitus, sicut dolor in utero habenti, & non effugient. Dies enim Domini tanquam fur, ita in nocte veniet*, & sicut Dominus ait: *nescimus quando veniet, serò, an in media nocte, an Galli cantu.* Item. *De die autem illa & hora nemo scit, neq́ angeli sciunt, nisi pater solus.* Et rursum, *sicut factū est in diebus Noe, ita erit in diebus filij hominis. Edebant & bibebant, uxores accipiebant & dabantur ad nuptias, emebant & vendebant, plantabant & adificabant, usq́ in diem, quem intravit Noe in Arcam, & venit diluvium & perdidit omnes. Imposito vino inebriabuntur mortales, & postposito cœlo in terram respicient.* Hoc est, quod Dominus in Evangelio dixit: *Cùm venerit filius hominis, putas inveniet fidem super terram. Imposito vino inebriabuntur mortales, & postposito cœlo in terram respicient*, à propria videlicet nobilitate degeneres, atque ad similitudinem pecorum & porcorum pronis in terram corporibus, capitibusque sola terrena aspicientes, soli terræ adhærentes. In talium persona loquitur propheta, in psalmo dicens: *Adhæsit in terra venter noster. Indè vox illa ludibrii ad miserum hominem. Incurvare*

1. Thessalon. 5 v. 3.
Marci. c. 13. v. 35.
Ibid. vers. 32.
Matthæi c. 24. v. 37.

Lucæ. c. 18. vers. 8.

Psalm. 48 v. 25.

Q *ut tran-*

Esaia c. 51.
vers. 23.

PROPHETIAE MERLINI

ut transeamus. Non talis formæ Deus hominem fecit, cuius non solùm animam ad imaginem & similitudinem suam creavit, sed & corpus ei longè differentius à cæteris animantibus dedit. Vnde quidam sapiens ait. *Catera cum prona spectant animalia terram, Os homini sublime dedit, cœlumq; videre iussit, & erectos ad sidera tollere vultus.* Sequitur. *Ab eis vultus avertent sidera, & solitum cursum confundent, Arebunt segetes his indignantibus, & humor convexi negabitur.* Meritò ab eis cælum & cæli sidera vultum avertent suos, id est, suum tanquã indignis denegabitur obsequium, ut fiat cælum æneum super capita eorum, qui postposito cælo vultus suos bestiæ more & oculos, & conversatione degeneri dimittent in terram, terram sapientes, terram amantes, terræ incubantes, terrena desiderantes, cælestia nec cogitantes, nec curantes. *Ab eis vultus avertent sidera, & solitum cursum confundent*, ut mutato & confuso cælestium siderum cursu corrumpantur inferiora mundi elementa, & solita cæli temperies ægris mortalibus denegetur. Et quid inde sequitur? Sterilitas terræ & feralis fames terræ incolas opprimet. Vnde sequitur. *Arebunt segetes his indignantibus, & humor convexi negabitur*, id est, pluvia cæli à peccatrici terra subtrahetur. Convexum enim dicitur cælum. Quare convexum? Quia convexum propriè appellatur, quòd ex omni parte ad similitudinem cæli vel cameræ curvatur ad terram. Hæc pluvia cæli, prohibita est in diebus Acháb impiissimi Regis Israël, orante Elia, & clausum imbribus cælum, ut non plueret super terram annos tres menses sex. Vnde & durissima famis lues pari ætum

Ovidius Met. l. 1.

3. Reg. c. 18. vers. 7.

LIBER VII.

universam{q} terram operuit & oppreſsit. *Ab eis lucius avertent ſidera, & ſolitum curſum confundet. ...ebunt ſegetes his indignantibus, & humor convexi ...gabitur.* Omnis enim terræ temperies & proven...s fructuum eius, ex naturali ac legitimo cæleſtiū ...rorum ac ſiderum curſu provenit, quo turbato ...que confuſo, ſequitur inferioris huius mundi in ...mperies & fames, peſtilentiæ & clades. Vnde Virgilius:

Corrupto cæli tractu miſerandaq́; venit, Arboribusq́; ſatisq́; lues.   **Virgilius.**

...nde & gentilium philoſophi ſeptem planetas mū... rectores eſſe dicebant, eorumque nominibus ſe... **Septem Planetæ.** ...em hebdomadæ dies, quorum revolutione ſæcu...m omne decurrit, vocabant: putantes, ſe habere ...Sole ſpiritum, à Luna corpus, à Marte ſanguinem, ...Mercurio ingenium & loquelam, à Ioue tempe...ntiam, à Venere voluptatem, à Saturno tarditatis ...avitatem: quia ſupremum teneat locum, in ordi... Planetarum, & xxx. conficit annos in peragratio- **1. Saturnus** ...Zodiaci. Vnde & ſenex fingitur in fabulis Poëta...m. Dicitur etiam falcem deferre, quia cùm ſit fri...dus, & inde nocivus, ampliùs tamen nocet quan...o retrogradus eſt. Porrò frigidum dicunt eſſe Sa...rnum, ex vicinitate aquarum, quæ ſuper firma...entum ſunt congelatæ, cælis quidem ſpiritalibus ...miliores, ut ait Iſidorus, attamen omni creatura ...rporali ſuperiores.

...Poſt Saturnum eſt Phaëthō, qui & Iupiter in pe- **2. Iuppiter.** ...gratione ſignifieri ſeptem annos expendens. Hæc ...illa calida & humida eſt, & inde benivola, utpote ...ſuis qualitatibus temperata. Sed quoniam media

Q 2   eſt,

est inter Saturnum & Martē quæ sunt stellæ nocivæ, si existat in superiori abside circuli sui, vel inferiori, ex vicinitate eius ad ipsos, temperatur eorum nocivitas, sed eius minuitur benivolētia. Inde est, quod in fabulis dicitur Iupiter, Saturnum è proprio regno expulisse: quia vicinus ei naturalem aufert nocivitatem. Dicitur etiam adulterando diversos filios procreasse, quia prædictis sese coniungendo, multos ac varios in terrenis agit effectus. Tertius

3. Mars. est Mars, duobus annis cursum suum complens. Est autem stella calida & sicca: posita tamen inter Iovē & Venerem: quæ sunt stellæ calidæ & humidæ, & inde benivolæ, cùm ad eas accesserit, ex propinquitate earum, & suam nocivitatem temperat, & illarū ǫtinuit benivolentiam. Dicitur autem Deus belli, quia calorem confert & siccitatem, ex quibus animositas generatur. Calidi enim & sicci, animosi sunt & audaces. Dicitur autem Mars quasi mas, interposita, r, litera, quia promares, id est, per viros & virtuosos homines bella geruntur. Dicitur & Gradivus: quia gradatim itur ad bellum. Dicitur & cum Venere adulterasse, quia illa existente in superiori abside circuli sui, Marte autem in inferiori sui, quodammodo commiscentur.

4. Sol. Quartus & medius est solis, secundum Chaldæos, & Plinium, & multos nostrorum, licèt Ægyptii & Plato sextum eum ponant. Conficit autem cursum suum CCCLXV. diebus, & quadrante.

Quinta est Venus. 358. diebus, Zodiacum conficiens. Hæc stella calida & humida, & inde temperata, dicitur Dea luxuriæ, quia in calidis & humidis maximè viget luxuria, hæc eadem stella & Lucifer, & He‑

LIBER VII.

& Hesperus, id est, vesper appellatur: Sed Hesperus in vespere, quando solem sequi videtur, Lucifer verò in mane cum eius ortum præcurrit.

Sextus est Mercurius. 9. diebus ocyore ambitu, *6. Mercu.* cursum suum in peragratione Zodiaci conficiens, & nunc ante solis exortum, modò post occasum splendens.

Septima est Luna, terris multò quàm cæteri pla- *7. Luna.* netæ vicinior. Vnde & breviore orbe celerius peragit cursum suum. Nam iter quod in diebus 365. Sol peragit, Luna per xxx percurrit. Vnde & antiqui menses in Lunæ, annos autem in solis cursu posuerunt.

Habent autem singuli planetarum, singulos circulos suos, Græci absidas vocant, iuxta indubitatã Circini rationem, ita ut ab alio cuique centro absyde suæ consurgant. Ideò & diversos habent orbes, motusque dissimiles, quoniam interiores absidas necesse est esse breviores. Igitur à centro terræ absydes altissimæ sunt. Saturno in scorpione, Ioui in virgine, Marti in Leone, soli in geminis, Veneri in sagittario, Mercurio in Capricorno, Lunæ in Tauro. Planetæ autem isti, sicut & alii gentium dii, eorum nominibus appellantur, quos homines fuisse certissimum est, quique pro vita sua ac meritis post mortem à suis coli cœperunt. Verbi gratia, apud Ægyptum Osiris; apud Cretam, Iupiter; apud Latinos, Faunus; apud Romanos Quirinus; apud Athenienses, Minerua, apud Samum Iuno; apud Paphos Venus; apud Lemnos, Vulcanus; apud Thebes, Liber; apud Delos, Apollo; apud Ægyptios, Anubis, id est, Mercurius; apud Ilienses, Hector;

Q 3   apud

apud Leuconestum, Achilles; apud Pontum, Patroclus; apud Rhodum, Alexander. Similiter alii atque alii, per alia & alia loca post mortem coli cœperunt, quos & Poëtæ suis carminibus ad cælos sustulerunt; eò quòd aliqui eorum inventores artium fuerint, & cultores, ut Æsculapius medicinæ. Fuerunt etiam viri fortes & urbium conditores, quibus mortuis homines, qui eos dilexerant, simulachra finxerunt, ut haberent aliquod ex imaginum contemplatione solatium. Verùm persuadentibus dæmoniis, paulatim hic honor ad superstitionem processit, ita ut quos illi pro sola nominis memoria honoraverant, eorum successores, Deos existimarent, Quos & Poëtæ verborum elegantia, & suavitate dicendi, ex mortalibus immortales effectos, stolidis hominibus persuaserunt. Imò etiam amplius aliquos ex hominibus conversos in stellas, quosdam in arbores, & animalia & flores, & aves, fontesque ac fluvios. Et omnes pænè stellas & arbores, & flores, ac flumina, homines aliquando fuisse asseverant. Quorum, exempli causa, singula saltem, a singulis ostendamus. Andromedam Cerei in stellam dicunt esse conversam. Sic Castorem & Pollucem fratres mutatos in sidera, quæ Gemini appellantur. Sic Callistonem, in stellam, quæ Arctos nominatur. Danaim Ladonis filiam, in arborem commutatam. Hiacyntum Apollinis dilectum, in florem. Prognem & Philomelam, cum Tereo in aves. Thisbem apud Ciliam, in fontem, & Pyramum nibi in fluvium, resolutos. Et postremo omnes pænè, ut dixi, vel stellas, vel arbores fontesque & fluvios, floresque & animalia, vel aves aliquando homines

LIBER VII.

homines fuisse affirmat, poëtarum verbosa loquacitas. Veruntamen habent verisimilitudines quasdam, quibus astruant, haec ipsa, quae vel falsa, vel probrosa esse videtur. Omnis namque sermo apud eruditos quosque Graecorum, qui de antiquitate conscribitur, duos praecipuos auctores habet, Hesiodum & Orpheum, quos tradunt Gedeonis fuisse temporibus. Quorum scripta in duas partes intelligentiae dividuntur, id est, secundum literam, & secundum allegoriam. Ad ea quidem, quae secundum literam sunt, ignobilis vulgi turba confluxit. Ea vero, quae secundum allegoriam constant, philosophorum & eruditorum, quorumque loquacitas admirata est, secundum quod & planetae coeli, & sidera quaedam eorum nominibus appellantur, quos homines fuisse constat, atque mortales. Denique & eorum sepulchra ac mausolea, in singulis quibusque locis hodieque monstrantur. Saturni in caucaso monte: Jovis in creta; Mercurii, apud Hermopolim, civitatem Cypri: Veneris, apud Cyprum: Martis in Thracia, Liberi apud Thebas, ubi & discerptus fuisse traditur; Herculis, apud Tyrum, ubi seipsum in igne cremavit, Aesculapii in Epidauro. Sic de caeteris. His non supervacanea ociositate praemissis, ad dandam intelligentiam eorum, quae subinde sequuntur, de planetis septem, Sole videlicet ac Luna, Saturno & Iove, Mercurio & Marte, ac Venere, aliisque quibusdam sideribus, nec non de immutatione eorum à solito cursu, & naturalium confusione ordinum, in signū imminentis ruinae mundi, & consummationis omnium, juxta illud Domini in Evangelio verba, *erunt signa* Lucae c. 21.
in sole

in Sole & Luna & Stellis, & in terris pressura gentiũ, præ cõfusione sonitus maris & fluctuum, arescentibus hominibus præ timore & expectatione, quæ superuenient vniuerso orbi, &c. Ad contextum literæ redeamus. Ait itaque *Imposito vino inebriabuntur mortales: postpositóq; cælo in terram respicient.* Deinde subdit. *Ab eis vultus auertent sidera, & solitum cursum confundent.* Quod dicit, *ab eis vultus auertent sidera*, à similitudine indignantium dictum est, qui facies suas oculosque avertere solent. Ab eis quos suo dedignantur contueri conspectu. Est autem metaphora ab animali in animale translata. Sola quidem animalia vultus habent. Vultus enim dicitur à volendo, eò quòd in facie hominis siue animalis, voluntas eius siue aspectus sæpe perpenditur. *Ab eis vultus auertent sidera, & solitum cursum cõfundent. Arebunt segetes his indignantibus, & humor conuexi negabitur.* Hæc quem superius expoliã sunt, sequentia videamus. Sequitur: *Radices & rami, vices mutabunt, nouitas rei erit in miraculum.* Nam præter solitum huiusmodi rerum evenire videbitur, ut videlicet radices arborum, à sedibus suis evulsæ, superiorem ramis locum obtineant, rami vero inferiorem. Quod tamen vel violenta ventorum rabie fieri poterit, ut in aliquibus locis fieri vidimus aliquando, vel certè motu & tremore terrarum. Denique inter cætera signa quæ mundi consummationẽ præcursura Dominus in Evangelio dicit, istud quoque posuit, terræmotus videlicet per loca fieri. *Splendor electro Solis, Mercurij languebit, & erit horror inspicientibus.* Dicturus de planetis septem, & de immutatione & confusione ordinum,

ordinum, & cursum ipsorum in consummatione seculi, secundùm Evangelii denunciationes, & voces Prophetarum à Sole incipit, non quòd primus sit in numero & ordine Planetarum, sed potiùs quartus, iuxta Chaldæos, sicut suprà ostendimus. Vel secundùm Ægyptios & Platonicos, sextus: sed quòd cæteris omnibus & Planetis & astris, atque sideribus fulgentior sit atque splendidior; ita ut eius præsentia, sidera universa retundat atque recondat. Vnde & Sol dicitur, quasi solus eò quòd solus lucere videatur super terram. Hoc igitur ratione ipsum primùm omnium planetarum posuit, dicens de ipso. *Splendor Solis electro Mercurij languebit*, hoc est, in electrinum atque subpallidum Mercurii colorem mutabitur, à naturali decore degeneras. Inest enim unicuique planetarum proprius color. *Saturno* candidus, *Iovi* clarus, *Marti* igneus, *Soli* cum oritur rubeus, post splendidus, *Mercurio* electrinus, ac pallidus, iuxta speciem electri, *Lucifero* gaudens, *Vespero* refulgens, *Lunæ* blandus. *Splendor Solis electro Mercurij languebit, & erit horror inspicientibus.* Languidus enim color electri. Est autem electrum genus metalli ex auro & argento factum, ita ut tres partes habeat auri, & quartam argenti. Vnde & poëtis ipse etiam Sol electrum plerumque vocatur, quasi qui varios recipiat in die colores. In prima enim parte diei rubet, deinde splendet, postea calet, ad ultimum descendens ad occasum tepet. Inde & quod fabulæ poëtarum quatuor equos Phœbo attribuunt, quorum nomina prædictis proprietatibus suis satis convenienter aptantur. Primus enim dicitur Eriactæus, id est, rubeus, secundus actæus, id est, splen-

Colores Planetar

Q 5   dens.

dens: tertius lampus, id est, ardens: quartus philogeus, id est, amans terram. *Splendor Solis, electro Mercurij languebit*, hoc est, in languidam Mercurii speciem alterabitur, ab ingenito colore in alienum degenerans. Satis autem propriè & expressè ait: *languebit*; significans scilicet interitum ilicò secuturum, quemadmodum languorem sequitur mors. Obeunte siquidem mundo, mundi splendor simul obibit. Vnde & Dominus in Evangelio, cum de generali persecutione ab antichristo & mundi consummatione loqueretur, inter cætera hoc quoque dixit. *Et statim post tribulationem illam obscurabitur Sol, & Luna non dabit lumen suum, & stella cadent de cælo*, id est, in cælo ultra non apparebunt, quasi inde ceciderint. Hoc est, quod & Sybilla de fine mundi vaticinans dicit. *Eripitur Solis iubar & chorus interit astris. Volvetur cælum, Lunaris splendor obibit. Omnia cessabunt: tellus confracta peribit.* Itaque & sol, ad similitudinem ægrotantium, in signum imminentis obitus sui, electrino colore Mercurii marcescere antè incipiet atque languere. *Splendor solis electro Mercurij languebit, & erit horror inspicientibus*, novum videlicet rei portentum horrentibus, & quid portendat animadvertentibus, atque stupentibus, & ut verbis ipsius Domini loquar, *arescentibus hominibus præ timore & expectatione quæ superveniet universo orbi. Nam virtutes cælorum movebuntur*, vel angelici spiritus, vel ipsi planetæ, de quibus hic loquitur & sidera cæli, quæ à propria statione mutata solitos cursus suos ordinesque confundent. Planetæ sunt septem, ut supra diximus, Saturnus, Iupiter, Mars, Sol, Venus, Mercurius

Matth. c, 24. v. 29.

Sybilla.

Liber VII.

curius & Luna. Dicuntur autem planetæ ἀπὸ τῆ πλάνης, hoc est, ab errore. Non sunt enim cælo infixi instar aliarum stellarum, sed sunt sidera errantia, contrarium mundo cursum agentia, semperque contra rotam firmamenti nitentia ad ortum pergere, licet impetu mundanæ volubilitatis ad occasum ferantur. Isti septem planetæ inter cælum & terram pendent, certis discreta spaciis in lævam semper nitentia, firmamento in dexteram precipiti. Cuius impetum retardare conantur, ne videlicet immoderata volubilitate illius, mundus corruat, sicque omnia dissolvantur. *Splendor solis electro Mercurij languebit, & erit horror inspicientibus.* Sequitur: *Mutabit clypeum Stilbon Arcadiæ.* Sicut splendor solis in electrinam & languidam Mercurii speciem convertetur, sic & ipse Mercurius colore deposito alienum assumet, ad similitudinem militum, qui se abscondere hostibus & cælare volentes, abiectis clypeis suis sub quibus solebant agnosci, ne agnoscantur, alienos accipiant, sicque hostium manus vel insidiatia machinameta eludunt. *Mutabit clypeū Stilbō Arcadia,* id est, stella Mercurii. Stilbō Arcadiæ qdā Philosophus, in Arcadia fuit vir ūdequaq; doctissimus. Vnde & Mercurius Stilbō appellatus est, ob similitudinē studiorū. Claruit autē Mosis tēporibus, fuitq; nepos Athlātis, fratris Promethei, ex Maiæ filia eius, multarū artiū propagator atq; invētor. Quas & hominibus tradēs, meruit ut ab eis post mortē Deus fieret, & sextus in numero planetarū poneretur. Mercurius sermo interpretatur, quasi medius currēs, qa sermo, qdā mediator inter homines est. Vnde &idē Græcè Hermes dicitur, quod est sermo vel interpretatio. Ideo & mercibus præesse dicitur, quia inter ementes & vendentes medius discurrit. Fingitur & pennas habere, quia sermo velociter currit. Dicitur & furti magister, quia sermo sæpè audientium animos fallit. Virgam tenet, quia serpentum venena dividit, quia discordes & serpentina nequitia dissidentes, sapientiæ sermo pacificat. Fingitur & caninum caput habere, quia canis animal sagacissimū est, & perspicax. Mercurius quoque ob virtutem atq; peritiam multarum artium Trismegistus dicitur, hoc est, ter maximus. Ita de eius stella quæ sexta est in numero planetarum, hîc dicitur, quod clypeum suum mutabit, hoc est, post posito naturali colore, alienam sibi speciem mutuabit, hoc est enim, quod dicit; *Mutabit clypeum Stilbon Arcadia,* id est, stella Mercurii. Deinde addit, *Vocabit Venerem Galea Martis. Galea Martis umbram conficiet.* Martem Galeatum describit, eò quod Deus belli, iuxta gentiles esse dicatur. Cæterum quia Galea capiti imponitur, quod est hominis pars suprema, per Galeam Martis superiorem absidis suæ partem significat, quo Venerem vocat. Quò secundum naturam ascendere Venus nullo genere potest, nisi naturali ordine derelicto. Nam cùm Venus in superiori absyde circuli sui existit, Mars autem in inferiori sui, tunc quidem Venus Marti vicina est, supposita tamen. Vnde & cum eo adulterari quodammodo, & commisceri videtur. Vt autem ad Galeam Martis ascendat, hoc est, ad summam circuli illius partem, impossibile est, ut diximus, nisi rerum compage soluta, sicuti tunc fiet & propria statione relicta. Tunc ergò Galea Martis Venerem ad superiora vocabit,

ut præut proprio domicilio derelicto, ad peregrinam transmigret, & per aliena vagetur. *Vocabit Venerem Galea Martis. Galea Martis umbram conficiet:* quatenus ad similitudinem Solis cœterarumque stellarū, secundum Evangelicas propheticasque voces, ipsius quoque Martis fulgor intereat, & solum tetræ noctis præstet horrorem. Sequitur. *Nudabit: ensem Orion ferreus, vexabit nubes Phœbus aquoreus.* Non est Orion, quem hic interserit, aliquis de septem planetis: sed quia sidus insigne est, & penè omnibus notum, atque inter signa Zodiaci, antè Tauri videlicet genua continetur, ideò & ipsum inter ipsos planetas commemorat, dicens: *Nudabit ensem Oriō ferreus*: primò iuxta Græcorum historias, vel carmina poëtarum videndum est, quisnam fuerit Orion hic, & quare Orion appellatus: Tradunt ergo Orionem venatorem fuisse, qui quoniam Dianam construprare voluerit, sagittis illius interfectus sit. Quem tamen dicunt in sidus fuisse conversū, quod de nomine eius Orionem vocant. Dicitur autem Orion quasi Vrion, eò quòd de urina Iovis natum fuisse perhibeant, & hoc propter pluviarum inundationem. Tempore enim hyemis nascitur, tempestates & pluvias creans. Vnde & eleganti figura loquendi, de Vrina Iovis eum asserunt ortum. Iovem enim aërem interpretantur. Porrò omnis pluvia vel ex aëre, vel in aërre fit. Nam supra Lunam nulla pluviarum procella, nulla ventorum rabies, nullus fulminum fragor, sed omnia tranquilla sunt & parata. Vnde Lucanus:

Fulminibus propior terra succenditur aër,
Imaq́; telluris ventos tractusq́; coruscos

Orion

Flam-

Flammarum accipiunt, nubes transcendit olympus.
Lege Deum minuans rerum discordia partes,
Turbas, summa tenent pacem,
Nudabit ensem Orion ferreus.

Non est Orion stella, sed sydus. Vnde & pluraliter, Oriones dicuntur. Differunt autem à se inuicem,
Stella. stella & sydus & astra. Nam stella dicitur propriè
Sydus. quælibet singularis. Sydus verò ex pluribus stellis constat. Vt Pleiades, Hyades. De quibus Virgilius.
Arcturum pluuiasq́, Hiades, geminosq́, triones, id est, duos boues, qui currum præeunt. Boues enim triones dicuntur, quasi teriones à terendo, eò quod
Astra. terram terant. Porrò astra sunt grandes stellæ, ut Bootes. Sed hæc nomina auctores confundunt, & astra pro stellis, & stellas indifferenter, pro sideribus ponunt. Stellæ autem propriè dicuntur à stando, quia nunquam propria deserunt loca, nec errando, ut planetæ, neque cadendo, ut multi putant. Vnde poëta. *Et si non cecidit, potuit cecidisse videri.* Sunt enim igniculi quidam, non stellæ, ab æthere lapsi: qui tunc fiunt cùm ventus altiora petens, æthereu ignem secum trahit, qui tractu suo imitatur stellas cadentes. Vnde Æmilius.

Sæpe etiam stellas vento impellente videbis,
Flammarum longos à tergo albescere tractus.

Verùm ad Orionem revertamur, quem Latini vigilem vocant, à vigilando, eò quòd sit ferro armatus & accinctus gladio, atque terribilis. Denique talis hic inducitur, talis describitur. *Nudabit* inquit *ensem Orion ferreus*, quasi præsentem mundo intentans interitum. Tunc si quidem armabitur omnis creatura, ad ultionem Creatoris, & pugnabit vniuersus orus orbis contra insensatos. *Nudabit ensem Orion ferreus.* Et addit: *vexabit nubes, Phœbus æquoreus.* Phœbus, id est Sol: solem æquoreum vocat, eò quòd æquoreis aquis ignes suos pascat, & nutriat. Vnde Lucanus.

Et rapidus Titan, Ponto sua lumina pascens.
Æquora subduxit zona vicina perusta.
Nec non Oceano pasci Phœbumq́, polumq́,
Credimus, hic calidi tetigit cum brachia Cancri.

Similiter & Amos propheta: *Qui vocat*, inquit, *aquas maris, & effundit eas super faciem terræ.* Quatuor enim sunt causæ pluviarum: quarum ista una est, quando videlicet Sol ad nutrimentum caloris sui humorem attrahit, & quod in eo liquidius est, transit in igneam substantiam, quòd verò gravius, recidit in terram, & fit pluvia. Vnde sæpe videmus post ardentissimum Solis calorem, ilico subsequi pluviarum inundationem. Secunda causa est, ventus siccus & urens, elevans aquas de fluviis & lacubus, qualis etiam mare rubrum sub una nocte siccavit. Inde est quòd ranunculi, & pisciculi, à multis sunt visi de aëre cadere. Cùm enim aqua à vento sustollitur, contigit aliquando, ut ranunculos & pisciculos secum elevet, quibus naturali pondere recidentibus, stupent rerum ignari. Tertia causa est, pluviarum, quòd aliquando fumus humidus evaporat, qui dùm ascendit, minutissimæ guttæ se involvunt quæ graviores & grossiores factæ recidunt, & pluvia fit. Quarta causa est pluviarum, quòd aliquando aër ex frigiditate terræ & aquæ spissatur, & transit in aqueam substantiam, quæ calore Solis, ut glacies ab igne soluta, cadit per minutas particulas. *Vexabit nu-*

Lucanus.

Idem.

Amos. 8. vers. 8. &c. 9. v. 6.

1. *Quatuor causæ pluviæ.*

2.

3.

4.

bit nubes Phœbus æquoreus, id est, ab hauriendo
quas maris, & effundendo paulatim, quiescere non
permittet. *Vexabit nubes phœbus aquoreus.* Etq́ desu-
perius, significaverat siccitatē nimirum mortalibus
affuturā, adeò ut cęli pluvia hominibus denegetur, e
per hoc segetum fructus arescant, & in nihilum e-
vanescant, nil penitus afferentes quod in cibos possit assumi. Nunc verò significat tantam è contrario
pluviarum inundationem de nubibus fluituram,
itaut ait Phœbus adhoc nubes nec urgere desinat nę
vexare. Sic enim superius ait: *Ab eis vultus avertent,*
sidera, & solitos cursus confundent. Arebunt segetes
his indignantibus, & humor convexi negabitur. Nūc
verò dicitur, *vexabit nubes phœbus aquoreus,* quatenus ex utroque pestilentię sequantur & fames, sicut

Matth. & Dominus in Evangelio denunciat. *Erunt* inquit
4. v. 7. *pestilentia & fames, &c.* Pestilentia siquidem trahi-
tur ex corrupto aëris tractu: corruptio autem vel sic-
citatis intemperantia, vel caloris vehementia, vel
pluviarum nimietate, qui spirando vel comedendo
perceptus, feralem generat, non solùm in hominibus & pecoribus, sed etiam in arboribus & fructibus
luem. Vnde Virgilius:

Virgilius. *Corrupto coeli tractu miserandaq́ venit*
Arboribusq́ satisq́ lues.

Transibit terminos furor Mercurij, id est, stella Mercurii. Metaphorica est ista locutio, ab animali ad inanimale translata. Siquidem furere animalium tantummodo est. Et quid mirum, si tunc elementa fu-
ritura dicantur, cùm & ipse Dominus Sabaoth cum
tranquillitate, qui iudicat omnia, & in quem per-
turbatio nulla cadit, nec cadere potest, in illo tamē
extremo

LIBER VII.

extremo & horrendo iudicio furere perhibeatur, ita ut ad furorem eius tremant angeli, territique purgentur. *Exibit Iupiter semitas licitas & Venus deseret statutas lineas.* sicut ab initio creaturæ ad conservandam rerum concordiam, planetæ ac sidera, statutas sibi leges & certos terminos servaverunt; sic in consummatione seculi ad dissolvendam mundi compagem, volente nihilominus Domino ac iubente, cui omnia deserviunt, easdem leges deserent, & proprios fines suos exibunt. Nam sicut *leges* in tempore pacis sollicitè conservantur, *sic inter arma silent*, quemadmodum ait ille orator magnificus. *Saturni sideris livido corruet, & falce recurva mortales perimet.* Livido & livor idem. Dicitur livido, invidia, à verbo quod est liveo lives, nocivitas, lues, ut ibi; *Dedit hanc contagio labem, Et dabit in plures, sicut Iuvenalis. grex totus in agris.*

   Vnius scabie cadit & porrigine porci,
   Vuaq́, conspecta livorem ducit ab uva.

id est, luis contagium. Itaque *livido Saturni syderis corruet*, subaudi, super terrigenas, *& recurva falce mortales perimet.* Ideo recurvam falcem portare dicitur Saturnus, ut supra iam dixi, quia cùm sit stella ex frigiditate nociva, retrograda tamen multò ampliùs nocet. *Bissenus numerus domorum sydeum, deflebit hospites ita transcurrere.* Bissenum numerum domorum siderum, dicit. 12. signa Zodiaci, quæ sunt domus planetarum & siderum. In his enim tanquam in domibus suis planetæ morantur, qui Zodiacum nunquam excedunt, præter Venerem tantùm, quæ duabus cum partibus excedit. Nec aliud habitatur in terris, quàm quòd illi subiacet.

R   Zodia-

Zodiacus. Zodiacus autem dicitur à Zoë Græco, quod est animal. Quædam nempe signa eius, animalium nominibus intitulantur, ut aries, taurus &c. Zodiacus autem à Capricorno, per arietem ad cancrum ascendit. De cancro verò, per libram ad capricornum descendit. Ascendere autem & descendere eius, iuxta situm terrarum intellige. Hic ergò Zodiacus in 12. partes est divisus, per fluxum aquæ, ut ait Macrobius. Qua re vnaquæque dicitur signum, quia in eis signamus, in qua parte cœli sit Sol, & alii planetæ, qua exierint, & debeant redire. Signorum verò talis est dispositio, quia propinquus nobis est Cancer, in confinio scilicet nostræ habitabilis & torridæ zonæ. Deinde leo obliquando descendit; post virgo, deinde libra existens in medio torridæ zonæ. Post libra est scorpius, deinde Sagittarius: post quem capricornus à nobis remotissimus. Deinde obliquè ascendendo, est aquarius. Post pisces, inde aries in medio torridæ zonæ. Inde Taurus: post gemini, deinde cancer. *Bissenus numerus domorum siderum deflebit hospites, ita transcurrere.* Hoc est, 12 signa Zodiaci, quæ sunt domicilia planetarum, deflebunt hospites suos, ipsos videlicet planetas, ita transcurrere quasi transfugas quosdam, & à se recedere. Tale est istud deflere, quale illud lugere, apud Ieremiam ubi *Thren.c.1.* dicitur. *Via Sion lugent eò quòd non sit, qui veniat v.4. solennitatem.* Vtrobique enim translatio fit ab animali, ad inanimale, cùm hominum tantummodo sit flere atque lugere. *Bissenus numerus domorum siderum, deflebit hospites suos ita transcurrere.* Ab humana consuetudine id dicitur. Solent homines, cùm bonos & mansuetos hospites apud se diu habuerint

LIBER VII.

int commorantes, illíque tandem inde migraverint, in recordatione tam dulcium & bonorum hospitum facilè compungi ac flere. Et reuera boni hospites isti, qui sub diuino tantam, & ad se inuicem, & ad illos quoque, apud quos pro tempore hospitantur, concordiam seruant, & pacem, iuxta illud Lucani: *Pacem summa tenent*, ut nullum inter eos discordiæ malum, aliquando sit auditum. Vnde Christianus quidam Philosophus noster, Boetium loquor, loquitur dicens: *si vis celsi iura Tonantis, pura sollers cernere mente, aspice summi culmina cæli. Illic iusto fœdere rerum, veterem seruant sidera pacem non sol rutilo concitus igne, gelidum Phœbes impedit axem, nec qua summo vertice mundi flectit rapidos Vrsa meatus, nunquam occiduo lota profundo, cætera cernens sidera mergi, cupit Oceano tingere flammas. Semper vicibus temporis æquis, vesper seras nuntiat horas, reuehitq́; diem lucifer almum: sic alternos reficit cursus, alternus amor, hac concordia temperat æquis elementa modis, ut pugnantia vicibus, cedant humida siccis, iungantq́; pacem frigora flammis, pendulus ignis surgat in altum, terræq́; graues pondere sidant, hisdem ex causis vere tepenti, spirat florifer annus odores, æstas Cererem feruida siccat, remeat pomis grauidus autumnus, hyemem defluus irrigat imber, hæc temperies alit ac profert quicquid vitam spirat in orbe, sedet interea conditor altus, rerumq́; regens flectit habenas Rex & Dominus & origo, lex & sapiens arbiter æquus.* Vides quàm boni hospites, quàm solliciti pacis & concordiæ amatores, & à diuinis legibus nec ad punctum momẽti unius aliquando dissidentes. Vnde & idem Boëtius, cum admiratione exclamat & dicit.

Lucanus.

Boëthius.

& dicit, Stelliferi conditor orbis, qui perpetuo nexu solio, rapido cælum turbine versas, legem pati sidera cogit, ut nunc pleno lucida cornu, totis fratris obviis flammis, condat stellas Luna minores, nunc obscuro pallida cornu, Phœbo propior lumina perdat. Et qui primo tēpore noctis agit algentes Hesperus ortus, solitus iterum mutat habenas Phœbi pallens Lucifer ortu, tu frondiflua tempore Bruma, stringis lucem breviori mora, tu cùm fervida venerit astas, agiles noctis dividis horas, tua vis varium reparat annum, ut quæ borea spiritus aufert, referat mitis Zephyrus frondes, quaq; Arcturus semina vidit, Syrius altas urat segetes, nihil antiqua lege solutum, linquit propria stationis opus. Omnia certo fine gubernas hominum solos respuis actus, merito rector cohibere modo. Nam cū tantas lubrica versat fortuna vices, premit insontes debita sceleri noxia pœna, ac perversi residet celso mores solio, sanctoq; calcant iniusta vice colla nocentū, latet obscuris condita virtus clara tenebris iustus tulit crimen iniqui, nil periuria, nil nocet illis fraus mendacij compta colore, sed cum libuit viribus uti, quos innumeri metuunt, populi gaudent summos subdere Reges. O iam miseras respice terras quisquis rerum fædera nectis, operis tanti pars non vilis, homines quatimur solo fortuna, rapidos rector comprime fluctus, & quo cælum regis immensum, firma stabiles fædera terras. Vides certè, quomodo timor Dei, ipsius leges custodire & ipsa sidera cogat. Terra licèt immobilis, sub timore tamē Dei, cùm ille præceperit, movetur & tremit. Denique ipsa quoque insensibilia suum sentiunt Creatorem, surda cum audiunt, muta ei loquuntur. Vnde propheta. *Qui præparavit*, inquit, *terram in æterno tempore, & replevit*

cum pecudibus & quadrupedibus. Qui emittit lumen, *Baruch.*
& vadit: Vocavit illud & obedit illi in tremore. Stel- c.3.v.32.
læ autem dederunt lumen in custodiis suis, & lætatæ
sunt. Vocatæ sunt, & dixerunt, Adsumus. Et luxe-
runt ei cum iocunditate, qui fecit illas. Qui posuit, in- *Iob.c.38.*
quit, terminum arenæ maris, & dixit: Hucusq́; ve- vers.10.
nies, nec transgredieris, sed in teipsum confringentur
fluctus tui. Venti, unde vult Deus & quando vult
veniunt, sive ab oriente, sive ab occidente, sive à
meridie, sive ab aquilone. Nubes quocunque iubet
conditor, eunt, quicqurd portent sive pluviam, sive
grandinem, sive nivem. *Bissenus numerus domorum*
siderum deflebit hospites ita transcurrere. Sequitur.
Omittent Gemini complexus solitas, & urnam in fon-
tes provocabunt. Tertium signum in Zodiaco post *Gemini.*
arietem & taurum, Gemini appellatur, id est, Ca-
stor & Pollux. Fuerunt autem, ut dicunt, filii Iovis
& Ledæ, una nocte concepti, uno die nati, uno die
defuncti. Et quia filii Iovis, ideo eos post mortem
ad cælestia transtulerunt, & duas eis assignaverunt
stellas, quas & Geminos vocaverunt. Hoc autem
ideo, quia duæ stellæ istæ uno tempore incipiunt
apparere, & uno tēpore disparere. Alii diversè sētiūt
de stellis istis, & illis geminis fratribus Castore videl. & Pol. quorũ sunt stellæ: dicentes, quòd una ap-
parente, alia occidat; una occidente, alia apparere
incipiat. Quod Geminis fratribus Castori & Pollu-
ci ita adaptant. Asserunt enim, Pollucem immorta-
lem fuisse, vel factum, Castorem verò mortalem.
Pollux itaque germanæ caritatis gratia, partitus est,
inquiunt, fratri immortalitatem suam mortalitati
illius participans, ita ut alternis vicibus, per singulos annos, altero moriente, & eunte ad inferos, ab

R 3 inferis

inferis alter rediret, atque refurgeret. Quam opinionem, Virgilius fequi videtur, in fexto Æneidos,
ita loquens: *fi fratrem Pollux alterna morte redemit,*
Itq́; reditq́; viam. Cùm ergò in confummatione
mundi, aftra cæli cœperint interire, hoc eft, ampliùs non lucere, *Omittent & Gemini complexus folitos,*
fecundùm utramque opinionem, ut nec fimul ultra,
nec alternis vicibus videantur. Et hoc eft quod dicit: *Omittent gemini complexus folitos.* Et addit: *Et*
urnam in fontes provocabunt, hoc eft, pro æftate hyemem commutabunt. Cùm enim Sol intrat Geminos, in medio videlicet Maji menfis, æftas incipit,
quæ eft calida, & ficca, contraria hyemi, quæ frigi-
da eft & humida. Vrnam itaque in fontes provocabunt, hòc eft, aquarium menfem magis, quàm Ma-
jum, iuxta temporum proprietates oftendere videbuntur, nec tam æftatem, quàm hyemem exhibe-
re. Aquarium enim menfem, qui & urna dicitur, ab
aquarum abundantia vocaverunt. *Penfa libra ob-*
liqua pendebunt, donec aries recurva cornua fua fup-
ponat. Libra eft feptimum in zodiaco fignum, exi-
ftens in medio zonæ torridæ. Ideò autem *libra* vocatur, quia cùm fignum iftud intraverit Sol, facit
æquinoctium autumnale, duodecimo Calendas
Octobris: & quafi iuftæ examine libræ, diem noctis
& noctem diei coæquat. Vnde Lucanus: *Tempus*
ver, quo libra pares examinat horas, Non una plus
qua die. Item. *Et iufta* inquit, *tempora libræ.* Itaque
quod dicit, *Penfa libra non æqua lance pendebunt,*
hic eft fenfus. *Penfa libra non æqua lance pendebunt,*
nec dies nocti, vel nox diei æqualis temporis fpacio,
ficut à principio mundi confueverat, conquadrabit.
Sicut enim planetæ fignorum hofpites, confundent
ordine

Virgil.l.6.
Æn.

Libra.

Lucanus.

ordines suos, & solitos cursus deserent, & mutabūt sic & ipsa sine dubio signa. *Pensa libra obliquè pendebunt.* Et addit: *Donec aries recurua cornua sua supponat,* subaudi *Soli.* Nam quemadmodum Sol in libra consistens, æquinoctium autumnale facit duodecimo Calendas Octobris, ita & cùm arietem intrauerit, æquinoctium vernale facit duodecimo Calendas Aprilis. Est autem aries signum primi mensis. *Aries.* Qui aries appellatur, propter Iovem Hammonem, cuius simulachrum arietinum caput, recuruis cornibus gentiles affigunt. Huic signo mediam mundi lineam tradunt, sicut & libræ. Est autem aries signum Martii mensis, quem non solum Hebræi, sed & Romani, primum esse mensem dicunt, in principio anni. Vnde etiam eum ex nomine progenitoris sui Martis, Martium vocauerunt. In hoc siquidē mense, mundum asserunt fuisse creatum: talem videlicet rationem assertionis suæ reddentes, quòd solum tempus vernale, temperatum sit, utpote calidum & humidum. Porrò ex calore & humore omnia procreari. Vnde & primus eorum poëta Virgilius, de mundi creatione loquens, atque in verno tempore creatum fuisse ostendens, inter cætera dicit: *Non alios prima nascentis origine mundi illuxisse dies, aliumve habuisse tenorem.* Crediderim, ver illud erat, ver tempus agebat. Similiter & Iudæi hunc primum ponunt mensem, dicente Domino ad Mosē. *Mensis iste principium vobis mensum erit, primus erit* *Exod. 6.* *in mensibus anni. Pensa libra obliquè pendebunt, donec* *12. v. 2* *aries recurua cornua sua supponat,* hoc est, æquinoctium non erit, donec Sol arietem intrauerit renouatis cœlo & terra, sicut Dominus per Isaiam loqui-

R 4 tur

tur dicens: *Ecce ego creo cælos novos, & terram no-*
vam &c. Nam citra Ianuarium mensem in diebus
illis, cùm cœperint hæc signa fieri in Sole & Luna,
& stellis, mundum finiendum esse, sequentia docet,
sicut & ipsi monstrabimus, cùm ad id locorum venerimus. Sequitur. *Cauda scorpionis procreabit fulgura, & cancer cum sole litigabit.* Octavum signum
zodiaci, Scorpio appellatur. Est autem Scorpio, aculeum venenatum habēs in cauda, non est enim
timendus à facie, sed à cauda, qua retro serit, quæque pars eius novissima est & suprema. Itaque signū
Octobris, idcircò Scorpionis nomen accepit, quòd
circa finem eius fulgura & grandines crebriùs fiūt.
Vnde & sequēs signum Sagittarius dicitur, eó quòd
ad similitudinem sagittarii fulgura iaculetur, & grādines. Verùm id in illis terrarum partibus, ubi Sol
eo tempore commoratur, quemadmodum apud
nos, in nostra æstate talia crebrò contingunt, quando videlicet Sol de sidere cancri, & aliis borealibus
signis super capita nostra quodammodo pendere
videtur. Nam aliis temporibus Sole à nobis remoto,
rarissimè aliquando talia fiunt apud nos. In consūmatione verò sæculi, inter alia signa, quæ in superioribus fient, etiam fulgura, coruscationes & fulmina procreanda, etiam in illis partibus terræ, ubi
antea, aut raró, aut nunquā fieri solebant, præfato
tempore, sicut videlicet in Britannia præsens capitulum manifestè demonstrant. *Cauda Scorpionis*
procreabit fulgura. Et addit: *Et cancer cum sole litigabit.* Cancer dicitur quartum signum, ea videlicet
ratione, quemadmodum sicut id genus animalis
versis vestigiis retrograditur, ita Sol cum ad hoc signum

Esai. ca.
65. v. 17.

Scorpius.

Cancer.

num venerit, scandere ultra non valens inferiora
repetit signa. Tunc autem è contrario faciens, Cã-
rum, quasi ad litigium contra se provocabit. *Ascē-*
det virgo dorsum sagittarij, & flores virgineos obfu-   *Virgo.*
scabit. Sextum signum Zodiaci dicitur virgo, quia
tunc terra effœta nihil fructuum affert. Sagittarius
autem novi mensis signum appellatur. Est autem   *Sagittarius*
vir, equinis cruribus deformatus. Et quia sagittarius postrema sui parte degenerat, significat Solem tunc temporis à superis ad inferiora deductum.
Ascendet virgo dorsum sagittarij. Quod iuxta literæ
proprietatem impossibile est. Duodecim nempe
zodiaci signa, duodecim ipsius partes æqualibus
spaciis, à se invicem per fluxum aquæ discretæ, atq;
divisæ, quemadmodum mundus in Asiam & Africam, Europamque dividitur. Sicut ergò Asia tran-
sire non potest in Africam, sive Europam, nec Affrica sive Europa in Asiam, sic nec in sagittario virgo, vel è converso. Metonomicè ergò posuit continens pro contento, dicens virginem dorsum sagittarii ascensuram, hoc est, Solem à virgine præteritis
duobus interiacentibus signis, libra scilicet & scorpio, atque transcursis, sagittarium intraturum, solito cursu confuso & ordine immutato. Hinc enim
superiùs dixit: *Bissenus numerus domorum siderum*
deflebit, hospites ita transcurrere suos. Ascendet virgo
dorsu sagittarij & flores virgineos obfuscabit. Quod
ait, *flores virgineos obfuscabit,* virginis metaphorā
servat. Est enim virginitas, flos quidam pulcherrimus, & ideo virgini flores conveniunt. *Ascendet*
virgo dorsum sagittarij, & flores virgineos obfuscabit,
hoc est, venustatem & gratiam sexti mensis, in aspe-

R 5   ritatem

ritatem & horrorem noni degenerando mutabit. *Currus Lunæ turbabit Zodiacū, & in fletum prorumpent Pleiades.* Luna omnibus planetis sæpius signiferum peragrat ac percurrit. Saturnus enim planetarum summus, in peragratione zodiaci. xxx. conficit annos. Iupiter 12. Mars duos. Sol. 365. dies, & quadrantem. Venus 348. dies. Luna verò 27. dies. Vnde & tredecies in anno omnia zodiaci signa percurrit, duobus scilicet diebus & sex horis, & besse, hoc est, octo untiis unius horæ, per singula signa decurrens. Necesse est enim, ut omnia signa, quæ Sol per circulum anni peragrat, Luna singulis mensibus explicet & transcurrat. At verò nunc imminente mundi termino, cùm Sol zodiaci signa, ut supra ostendimus, cœperit properando transcurrere, & quasi mundanam accelerare ruinam, Luna autem pari, ut solebat temporis spacio, vel ab eo. 14. diebus per 6. zodiaci signa elongari voluerit, & aliis totidem. 14. diebus per alia sex signa recurrere videbitur curru suo, id est, tanta celeritate currendo vexare zodiacum, ac perturbare. Et hoc est, quod dicit: *Currus Lunæ turbabit Zodiacum, & in fletum prorumpent Pleiades.* Tali figura loquendi, hoc dicitur, quali superiùs dictum est. *Bissenus numerus duorum siderum, deflebit hospites suos, ita transcurrere.* Tali schemate locutionis utitur Apostolus ubi dicit: *Scimus, quoniam omnis creatura ingemiscit & parturit, usque adhuc, &c.* Dicuntur autem Pleiades à Græco pliskin, hoc est, à pluralitate. Sunt enim stellæ septē ante genua tauri, ex quibus sex videntur, una latet. Has Latini Virgilias vocant, eo quòd in vere oriantur. Nam ortu suo æstatem, occasu hyemem

Rom. c. 8.
vers. 22.

nem præcedunt. *Currus Lunæ turbabit Zodiacum, & infletum prorumpent Pleiades. Officia Iani nulla redibunt, sed clausa ianua in crepidinibus Ariadnæ delitebit.* Ianus à paganis inter Deos habetur, qui bifrons esse fingitur, quasi qui ante & retrò, & exeuntem annum respiciat & intrantem. Vnde & Ianuarius mensis dicitur, eò quòd quasi mundi vel cæli ianua sit, secundùm gentiles, qui hunc mensem primum esse volunt, & quodammodo anni introitum. Itaque ait: *Officia Iani nulla redibunt, sed clausa Ianua in crepidinibus*, idest, in extremitatibus *Ariadna delitebit*. Ariadna puella quædam fuit regis filia, cui post mortem quoddam sidus attribuerūt, quod dicitur, corona Ariadnæ. In huius ergò crepidinibus Iani, ianua clausa deütebit, id est, latebit, nulli videlicet ampliùs aperienda, in alium annum intranti, donec reparatus fuerit mundus, & mortuorum resurrectio completa, de qua dicitur. *In ictu radij exurgent aquora, & pulvis veterum renovabitur.* Iste est pulvis de quo dicitur: *Memento quia pulvis es, & in pulverem reverteris* Salomon quoque. *Et revertatur pulvis*, inquit, *in terram suam, unde erat, & spiritus redeat ad Deum, qui dedit illum.* De hoc pulvere & Daniel, cùm de mortuorum resurrectione loqueretur, dicit: *Et multi, qui in pulvere dormiūt, resurgent: alij in vitam, alij in obprobrium & confusionem.* Et ne sola corpora recens defunctorum resurrectura putares, non ait simpliciter *pulvis*, sed cùm additamento *pulvis veterum renovabitur*, id est, à prima mundi origine defunctorum. Quod autem ait *in ictu radij* hoc complendum, hoc est, quod Apostolus ait: *In momento, in ictu oculi, in novissima tuba.*

Genes. c. 3. v. 19.
Eccles. c. 12. v. 7.
Daniel. 12. v. 2.

Corinth. tuba: *Canet enim tuba, & mortui resurgent incor-*
c.15.v.52. *rupti, & nos immutabimur.* Radius enim oculi, acies est oculi. In ictu radii exurgent æquora. Sicut enim æquora cum cœlo & terra ardebunt, quemadmodum loquitur & Sybilla: *exuret terras ignis pontumq́; polumq́,* ita cum cœlo & terra exurgent, id est, renovabuntur. *Confligent venti diro sufflamine, & sonitum inter sidera conficient,* hoc est, tempestas illa dira & valida, de qua propheta cùm de extremo iudicio loqueretur, inter cætera ait: *Ignis in conspectu eius exardescet, & in circuitu eius tempestas valida:* quatenus videlicet paleam impiorum, à frumento sanctorum, quam sæva ventorum tempestas separaverit, vorax ignis arripiat & exurat. De quo igne loquitur Isaias dicens. *Ecce Dominus, in igne veniet, & quasi turbo quadriga eius, reddere in indignatione furorem suum, & increpationem in flamma ignis.* Idem. *Ecce nomen Domini venit de longinquo, ardens furor eius, & gravis ad portandum. Labia eius repleta sunt indignatione, & lingua eius quasi ignis devorans.* Item *Quis poterit habitare de vobis cum igne devorante? quis habitavit ex vobis, cum ardoribus sempiternis: Est enim terribilis quædam iudicij expectatio,* ut ait Apostolus, *& ignis æmulatio, quæ consumptura est adversarios.* Vnde etiam Sybilla. *Exuret ignis terras pontumq́ polumq́.* In quo, ut ait Petrus, *cæli magno impetu transibunt, & elementa igne solventur.* Sciendum tamen, resurrectionem mortuorum ante complendam, quia aliter in illa mundi conflagratione, nulla mortalis caro vivere posset, cùm dicat Apostolus. *Deinde nos, qui vivimus, qui relinquimur simul rapiemur cum illis, in nubibus obviam Christo*

Psalm.49.
vers.2.

Esaias.c.
66.v.13.

Id.c.30.
v.27.

Id.c.33.
vers.14.
Hebr.c.
10.v.27.

2.Petr.3.
vers.10.

1.Thessal.
c.v.17.

LIBER VII.

Christo in aëra, & sic semper cùm Domino erimus. Habemus sanè certissima quædam indicia, quòd nondum instet consummatio mundi, non solùm ex libro hoc, qui in tempora adhuc longa prophetat, sed etiam defectionem Romani Imperii, quā præcedere oportet, Apostolus insinuans dicit: *Rogamus vos per adventum Domini nostri Iesu Christi, & nostra congregationis in ipsum, ut non citò moveamini à vestro sensu, neq; per spiritum, neq; per sermonem, neq; per epistolam, tanquam per nos missā, quasi instet dies Domini.* Nec quis vos seducat ullo modo, quia nisi venerit discessio primùm, ut videlicet omnia regna terræ à Romano discedant imperio, & tunc revelabitur homo peccati filius perditionis. Oportet priùs & plenitudinem gentium intrare ad fidem Christi, ac deinde Israël per prædicationem Heliæ & Enoch.

2. *Thessal.*
2. *v. 2.*

FINIS LIBRI VLTIMI.

INDEX

INDEX RERVM ET VER-
BORVM ALIQVOT MEMORA-
bilium: quorum in hoc opere fit mentio.

Quid Alanus in his Coment. praestiterit pag. 2
Merlinum fuisse Christianū, & quo spiritu prophetauerit 3. 4
Gentiles etiā prophetārūt 4. 5
Merlinus cuius fuerit filius 6
Occasio huius prophetiae 8
Quo anno Britones ad Christum conuersi 9
Constātinus Britonum rex eiusq; filius constans à Vortegirno Comite occisi 10. 11
Vortegirnus rex Saxones in Britanniam inuitat 12
Idem Hengisti Saxonum Ducis filiam uxorem ducit ibi.
Mors Vortegirni & Hēgisti. 14
Arturus rex Britanniae 15. eius potentia 16 devotio 98
Historia mirabilis de conceptu & natiuitate Arturi 18. 19. 20
Constantinus successit Arturo in regno Britanniae 24
Vortiperius rex Britanniae ibi.
Malgo & Caretius Reges Brit. 25
Gormundus Africanorū Rex Hiberniam & Britanniam inuadit ibid.
Septem Britāniae sancti qui 28 mirabilis historia de eorum natiuitate & cōceptu. 29. 30
Ecclesia ciuitatis Bangor 2800 Monachorum 31
S. Patricius praedicator Hiberniae ibid.
Anticipationis figurae exempla 32. 33
Caduallus Rex Britonum 35 septem reges peremit 38
Vita S. Oswaldi Northamhū briae Regis ibid. eius zelu in religione. ibid. mors 40
Cadualladrus Rex Britanniae 42. obiit Romae 43
Sedere, quid significet in scriptura 44
Eduardi regis mors 47
Edelredus rex Angliae 48. baptismum foedat ibid
Dani Angliam inuadunt 49
Edricus Cantiae comes patriae proditor 52. poenas dat proditionis
Alanus prolixitatem sui commentarii excusat 53. 54
Neustriae decimatio 55
Godvinus comes perfidiae dat poenas

Math

INDEX.

Mathildis Henrici Imper. Romanorum coniux 79. 87
Hannibal primus Alpes penetravit 80
Leonum natura 89. S. Malachias 92
Lyncis animalis natura 93. 94
Arturus à Britannis adhuc vivere creditur 99. 100. 101
Luxus muliebris, eiusq; pœna 114
Londinum urbs, quando & à quo condita 118
Brutus rex eiusq; filii ibid.
S. Eduardus Rex Britanniæ. 119. 120
Ostia fluminum & maris 129
Sabrinum mare, vnde dictum 129. 130
Osca fluuius. 131. sulphur. 135
Monachorum coniugia. 137. 138 eorundem luxus reprehenditur. 143. 144. 145
S. Vitalius 139. Vintonia urbs 147
De naturæ miraculis in fontibus & aquis 147. & seq.
Aquarum nomine homines designantur in scriptura 150. 151. 152
Historia de fonte veneno infecto 158. 159
Historia de duab. sagis 165. 166
Alia de quadam fœmina malefica 167
Aliud exemplum de mago 171 aliud de Idolo æneo 172
Aliud de quodam qui se Diabolo mancipaverat 174. 175. 176. 177
Cervorum natura 184. Erinacei natura 189. 190
Tungrorum civitas olim maritima 193. 194
Natura Ardeæ 196. Vulpis ibi. Lupi 197. Vrsi ibid.
Brutus parricida 198. natura Cygni 207. Hyenæ ibid. Bubonis 210. 211
Draconis 218. Murenæ 229. 230
Exonia 228
Descriptio septem Planetarū 243. 244. & seq
Colores Planetarum 249
De sidere Orionis 253

www.ingramcontent.com/pod-product-compliance
Lightning Source LLC
Chambersburg PA
CBHW050633170426
43200CB00008B/1004